澳大利亞房地產估價制度、方法及估價人才培養

肖艷、徐琳 著

崧燁文化

前　言

　　澳大利亞房地產估價行業起源於20世紀初，至今已經有一百多年的發展歷史。本研究基於對澳大利亞房地產估價行業的發展歷程、估價行業專業學會的組織架構及管理體制的分析，比較了澳大利亞房地產估價師等專業技術人員資格認證制度和註冊制度與國內相關制度的差異。澳大利亞的土地使用制度與中國存在較大差異，其公開、透明的房地產市場以及其統一規範的房地產大數據平臺使得其估價方法有別於我國國內的房地產估價方法。

　　本研究成果運用了文獻研究、實地調查和訪談、對比研究、定性分析和定量研究相結合等研究方法，介紹了澳大利亞房地產行業及估價行業的發展歷程，澳大利亞房地產估價的管理機構、估價管理制度、估價方法及估價人才培養。首先，通過現狀調查和文獻查閱，分析澳大利亞房地產估價的管理機構及其職能，以便清楚地瞭解其管理職能和中國房地產估價管理機構職能的差異；其次，在清楚了澳大利亞房地產估價管理機構的基礎上，對澳大利亞房地產估價的管理制度進行全面系統的分析，包括估價師准入資格認證管理、估價師會員分級管理、估價師執業風險管理和估價師職業道德管理；再次，對澳大利亞傳統的房地產估價方法進行了簡要介紹，並重點分析了大數據背景下澳大利亞房地產估價的新技術和新方法；最後，對澳大利亞估價人才培養的特色進行了分析。本書在全面分析澳大利亞的估價管理制度、方法和估價人才培養的基礎上，結合國際房地產估價的現狀和發展趨勢，對澳大利亞及國際房地產估價行業面臨的問題及挑戰進行了剖析，並從多個維度來分析這些問題產生的根源。本研究在前幾個方面的研究基礎上，從兩個大的方面對我國房地產估價行業提出了改革建議：一是我國房地產估價行業的變革，包括行業管理的變革、企業管理的變革和估價方法的變革；二是對我國房地產估價人才培養提出了思考和建議。

　　本研究成果是我國高校房地產開發與經營、資產評估、土地估價等專業的大學生瞭解澳大利亞房地產估價制度、方法及教育的寶貴參考資料；是有志於

在澳大利亞高校就讀房地產類本科及研究生課程的同學選擇學校及專業的重要指南；同時也可以作為國內四萬多名註冊房地產估價師、兩萬多名註冊土地估價師、三萬多名註冊資產評估師學習國外先進估價方法的參考資料和后續教育材料；也可以作為估價專業學會及政府工作人員瞭解澳大利亞房地產估價相關信息的窗口。

特別感謝澳大利亞西悉尼大學商學院（University of Western Sydney, School of Business）的納爾遜·陳（Nelson Chan）博士以及紐厄爾·格雷姆（Newell Graeme）教授在筆者訪學期間給予的大力幫助和支持。

目　錄

1　緒論 / 1

　　1.1　研究背景 / 2

　　1.2　研究意義 / 20

　　1.3　國內外相關研究 / 25

　　1.4　研究思路、方法及技術路線 / 39

　　參考文獻 / 41

2　澳大利亞房地產及估價行業發展歷程 / 48

　　2.1　前言 / 48

　　2.2　澳大利亞建築業和住房市場 / 51

　　2.3　澳大利亞房價歷史 / 65

　　2.4　澳大利亞估價行業發展歷程 / 70

　　參考文獻 / 79

3　澳大利亞房地產估價管理機構 / 81

　　3.1　理論與實踐綜述 / 81

　　3.2　澳大利亞公平貿易署 / 87

　　3.3　職業標準委員會 / 88

　　3.4　澳大利亞房地產學會 / 90

　　3.5　澳大利亞估價師學會 / 99

　　3.6　小結 / 100

　　參考文獻 / 101

4 澳大利亞房地產估價師註冊管理制度 / 104

4.1 估價師會員 / 104

4.2 估價師註冊登記管理制度 / 105

4.3 澳大利亞專業學會對估價師會員的資格認證要求 / 112

4.4 澳大利亞估價師持續職業發展教育 / 121

4.5 澳大利亞估價師執業風險管理 / 129

4.6 估價師職業道德管理 / 140

參考文獻 / 149

5 澳大利亞房地產估價方法 / 151

5.1 國內外房地產估價方法理論和實踐綜述 / 151

5.2 澳大利亞房地產估價機構及市場概述 / 156

5.3 澳大利亞房地產估價方法研究 / 162

5.4 澳大利亞估價技術對我國的啟示 / 185

參考文獻 / 190

6 澳大利亞房地產估價人才培養 / 192

6.1 澳大利亞高等教育及房地產教育背景 / 192

6.2 澳大利亞西悉尼大學房地產本科 / 196

6.3 澳大利亞房地產教育的特色 / 198

6.4 澳大利亞估價專業認證對我國房地產估價業的啟示 / 202

6.5 澳大利亞房地產教育對我國房地產（估價）教育的啟示 / 204

參考文獻 / 207

7 澳大利亞及國際估價行業的機遇和挑戰 / 209

7.1 世界範圍內不同的估價服務 / 210

7.2 估價行業的機遇和挑戰 / 211

7.3 估價市場的前景 / 218

7.4 各相關主體應如何應對市場機遇和挑戰 / 219

7.5 估價仍然是一個人力資源行業 / 221

7.6 小結 / 222

參考文獻 / 223

8 新形勢下我國房地產估價行業的變革 / 226

8.1 大數據的概念和應用 / 226

8.2 大數據對房地產評估企業的影響 / 228

8.3 大數據下房地產評估企業業務拓展空間 / 232

8.4 房地產評估企業戰略決策創新 / 234

參考文獻 / 236

9 我國房地產估價人才培養的反思 / 238

9.1 引言 / 238

9.2 我國房地產估價教育現狀及問題 / 241

9.3 存在的困難 / 244

9.4 國際房地產估價對人才的要求 / 248

9.5 房地產估價專業教育發展思路 / 251

參考文獻 / 253

附錄 / 257

附錄一 我國房地產估價地方學會名單 / 257

附錄二 第一批內地房地產估價師與香港測量師資格互認會員名單（內地部分） / 259

附錄三 第二批內地房地產估價師與香港測量師資格互認會員名單（內地部分） / 263

附錄四 澳大利亞學歷標準框架體系 / 267

1　緒論

　　房地產是所有經濟體中重要的組成部分，隨著房地產估價行業的不斷發展和擴張，其重要性在世界範圍內得到了認可。儘管估價師們可能在他們自己的國家非常精通房地產估價，瞭解當地的法律法規、各種商業交易行為以及社會交往關係，但當他們受邀去評估其他國家或地區的房地產時，情況則可能完全不同。雖然有一些估價技術和方法是全球通用的，但是仍可能存在地區差異。正因為如此，估價師們不僅需要熟練掌握本國和本地區的估價理論和實踐，也有必要知道和瞭解跨區域和跨國界的估價理論和實踐。而且隨著經濟的全球化，世界各國經濟相互依存度提高，企業無國界化的趨勢越來越明顯，企業和投資者紛紛到國外尋求更好的投資機會。中國的估價師和估價機構學習海外估價業務的意願從來沒有像今天這樣迫切。

　　澳大利亞被認為是世界上政治穩定、風險低以及經濟彈性好的國家。澳大利亞國內經濟持續保持超越世界平均水平的發展速度，澳大利亞本國產品在不同領域市場都有需求。其中，澳大利亞的房地產市場也得到世界各國投資者的青睞。這主要緣於澳大利亞健全的法律、完善的法規、成熟的管理規範和自由的市場經濟。因而澳大利亞的房地產市場透明度在世界範圍內排名前列。隨著華人對澳大利亞房地產業投資的熱情逐漸高漲以及國內房地產開發企業在澳大利亞開發項目的增多，中國國內的個人投資者和企業均希望更深入地瞭解澳大利亞的房地產市場。房地產估價作為房地產交易過程中不可缺少的一個環節，自然也是投資者比較關心的問題。然而縱觀國內的研究，較少有關於澳大利亞房地產市場的深入研究，現有的研究主要是一些零散的對澳大利亞房地產市場宏觀面的簡單介紹，更少有學者專注於研究澳大利亞的房地產估價制度及方法以及估價人才的培養。

　　另外，中澳經貿合作規模不斷擴大，領域不斷拓寬，逐漸從能源資源等傳統領域向農業、投資、服務、金融、基礎設施、中小企業等領域發展。2013

年，中澳雙邊貿易額達1,364億美元，同比增長11.5%[①]。中國是澳大利亞第一大貿易夥伴、第一大出口市場、第一大進口來源地、第一大服務貿易出口目的地，中澳經貿合作使普通民眾從中受益。2013年，中國赴澳遊客總數達82萬人次，澳赴華遊客達73萬人次。漢語已經成為澳第二大語言。中國是澳最大的海外留學生來源國。中國政府支持澳實施「新科倫坡計劃」，推動更多澳青年赴華留學，加強相互瞭解和認知。雙方還建立了90多對友好省州和城市，地方往來十分活躍。可以說，華人在澳大利亞的房地產投資在很大程度上支持和促進了澳大利亞的房地產業。因此，澳大利亞政府和企業也希望有更多的中國人瞭解澳大利亞，瞭解澳大利亞的房地產市場。2014年習近平主席訪問澳大利亞，為中澳關係揭開了新的篇章。2015年12月20日中澳自貿協定正式生效，中澳關係將更上一層樓。而本書選擇這個時候出版，可謂恰逢其時。

本研究主要涉及澳大利亞房地產估價管理機構、房地產估價資格認證制度、房地產估價方法及估價人才培養，同時針對我國房地產估價行業的實際情況，對未來房地產估價行業的變革提出了新的思路，對我國的房地產估價人才培養提出了反思，彌補了國內研究的空白。

1.1 研究背景

房地產業在國民經濟中屬於第三產業，是經濟發展的基礎性、先導性產業，具有較高的關聯度和較強的帶動力，即使是在宏觀經濟調整的當下，房地產業仍然是我國現階段的一個重要的支柱性產業，其在國民經濟中的地位和作用沒有發生改變。

中國的房地產估價行業是房地產業的重要組成部分，是在20世紀80年代中國的土地制度、住房制度與其他經濟體制改革的過程中產生與發展起來的，並由最初的行政服務功能向市場服務功能轉變。目前，房地產估價已涉及社會經濟的方方面面。例如，在各類房地產交易中，需要通過房地產估價來準確把握房地產的交易價值；在房地產作價入股、合資合作中，需要通過房地產估價來確定房地產這一資產占雙方投入資金總額的比例；在用房地產進行抵押貸款的過程中，需要通過房地產估價來確定以房地產作為抵押標的物最可能實現的變現價值；在土地徵收補償過程中，需要通過房地產估價來對被徵收範圍內需要拆除的房屋等地上建築物、構築物進行價值認定以便做出等價補償；在房地

---

① 數據來源：http://finance.sina.com.cn/roll/20141117/055920834661.shtml。

產徵稅的過程中，需要通過房地產估價來確定房地產的價值，進而計算相應的應納稅額；在仲裁、訴訟中，需要通過房地產估價來對涉及的房地產進行價值判定；在房地產開發商進行投資決策的時候，需要通過房地產估價來對預期的房地產開發成本與租售價格等數據進行測算以確定投資價值；此外在房地產拍賣、典當、保險等方面，也需要通過房地產估價來確定房地產拍賣底價、典當金額、保險金額；等等。

在過去這些年裡，中國房地產估價行業發展迅速，房地產估價機構和房地產估價師、估價從業人員數量逐年增多（如表1-1所示）；估價業務數量持續增長，經營範圍有所擴大；估價法律法規逐漸完善，估價技術標準體系逐步健全（如表1-2、表1-3所示）；估價技術方法日趨成熟，估價服務質量有較大提高；估價執業行為趨於規範，估價行業的社會影響明顯提升。目前，我國的房地產估價行業逐步建立起了政府監管、行業自律、社會監督的管理體制；基本形成了公平競爭、開放有序、監管有力的房地產估價市場。

根據中國房地產估價行業管理信息平臺信用檔案管理數據庫即時數據，截至2015年7月，中國共有房地產估價機構4,444家，註冊房地產估價師47,165人。

表1-1　　　　2015年中國房地產估價機構級別及數量[①]

級別	數量（家）
一級	382
二級	1,264
三級	1,924
三級（暫定）	734
分支機構	106
其他	34
合計	4,444

表1-2　　　　我國與房地產估價相關的法律及行政法規

法律法規名稱	相關條文
《中華人民共和國刑法》	第二百二十九條：承擔資產評估、驗資、驗證、會計、審計、法律服務等職責的仲介組織的人員故意提供虛假證明文件，情節嚴重的，處五年以下有期徒刑或者拘役，並處罰金
《中華人民共和國城市房地產管理法》	第三十四條：國家實行房地產價格評估制度；第五十九條：國家實行房地產價格評估人員資格認證制度

[①] 數據來源：全國房地產估價行業管理信息平臺，網址為 http://gjxydaxt.cirea.org.cn/Department/InstituteIndex.aspx。

表1-2(續)

法律法規名稱	相關條文
《中華人民共和國公司法》	第二百零八條：承擔資產評估、驗資或者驗證的機構提供虛假材料的，由公司登記機關沒收違法所得，處以違法所得一倍以上五倍以下的罰款，並可以由有關主管部門依法責令該機構停業、吊銷直接責任人員的資格證書，吊銷營業執照
《中華人民共和國證券法》	第一百七十三條：證券服務機構為證券的發行、上市、交易等證券業務活動製作、出具審計報告、資產評估報告、財務顧問報告、資信評級報告或者法律意見書等文件，應當勤勉盡責，對所依據的文件資料內容的真實性、準確性、完整性進行核查和驗證。其製作、出具的文件有虛假記載、誤導性陳述或者重大遺漏，給他人造成損失的，應當與發行人、上市公司承擔連帶賠償責任，但是能夠證明自己沒有過錯的除外
《國有土地上房屋徵收與補償條例》	第三十四條：房地產價格評估機構或者房地產估價師出具虛假或者有重大差錯的評估報告的，由發證機關責令限期改正，給予警告，對房地產價格評估機構並處5萬元以上20萬元以下罰款，對房地產估價師並處1萬元以上3萬元以下罰款，並記入信用檔案；情節嚴重的，吊銷資質證書、註冊證書；造成損失的，依法承擔賠償責任；構成犯罪的，依法追究刑事責任
《房地產估價機構管理辦法》	第三十六條：房地產估價機構應當加強對執業人員的職業道德教育和業務培訓，為本機構的房地產估價師參加繼續教育提供必要的條件
《註冊房地產估價師管理辦法》	第四條：註冊房地產估價師實行註冊執業管理制度；第五條：國務院建設主管部門對全國註冊房地產估價師註冊、執業活動實施統一監督管理；第六條：房地產估價行業組織應當加強註冊房地產估價師自律管理

表1-3　　　　我國房地產估價技術標準及規範

技術標準及規範名稱	文件編號	生效時間
房地產估價規範	GB/T 50291-1999	1999年6月1日起實施
房地產估價基本術語標準	GB/T 50899-2013	2014年2月1日起實施
國有土地上房屋徵收評估辦法	建房〔2011〕77號	原2004年建住房〔2003〕234號《城市房屋拆遷估價指導意見》已作廢。新規範於2011年6月3日起實施
房地產抵押估價指導意見	建住房〔2006〕8號	2006年3月1日起實施
房屋完損等級評定標準	建住字〔1984〕678號	1985年1月1日起實施

表1-3(續)

技術標準及規範名稱	文件編號	生效時間
房地產估價報告評審標準（試行）	無①	2010年1月1日起實施
四川省房地產司法鑒定評估指導意見（試行）	川建房發〔2011〕89號	2011年3月20日起實施
北京市房屋質量缺陷損失評估規程	DBJ/T 01-103-2005	2006年1月1日起實施
成都市農村房地產估價規範（試行）	成房發〔2009〕148號	2009年9月10日起實施

1.1.1 我國房地產估價行業對外交流合作增多

中國房地產估價師與房地產經紀人學會（China Institute of Real Estate Appraisers and Agents，簡稱CIREA）於1994年8月成立，其前身是中國房地產估價師學會。中國房地產估價師與房地產經紀人學會是全國性的房地產估價和經紀行業自律管理組織，由從事房地產估價和經紀活動的專業人士、機構及有關單位組成，依法對房地產估價和經紀行業進行自律管理。CIREA現為國際測量師聯合會（FIG）全權團體會員。目前CIREA已經成立了包括房地產經紀協會在內的共65家地方學會，其中房地產估價學會46家（見附錄一）。個人會員和單位會員均可加入CIREA。個人會員分為執業會員和非執業會員，單位會員分為團體會員、理事單位會員和常務理事單位會員。

CIREA自成立以來，積極加強對外合作與交流，特別注重與其他國家估價師專業學會以及國際估價協會的交流，擴大了我國房地產估價行業在國內外的影響，也有助於我國的房地產估價企業及估價師拓寬視野，取長補短，不斷提高專業水平。近五年來CIREA開展的國內外交流合作如表1-4所示。

表1-4　　　　近五年來CIREA開展的國內外交流情況

時間	交流內容
2011年7月8日	美國估價學會會長約瑟夫·C. 馬迪施亞斯（Joseph C. Magdziarz）等訪問CIREA
2011年7月11日	日本不動產研究所特定事業部訪問CIREA

---

① 本標準由中國房地產估價師與房地產經紀人學會負責解釋。

表1-4(續)

時間	交流內容
2011年7月25日	國際測量師聯合會（FIG）主席張志海（Teo CheeHai）先生訪問CIREA
2012年5月6日	CIREA參加國際測量師聯合會（FIG）在義大利羅馬召開的第35次全會及2012年工作周會議（The 35th FIG General Assembly & Working Week 2012）
2012年5月11日	CIREA與葡萄牙工程師學會簽署了《中國房地產估價師與房地產經紀人學會和葡萄牙工程師學會合作協議》
2013年3月18日	CIREA與美國房地產經紀人協會（NAR）簽署交流合作協議
2014年5月17日	CIREA參加第65屆世界不動產聯盟年會
2014年5月25日	CIREA與美國估價學會（AI）簽署交流合作意向書
2014年8月25日—9月7日	CIREA參加國際估價官協會（IAAO）和美國亞裔房地產協會（AREAA）年會
2014年10月23日—24日	CIREA、世界估價組織協會、新加坡測量師與估價師學會、香港測量師學會共同在北京舉辦2014年國際房地產估價論壇

除此之外，我國還積極探索香港地區和內地的估價師交流合作。為促進內地和香港地區的共同發展，加強兩地房地產估價領域的交流與合作，2003年11月4日，中國房地產估價師學會和香港測量師學會簽訂資格互認協議書，以促進內地房地產估價師與香港測量師（產業）進行資格互認。2004年3月，兩地完成了第一批內地房地產估價師與香港測量師資格互認面授及補充測試，111名內地房地產估價師（見附錄二）達到合格標準。2011年3月12日至13日，第二批來自內地的99名房地產估價師在深圳參加了面授培訓並通過補充測試，達到了資格互認的標準（見附錄三）。截至目前，我國內地共有210名房地產估價師實現了和香港測量師的資格互認。

1.1.2 中國市場上外商投資逐年增多

一方面，中國對外投資逐年增長；另一方面，外資也紛紛進入中國市場，在很多領域與國內企業爭搶市場，包括房地產估價市場。早在20世紀90年代，國外投資商便開始了與中國國內的企業合作，大量的外商獨資企業和中外合資企業誕生。據外經貿部統計，外商獨資企業的數量近年來在中國新批外商投資企業中增長最快。2001年，在中國新設立的外商獨資企業達到15,643家，幾乎為中外合資企業的2倍、中外合作企業的10倍。2002年在中國新設立的外商獨資企業達到近2萬家，幾乎為中外合資企業數的2倍、中外合作企業數

的10倍,在合同外資和實際使用外資數字上獨資企業更是其他兩類企業的2~4倍(岳志君,郭洪,2003)。

在房地產行業,港澳臺及外商投資性質的房地產開發企業數量均有了較快的增長,其中2003年和2008年增長速度最快(見圖1-1)。而參與國內房地產開發的外商投資企業數量也呈較快的增長趨勢,尤以2008年增長較為明顯(見圖1-2)。從房地產業外商投資企業投資總額來看,各年均呈現穩定的增長,年增長率約為14%(見圖1-3)。

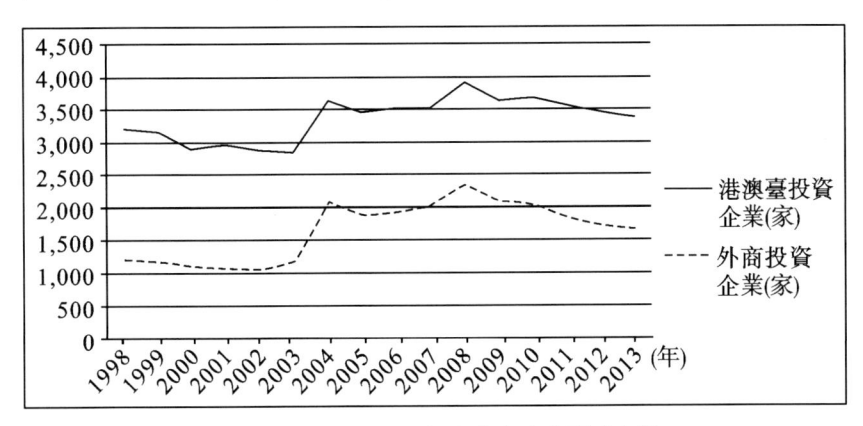

圖1-1 1998—2013年在華房地產開發企業
(港澳臺及外商投資房地產開發企業)數量[1]

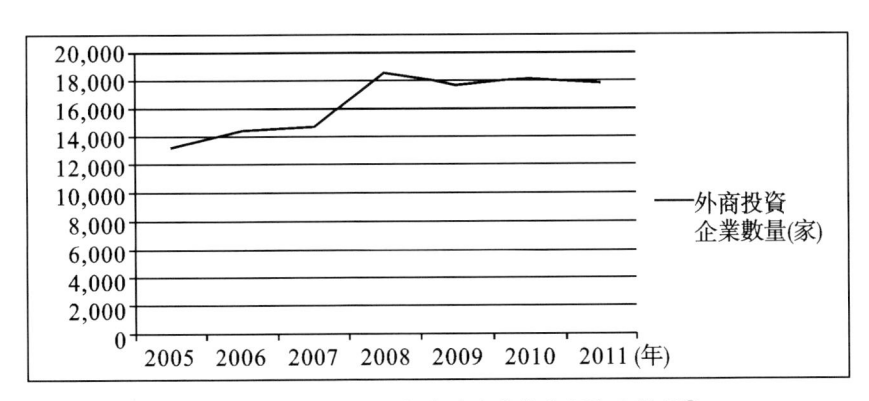

圖1-2 2005—2011年房地產業外商投資企業數[2]

---

[1] 資料來源:中國統計年鑒1999—2014年。
[2] 資料來源:中國統計年鑒2006—2012年。

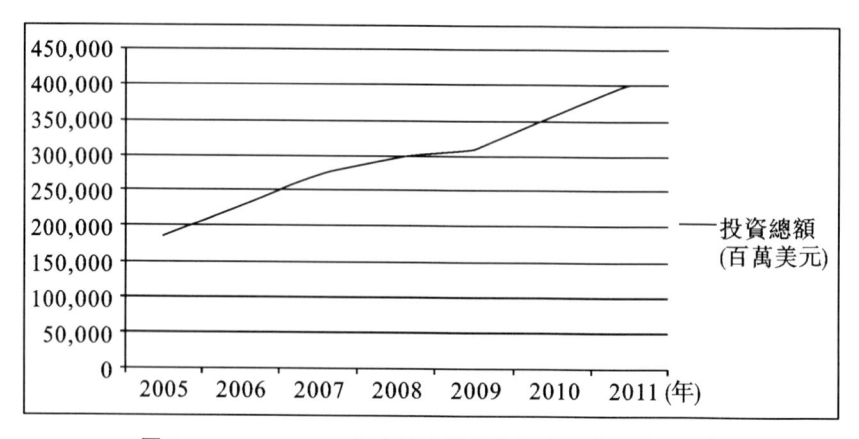

图 1-3　2005—2011 年房地产业外商投资企业投资总额①

　　在一个外国企业决定在中国投资之前，首要的事情就是对投资企业及其资产进行估价，而估价使用的方法必须是国际上都接受的估价方法。一个有经验的估价人员往往能够给潜在的投资者提供如下信息并帮助其理解：估价所要求的条件；资产评估的法律程序；可供选择的估价方法和技术；在中国评估资产价值可能会碰到的普遍问题。这些信息对于投资者是非常宝贵的，可以帮助他们讨价还价，并且做出最好的投资决策。也正是从该时期开始，外国资产评估机构便已经开始在中国开展资产评估业务。在中国，所有与国有资产相关的评估都必须由中国国有资产管理局（State Administration of State-owned Assets, SASA）进行审核。随着外资在华投资的增加，为加强对国有资产以及对资产评估行业的管理，1997 年 5 月 19 日，国家国有资产管理局发布了《对外国资产评估机构来中国境内执行资产评估业务的暂行规定》。该规定主要内容包括：

　　①凡是来中国境内执行资产评估业务的外国机构，必须持有国家国有资产管理局统一印发的《中华人民共和国境内临时执行资产评估业务许可证》（以下简称《许可证》），并规定了申请《许可证》应该具备的条件。②外国机构来华从事的资产评估项目范围仅包括：中国境内企业到外国机构所在国家或地区上市或发行股票，需要由外国资产评估机构单独进行或与中国资产评估机构合作进行资产评估的项目；外商与中国境内企业有某种经济关系，需要由外国资产评估机构单独进行或与中国资产评估机构合作进行资产评估的项目。③来华从事资产评估的外国评估机构，在执业期间应加入中国资产评估协会，享有中国资产评估协会联系会员的权利，同时承担相应的义务。此规定的颁布一方面考虑了部分国有企业对于国家安全的考虑，但另一方面也为国内的评估机构

---

① 资料来源：中国统计年鉴 2006—2012 年。

創造了不少機會。國內評估及諮詢機構與外資評估和諮詢機構的合作，在業內越來越普遍。

1.1.3 國內外估價行業存在較大差距

在這種投資國際化的背景下，房地產評估市場也為國外專業服務機構所關注。隨著外資銀行可以經營人民幣業務，外資銀行的房地產評估業務逐年增長。短短幾年時間，香港地區的戴德梁行（DTZ）、仲量聯行（JLL）、世邦魏理仕（CBRE）等外資諮詢機構從最初的房地產諮詢業務發展到在中國內地設立起全職的估價部門，專職做上海、北京等城市的估價業務。外資的房地產諮詢機構由於品牌的公信力，不但提供買賣雙方都能信服的評估價格，在交易過程中更起到仲介橋樑的作用。

各房地產諮詢機構承擔中國房地產評估業務的方式各有不同。第一太平戴維斯（Savills）主要是通過手下員工取得境外評估的個人估價師資質來促成評估業務，戴德梁行的評估業務則是通過其在中國具備相關資質的公司來運作。但事實上，由於外資估價機構不具備國家批准的估價專業資格，故不屬於中國房地產估價師學會的行業管理範疇，也不受建設部及各省市建設行政主管部門管轄。隨著2006年12月中國對外資銀行全面開放金融市場，外資銀行評估這一新興市場的管理真空導致國內評估機構的業務流失，也存在大量的稅收流失。

除了香港地區一些知名的房地產諮詢機構進駐內地開展房地產估價業務，其他一些國家的諮詢機構也都開始開闢中國市場，包括美國、瑞士、日本等國家。

如美國評估聯合公司（American Appraisal Associates, Inc.）在全球60個國家和地區擁有近300名員工，在中國、法國、德國、希臘、日本、新加坡等32個國家設有分部。[①]

1911年開始成立的瑞士畢馬威（KPMG）國際公司自1945年在中國香港成立分公司以來，如今，KPMG中國公司在北京、成都、重慶、佛山、福州、廣州、杭州、南京、青島、上海、瀋陽、深圳、天津、廈門、香港特別行政區和澳門特別行政區共設有16家機構開展評估、會計與審計業務，擁有專業人員約9,000名。該公司的經營理論認為，估價不僅僅是一個數字遊戲，更需要專業人員花時間去理解商業本身以及一些關鍵因素和價值驅動力。專業的估價服務要求專業人員有特定的技術水平和估價實踐經歷，這有助於他們根據管理層所關注的重點，在一些關鍵的交易或策略性的事務上提供客觀的、獨立的估價意見。

---

① 資料來源：American Appraisal Associates, Inc. on Bloomberg Businessweek。

再以日本大和不動產鑒定株式會社為例，該公司在包括中國（含香港和臺灣地區）、韓國、英國、美國、法國等在內的多個國家和地區均有房地產估價業務。其國外的房地產估價服務主要包括國外房地產估價和國外房地產市場研究，如表1-5所示。為了吸引更多的客戶，該公司提供了中文和英語兩種語言服務。

表1-5　　日本大和不動產鑒定株式會社國際房地產估價服務①

國外房地產估價服務	具體內容
國際房地產估價（International real estate appraisal）	包括企業兼併、購買相關的資產評估（Valuation of assets in accordance with the Mergers and Acquisitions）
	投資房地產估價（Appraisal for investment property）
	交易價格參考估價（Reference for transaction price）
	房地產租金估價（Real estate appraisal for rent）
	抵押估價（Valuation of collateral）
	其他資產評估（Asset valuation）
國外房地產市場研究（Real estate market research in overseas countries）	研究市場趨勢（Research of market trend）
	研究交易行為和習慣（Research of Transaction practice/customs）
	研究當地房地產估價報告涉及的法律法規（Research of the laws and regulations about local real estate Valuation report）
	估價專家提供外語服務（Real estate appraisal experts providing foreign languages service）
	為國外投資者準備外語撰寫的估價報告（Prepare domestic real estate valuation reports in foreign languages for foreign investors）
	為國外投資者提供房地產市場研究報名（Prepare domestic real estate market report for foreign investors）

在華投資的外資銀行以及國內企業選擇外資估價機構承擔評估業務的重要原因，是在中國的房地產評估市場上，內外資企業之間的實力對比不平衡，國內企業處於落後狀態，外資機構在管理經驗、對海外市場的瞭解以及數據掌握上都比國內企業有很大優勢。國外的估價（諮詢）不僅僅是對一個房地產給出價值意見，相反，給出估價結果僅僅是整個估價工作中的極小一部分內容。估價工作還包括提供評估對象的流動性研究結果、開發的可行性、土地使用以及和投資分析相關的內容。

① 資料來源：http://www.daiwakantei.co.jp/eng/depart/app.html。

中國的房地產評估行業是自 1978 年改革開放之後，隨著我國城鎮國有土地有償使用和房屋商品化的推進，才開始逐步發展起來的（柴強，2012）。1993 年我國才有了第一批房地產估價師，因此我國的房地產估價行業也只有 20 年左右的歷史。中國房地產估價行業現有的理論體系和方法，很多是把國外的理論引進來之後結合國內的實際情況發展完善而成的，還沒有形成系統的中國式理論。而外資估價公司擁有上百年的歷史、數據庫、知識管理、工具方法、人才和客戶累積，存在明顯的優勢，這也是它們占據國內和國外高端估價市場的主要原因。國內的估價機構和估價從業人員雖然數量眾多，但進入門檻較低，從業人員素質參差不齊，在專業能力、職業風範、收費水平上和其他國家存在很大差距，還需要向國外估價機構學習。

1.1.4 大數據對房地產估價行業的衝擊

「大數據」一詞早在 20 世紀 80 年代就已經出現，但僅僅局限於計算機科學中海量數據的挖掘和處理。直到 2008 年《自然》（Nature）雜誌基於多個學科的研究現狀系統對大數據中蘊含的廣泛應用價值的介紹，「大數據」才登上科研的舞臺，並迅速成為各個學科中的研究熱點和研究前沿。2011 年 5 月，全球最大最著名的諮詢公司麥肯錫（McKinsey & Company）發布了題為《大數據：創新、競爭和生產力的下一個前沿領域》（Big data: The next frontier for innovation, competition, and productivity）的主題研究報告。該報告指出，數據已經滲透到每一個行業，人們對海量數據的應用將預示著新一波生產率增長和消費者盈餘的到來。對於一個領域來說，大數據通過信息透明化、細分客戶群、改善決策的制定等方式來創造價值。2012 年 1 月，大數據成為達沃斯世界經濟論壇的主題之一，這次大會針對大數據的利用還發表了題為《大數據，大作用：國際發展新的可能性》（Big data, big impact: New possibilities for international development）的主題報告，探討如何利用大數據來產生良好的社會效益。

為什麼大數據對估價行業很重要？大數據用來描述那些非常龐大和複雜的數據集，這些數據集往往需要特殊的工具來發掘其用途。影響住房價值的因素和變量很多，也各不相同，相關的數據在宏觀面和微觀面都在大量增加。影響房地產價值的數據包括住房價格數據、房屋淨值數據、房屋庫存數據以及當地工業和經濟數據甚至犯罪率數據（是否犯罪高發地段）、洪水分佈圖數據等。大數據對於估價行業非常重要，因為它可以幫助估價師對現在和未來任何一項房地產的價值有一個全面和清晰的分析，大數據也有助於幫助估價師更好地理解住房價值形成的原因，從而讓估價工作變得更加簡單。而受益於大數據的不僅僅有估價行業，還包括金融機構和投資者，大數據可以幫助他們更好地決

策，找到市場的方向。

據說估價師有 80% 的時間用在數據輸入上，20% 的時間用在估價上。如果估價師選擇了正確的工具，大數據將會使估價師的工作時間分配逆轉，20% 的時間用於數據輸入，80% 的時間用於估價。此外，如果估價師使用正確的工具分析大數據，他們將會得到比傳統的估價更為準確的結果，而且效率將提高 2 倍。大數據將完全改變估價師的工作，使他們變得更加高效。

大數據還解決了一些估價程序中以前未被解決的問題。首先，大數據幫助估價師更好地洞悉市場環境，以支持估價結果。例如，在賣方市場，很有可能房地產的價值將會達到價值範圍的上限；而在買方市場則會到達另一個極端。在大數據情況下，估價師將比以前更為細緻且準確地描述市場的類型。其次，大數據還可以幫助估價師解決估價中不一致的問題。由於目前用於估價的數據來自不同的渠道，因此不同估價師、金融機構和貸款人及投資者之間的估價結果往往會產生偏差。而大數據可以對所有這些差異的數據集進行校準，提供更為客觀、透明的數據，從而得出更為清晰的估價結論。因此，大數據使每一個參與者受益。最后，大數據還可以幫助估價師理解和表達價值的產生原理。儘管估價師們已經在估價報告中使用了圖形技術，但有了大數據，他們可以創造更為複雜和精細的、引人注目的可視化圖形，比如熱點地圖和 3D 展示圖。隨著大數據的推廣，在不久的將來，可視化的圖形展開將成為標準估價報告的構成部分。利用大數據及其衍生工具，估價師們可以在網路上完成估價報告，他們可以利用大數據進行自動數據導入，減少手工輸入的錯誤，避免費時費力的人工審核校對工作。因此，大數據可以增加估價師的自信，降低估價成本。

大數據在給房地產估價人才行業帶來重要發展機會的同時，也帶來了巨大的挑戰。在信息時代，數據是最重要的資源。隨著信息獲取渠道的增加，信息的獲得也變得越來越容易，對於房地產估價師而言，他們尤其善於利用信息資源來進行精密的估價分析。大數據對房地產估價的影響不僅僅在估價活動本身，更在於它影響了估價的思維方式、業務轉型以及管理模式的變革。應對大數據，房地產估價服務和產品需要革新，服務概念要發展和進步，行業發展模式及估價人才培養觀念也要變革（姬桂瑜，顏如玉，王夏，2014）。

大數據不僅影響到我國的房地產估價行業，也影響到其他國家的房地產估價行業。借助大數據，大量的自動評估軟件和批量評估軟件出現，可以在極短的時間內出具一份估價報告，取代了一些傳統估價師的工作。大數據對於中國房地產估價行業的影響更大，因為中國的房地產估價還沒有形成所謂的大數據資源可以利用，各估價機構各自為政，估價使用的數據來源魚龍混雜，真實性和準確性也難以保證。目前來看，中國首先要解決的問題是如何建立統一、公開和透明的房地產市場信息數據庫，要把大數據真正應用到估價，還有很多有

待解決的問題和困難。國外已經將大數據應用於估價行業，估價師面臨較大的壓力，他們需要利用大數據以更少的支出創造更大的產出，這也導致了一些公司的經驗豐富且技術熟悉的估價師的離開。估價師被要求利用所有他們能獲取的資料來進行評估，但是他們卻沒有用來理解這些數據的工具。

不使用大數據的后果主要是影響市場風險的決定。從宏觀上講，大數據的預測性可能幫助我們辨別危險信號，比如高負債收益率水平、突然的價值跳水以及總體的經濟形勢的變化等。

許多估價師擔心大數據的出現會導致他們失業，因為估價師的工作可以由計算機軟件通過大數據完成。但是，大數據更多的是幫助人類專家，使他們更加強大，而不是取代他們。計算機擅長反覆運行大量的複雜計算，但是無法真正地理解信息的細微差別並且去定義這種差別帶來的影響。住房往往是人們擁有的價值最大的資產，只有估價師才能理解住房的自身情況和需求性，大數據可以幫助他們更好地做到這一點。估價行業還將會遇到更多的挑戰，但是在大數據時代，估價行業將會有更加光明的未來。

1.1.5 我國房地產企業在澳開發房地產項目增加

澳大利亞房產對其他國家的房地產商有著極大吸引力。據澳大利亞外國投資審核委員會（Foreign Investment Review Board，英文縮寫 FIRB）發布的 2013—2014 年度報告顯示，在澳大利亞政府批准的 24,013 個項目中，房地產項目占到了 97.6%，房地產業的投資占比達到 44.6%，在所有行業中名列第一（見表 1-6）。

表 1-6　　　　2013—2014 年度澳大利亞批准投資的項目及投資

投資所在行業	批准的項目數（個）	投資總額（億澳元）
農業、林業和漁業	58	34.3
金融保險業	22	17.2
製造業	56	104.7
礦產勘探及開發	248	224.1
資源加工	3	0.7
服務業	195	534.4
旅遊業	3	12.7
房地產業	23,428	745.9
合計	24,013	1,674.0

註：計劃投資包括預算年度計劃內的項目以及計劃外的項目的投資。
資料來源：澳大利亞外國投資審核委員會 2013—2014 年年報，23 頁。

與 2012—2013 年財政年度相比，房地產行業的投資有了顯著的增長，從 12,025 個項目增加到 23,428 個，增長率為 95%，幾乎翻了一番。從房地產投資總額來看，2012—2013 年度房地產投資總額為 519 億澳元，而 2013—2014 年度增長到 746 億澳元，增長率為 43.7%。①

　　從圖 1-4 和圖 1-5 可以看出，過去 6 年來，外國投資者對澳大利亞的房地產業投資熱情高漲，投資總額幾乎連年增加，投資增長特別明顯的年度為 2009—2010 年度和 2013—2014 年度。而過去 6 年，非房地產行業的投資比較穩健，無明顯增長，2013—2014 年度的投資項目數相比上一財政年度反而略有減少。相比於其他非房地產行業的外商投資，房地產行業的投資，無論是投資金額還是增長速度，都明顯超過其他行業。

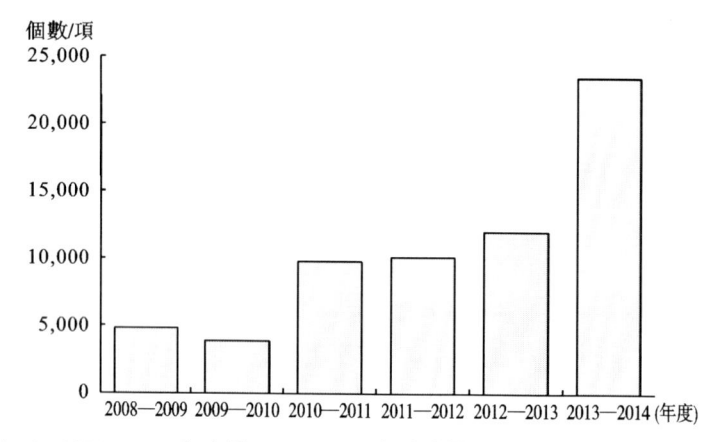

圖 1-4　2008—2009 年度及 2013—2014 年度外國投資者在澳房地產投資對比

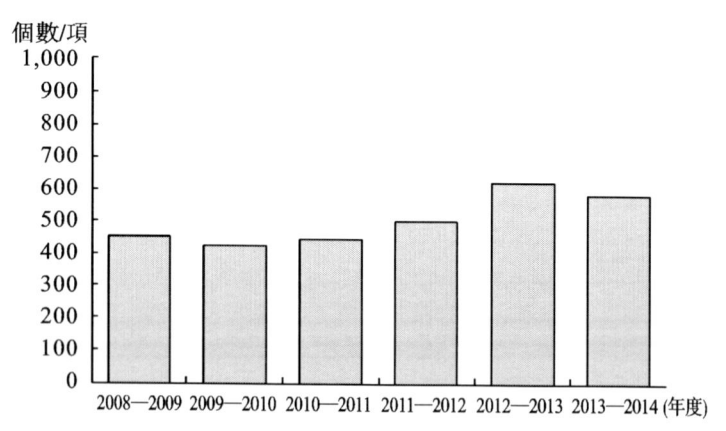

圖 1-5　2008—2009 年度及 2013—2014 年度外國投資者在澳非房地產行業投資對比

---

①　數據來源：澳大利亞外國投資審核委員會 2013—2014 年年報。

近年來海外房地產投資已經從個人海外置業演變為房地產企業大規模跨境投資開發，無論是在美國、英國、法國、澳大利亞還是韓國、馬來西亞，甚至是冰島、尼日利亞，都能看到國內房地產企業的項目。仲量聯行最新的研究報告顯示，2013年中國海外商業房地產投資總額達76億美元，同比增長124%。另據《澳大利亞金融評論》的調查，在澳大利亞開發房地產項目的中國房地產企業有綠地集團、萬達集團、碧桂園等，如表1-7所示。

表1-7　　　部分中國房地產開發商在澳開發的項目[①]

開發企業	企業總資產	開發項目
大連萬達	760億澳元	黃金海岸珠寶三塔公寓項目，5億澳元；黃金屋，4.25億澳元
綠地集團	734.8億澳元	悉尼水務局大樓，1億澳元；墨爾本跑馬場，4,500萬澳元；朗訊，位於北悉尼，5,800萬澳元；可洛絲工廠，位於萊卡特，4,500萬澳元
保利地產	623億澳元	悉尼水務局大樓，1億澳元；愛平區商業園，1.1億澳元
恒大集團	541.4億澳元	主要投資高檔酒店及住宅，2015年5月通過合作取得墨爾本市南雅拉區克萊蒙地塊，項目用地面積約為2,168平方米，總價為1,984.4萬澳元，折合人民幣9,712.5萬元。土地用途為商住用地。公司目前擁有該項目51%權益
碧桂園	420億澳元	賴德全球商業園，7,300萬澳元
復星國際	366億澳元	悉尼北，位於73米勒街，約1.2億澳元（尚在談判階段）
福星惠譽	49.6億澳元	新州帕拉馬塔市公寓項目，用地面積49,240平方米，約5.5億澳元
遠洋地產	258億澳元	墨爾本市公寓項目，擬建造63層，共633套公寓

中國2013—2014年度在澳大利亞房地產市場投入124億澳元（折合人民幣608億元），中國目前已經成為澳大利亞房地產市場上最大的外來投資國，超出美國在澳大利亞的房地產投資2倍以上，超過新加坡在澳大利亞房地產投資的3倍。而在2012—2013年度，中國在澳大利亞的房地產投資僅僅只有59億澳元。[②] 瑞士信貸報告稱，未來7年，中國還將在澳大利亞房產市場再投入440億澳元（折合人民幣2,158億元），更加有利的匯率可能會促進投資增長。2013—2014年18個國家在澳大利亞獲批的房地產投資情況如表1-8所示。

---

① 資料來源：Samantha Hutchinson, Mercedes Ruehl. Chinese developers ramp up property buying sprees [OL]. The Australian Financial Review. [2015-01-18]. http://www.afr.com/real-estate/commercial/chinese-developers-ramp-up-property-buying-sprees-20150118-12sxqg.

② 資料來源：Foreign Investment Review Board Report 2013—2014. Australia, 2014.

表1-8 2013—2014年度18個國家在澳大利亞獲批的房地產投資情況

國家	按房地產投資總額排名	房地產投資（億澳元）
中國（a）	1	124.06
美國	2	61.35
新加坡	3	43.03
加拿大	4	29.45
馬來西亞	5	20.38
英國	6	17.95
荷蘭	7	17.20
新西蘭	8	13.62
中國香港	9	12.79
德國	10	11.69
韓國	11	10.83
南非	12	9.86
瑞士	13	6.97
泰國	14	4.96
日本	15	4.26
科威特	16	3.18
西班牙	17	2.86
阿聯酋	18	0.30
其他國家（b）	—	42.03
獲批計劃外投資	—	163.80
小計		600.57
澳大利亞		145.33
合計		745.90

註：（a）「中國」的統計數據不包括香港、澳門和臺灣地區。
（b）「其他國家」包括除以上18個最大的國家之外的所有國家。
資料來源：澳大利亞外國投資審核委員會2013—2014年年報，31頁。

1.1.6 澳大利亞教育估價師培養有著獨到的經驗

澳大利亞的高等教育機構分為大學、大學外具有自我評審資格的高等教育機構及沒有自我評審資格的高等教育機構三類。其中，沒有自我評審資格的高

等教育機構主要是可提供大學課程的職業教育和培訓機構，其授課資格需要得到州和地方政府的審批與認可。澳大利亞高等教育質量保證機制從四方面實現：第一，建立高等教育質量和標準署（TEQSA），確定高等教育標準框架，監管高等教育的教學質量；第二，管理具有自行認證資格的高等教育機構，規範其開設的課程；第三，創建以學生為中心的「我的大學」網站（MyUniversity），提供高等教育機構的信息，協助學生進行學習規劃；第四，引入外部質量保證機制（張偉遠，傅璇卿，2014）。

澳大利亞高等教育質量與標準署（The Tertiary Education Quality and Standards Agency，以下簡稱TEQSA[①]）於2011年7月30日基於澳大利亞《高等教育質量與標準署立法（2011）》成立，它的成立是澳大利亞政府進行澳大利亞高等教育體系改革的成果之一，取代了原機構——澳大利亞大學質量管理署（Australian Universities Quality Agency）的職能，並且整合了其他一些政府管理機構的功能。[②] 澳大利亞政府成立TEQSA的原因主要是保證高等教育質量，通過其獨立的高等教育標準委員會（Higher Education Standards Panel）開發的一系列標準，對大學及非大學類高等教育的提供者進行管理。總體來講，澳大利亞的大學教育也處於國際領先水平。根據2013—2014年泰晤士高等教育世界大學排名（Times Higher Education World University Rankings），澳大利亞共有19所大學進入世界前400名以內。

澳大利亞的教育體系和許多其他國家的不同之處在於它成立了一套《澳大利亞學歷標準框架體系》（Australian Qualifications Framework，簡稱AQF）。[③]《澳大利亞學歷標準框架體系》不僅為TEQSA提供了監管依據，而且有助於保證澳大利亞整個高等教育質量標準的權威性，有助於確保高等教育穩健增長而不以犧牲教育質量為代價，更有助於確保全國大學的多樣性與獨立性（張偉遠，傅璇卿，2014）。

澳大利亞教育高度市場化，社會需求是大學招生和結構調整的風向標。隨著近年來澳大利亞房地產市場的穩定發展，各高校也紛紛擴大了房地產專業的招生規模。根據澳大利亞政府高校招生宣傳網站「MyUniversity」的資料，澳大利亞大學共提供與房地產相關的本科項目230個（含在校學習和遠程教育兩

---

① 在澳大利亞，「Tertiary Education」指的是包括高等教育（大學）、職業教育和訓練（Vocational Education and Training）、TAFE學院（Technical and Further Education，即職業技術及繼續教育學院）在內的教育體系。

② 資料來源：http://www.teqsa.gov.au。

③ 資料來源：Commonwealth of AustraliaTertiary Education Quality and Standards Agency Act 2011；Higher Education Standards Framework（Threshold Standards）2011；Federal Register of Legislative Instruments F2012L00003。

種形式），其中直接關於房地產估價的有 15 個（見表 1-9）；房地產專業的研究生項目有 80 個，其中直接關於房地產估價的項目有 18 個（見表 1-10）。

表 1-9　　澳大利亞大學與房地產估價相關的本科專業

序號	大學	專業名稱	學制	文憑/學歷	所屬領域
1	澳大利亞皇家墨爾本理工大學	房地產及估價應用科學(本科)	4 年	Bachelor's Pass 學士學位	房地產
2	澳大利亞皇家墨爾本理工大學	房地產及估價應用科學(榮譽本科)	4 年	Bachelor's Honours (學士)榮譽學位	房地產估價
3	邦德大學	房地產本科	3 年	Bachelor's Pass 學士學位	房地產
4	邦德大學	房地產專科	1.5 年	Associate Degree 副學士學位	房地產
5	邦德大學	可持續發展專科	1.5 年	Associate Degree 副學士學位	商業及管理
6	昆士蘭科技大學	房地產經濟學本科	1 年	Bachelor's Honours (學士)榮譽學位	建築
7	悉尼科技大學	房地產經濟學本科	3 年	Bachelor's Pass 學士學位	房地產
8	悉尼科技大學	房地產經濟學/藝術本科	5 年	Bachelor's Pass 學士學位	房地產
9	澳大利亞紐卡斯爾大學	工程(測量)本科	4 年	Bachelor's Honours (學士)榮譽學位	房屋測量
10	澳大利亞科廷科技大學	商業本科	3 年	Bachelor's Pass 學士學位	商業及管理
11	昆士蘭科技大學	城市開發(榮譽本科)	4 年	Bachelor's Honours (學士)榮譽學位	建築
12	澳大利亞陽光海岸大學	房地產經濟學	3 年	Bachelor's Pass 學士學位	商業及管理
13	澳大利亞陽光海岸大學	房地產經濟學及開發本科	5 年	Bachelor's Pass 學士學位	法律、銀行、金融及相關領域
14	澳大利亞紐卡斯爾大學	工程(測量)本科	5 年	Bachelor's Honours (學士)榮譽學位	房屋測量
15	迪肯大學	房地產本科	4 年	Bachelor's Pass 學士學位	房地產

資料來源：根據澳大利亞政府網站「MyUniversity」（http://myuniversity.gov.au）數據整理而來。

表 1-10　澳大利亞大學與房地產估價相關的研究生專業

序號	大學	專業名稱	學制	文憑/學歷	所屬領域
1	墨爾本大學	房地產估價研究生(文憑)	1年	研究生文憑	估價
2	澳大利亞皇家墨爾本理工大學	估價研究生(文憑)	1年	研究生文憑	估價
3	邦德大學	房地產研究生(證書)	0.5年	研究生畢業證書	房地產
4	邦德大學	房地產研究生(文憑)	1年	研究生文憑	房地產
5	邦德大學	房地產碩士	2年	授課碩士學位	房地產
6	邦德大學	房地產碩士	2.8年	授課碩士學位	房地產
7	邦德大學	房地產碩士(可持續發展)	2年	授課碩士學位	房地產
8	邦德大學	房地產/項目管理碩士	3年	授課碩士學位	房地產,項目管理
9	悉尼科技大學	房地產投資碩士	1.5年	授課碩士學位	房地產
10	澳大利亞紐卡斯爾大學	房地產碩士(遠程教育)	1.5年	授課碩士學位	建築及城市環境
11	悉尼科技大學	房地產開發碩士	1.5年	授課碩士學位	建築及城市環境
12	斯文本科技大學	金融及銀行碩士	1年	授課碩士學位	銀行及金融
13	澳大利亞紐卡斯爾大學	房地產研究生(證書)(遠程教育)	0.5年	授課碩士學位	建築及城市環境
14	悉尼科技大學	計量金融學研究生(文憑)	1年	研究生文憑	銀行及金融
15	迪肯大學	房地產研究生(遠程教育)	1年	研究生文憑	房地產
16	悉尼科技大學	計量金融學碩士(學位)	1.5年	授課碩士學位	銀行及金融
17	悉尼科技大學	房地產及規劃研究生(證書)	0.5年	研究生證書	城市設計及區域規劃
18	悉尼科技大學	房地產開發研究生(文憑)	1年	研究生文憑	房地產

資料來源：根據澳大利亞政府網站「MyUniversity」(http://myuniversity.gov.au)數據整理而來。

由於澳大利亞有多樣化的教育，大學教育及職業教育和培訓、社區教育等並存，因此澳大利亞的房地產估價師培養也同樣具備多樣化的特色，不論是澳大利亞本地學生還是國際學生，都可以有多種選擇。

澳大利亞的房地產學科比較顯著的特色在於高等教育和專業學會的緊密聯繫。澳大利亞目前發展了多個全球性房地產學會的分支機構如泛太平洋房地產學會（PRRES）、歐洲房地產學會（ERES）、美國房地產學會（ARES）、亞洲房地產學會（AsRES）等，專注房地產教育和研究活動（紐厄爾，2007）。而澳大利亞本土的房地產學會（Australian Property Institute，API）影響力和知名度最高，目前共有大約8,600名來自澳大利亞及海外的各類房地產行業的會員，其中估價師會員約5,000人。① 澳大利亞房地產學會（API）的主要宗旨在於保持房地產專業領域的最高行業標準，促進房地產專業教育，促進會員的職業行為操守並且擴大其專業領域。API和大學機構建立了密切而廣泛的合作關係，最顯著的成就是API對大學開設的房地產專業採取認證的准入方式，以保證將來從事房地產估價的畢業生達到企業的要求。大學會定期徵求API、皇家特許測量師學會（RICS）等行業協會的意見反饋，並且通過泛太平洋房地產學會及其他區域性房地產學會瞭解國內外先進教育理念如課程內容、教材等。

澳大利亞API機構下設全國教育委員會（National Education Board，NEB），代表全國範圍內的機構會員對房地產教育、專業發展及培訓以及准入要求提出意見和建議。全國教育委員會和房地產教育的提供者即大學開展學術上的合作關係，以促使大學提供最高質量水平的房地產高等教育學位課程。除了大學在申請認證時需達到NEB規定的准入條件之外，API還組建專門委員會每五年對認證大學的房地產教育開展定期的檢查和審核，對教師的教學和研究水平進行測評，對在校生和畢業生進行訪談，同時對其教學內容和課程設置提出建議，以更好地適應企業和市場新的要求。

1.2 研究意義

1.2.1 有助於國內房地產評估企業及估價師評估國外項目

學習澳大利亞的估價制度及方法有助於國內估價企業加強和國外同行的交流，具備國際視野，有利於拓展國外業務。如前所述，近年來中國的房地產企業在澳大利亞開發房地產的項目越來越多，企業很有必要也很需要瞭解澳大利亞的房地產估價制度及方法，更渴望有通曉澳大利亞房地產估價制度及方法的國內估價人才。另外，國內的房地產估價企業和估價師通常會接受國內企業

---

① 資料來源：http://www.api.org.au。

（特別是一些上市公司）的委託到澳大利亞參與房地產估價，瞭解一些基本的知識有助於提高和國外相關機構溝通的效率，減少海外執業的風險。

學習澳大利亞的估價制度和方法也有助於國內的估價企業擴展視野，立足國際，宣傳國內的估價，把中國的估價行業介紹給世界，加強兩國估價企業和估價人員之間的交流。

1.2.2 瞭解其估價制度對於澳大利亞房產投資有參考價值

我們從澳大利亞統計局（Australian Bureau of Statistics，ABS）公布的房產價格變動歷史數據可以瞭解到，澳大利亞房產價格整體呈上升趨勢，2014年澳大利亞八大主要城市的房價漲幅達到6.8%。其中悉尼的漲幅最大，達到12.2%，其次是布里斯班，年漲幅5.3%。[①] 澳大利亞房地產市場之所以一直保持穩定增長，最關鍵是得益於政府對房地產市場的保護政策。自1988年以來，美國、英國、新西蘭、加拿大、德國、日本及東南亞國家等發達國家或發展中國家的房地產市場，紛紛先後經歷了房地產泡沫的破裂，而同屬發達國家的澳大利亞例外，在2008年全球金融危機及2011年爆發的歐美金融債務危機中，都平穩安全度過，這兩次成功躲過危機的經歷無疑應歸功於澳大利亞政府一貫的對於房地產市場的保護政策及對金融系統的有效調控。

另外，澳大利亞不斷增加的移民數量也推動了房地產需求的進一步增加。據《澳大利亞日報》報導，澳大利亞移民部新近公布的《2012—2013年移民趨勢》報告顯示，在1996年6月到2013年6月的17年間，來自中國的移民人口總數達到42.7萬人，高於印度和越南移民人數。隨著國內房地產企業在澳大利亞房地產投資項目的增加，除了移民到澳大利亞的華人和在澳大利亞留學的國際學生，身在國內的個人和機構投資者也比較熱衷於在澳大利亞投資，投資領域涉及土地、房產甚至一些礦產及農場、酒莊等資源的交易。

房地產交易離不開估價，因此，通過分析澳大利亞的房地產估價制度與方法，可以幫助有意願投資於澳大利亞的個人和機構更好地決策，減少投資風險。

1.2.3 有助於國內估價企業學習國外先進的估價方法和理念

房地產評估是一個歷史悠久的行業，有著數百年的發展歷史，而中國的房

---

① 數據來源：澳大利亞統計局網站數據，網址是http://www.abs.gov.au/。

地產評估行業則起步較晚，發展的時間也較短，在估價行業管理、行業自律及估價師個人發展等方面還需要借鑑國外的先進經驗與方法。與此同時，我國房地產評估行業發展到今天，面臨諸多新情況和挑戰，其中之一就是信息技術和大數據帶來的挑戰。

「數據庫中的知識發現」（KDD）這一概念是在 1989 年第 11 屆國際人工智能聯合會議上被首次提出的。而在隨後的知識發現與數據挖掘國際學術會議中，人們對「大數據」的討論就不僅僅停留在學術層面上，軟件公司也參與進來並於其中展示自己研發的產品，例如社會科學統計軟件包股份公司就展示了其基於決策樹的數據挖掘軟件「克萊門汀」（Clementine）；國際商業機器公司（IBM）則展示了可以用來提供數據挖掘的解決方案的「英特爾緊急礦工」（Intel Ugent Miner）；以及甲骨文公司（Oracle）的數據挖掘套件「達爾文」（Darwin）等也參加了會議展示。國外大量學者也對大數據展開了一系列研究，如杰里米・里夫金（2012）研究指出，在移動計算、雲計算、物聯網等一系列新興技術的支持下，社交媒體創造了一種新的應用模式，協同創造、虛擬服務等不斷拓展人類創造和利用信息的形式和範圍。雅克・卜黑、邁克爾・崔、詹姆士・馬尼卡（Bughin Jacques, Chui Micheal, Manyika James, 2012）的研究表明：以麥肯錫評估西方產業數據為例，大數據的有效利用將能使歐洲發達國家政府至少節省 1,000 億歐元（約 1,490 億美元）的營運成本。安德森・克里斯、弗蘭克爾・菲利斯、里德・羅莎琳德（Anderson Chris, Frankel Felice, Reid Rosalind, 2012）的研究指出在雲計算、物聯網之後，大數據帶來了信息技術（IT）產業又一次顛覆性的技術變革，它已經對房地產估價行業的經營管理思想、組織業務流程、市場行銷決策以及消費者行為模式等產生了巨大影響，使得越來越多的估價企業管理決策依賴於數據分析而不是經驗和直覺。

發達國家的房地產估價行業嗅到了大數據危機之外的商機，紛紛進行企業改革與轉型，開發了新的估價軟件和技術。而我國對於大數據的相關研究起步較晚，面對目前大數據時代的來臨給房地產評估行業所帶來的機遇和挑戰，許多房地產估價企業也不知如何應對。借鑑大數據背景下國外房地產企業的應對措施和經驗，有助於國內房地產估價企業戰略決策的創新研究和探討，有利於系統而深刻地認識大數據背景下房地產評估企業的戰略決策存在的困難和問題，提出科學可行的對策建議，從而為房地產估價企業提供有價值的決策參考和依據。

1.2.4　有助於國內估價行業學會學習和借鑑國外的估價管理制度

國外的房地產估價行業主要是市場需求推動其發展，估價行業在民間發展

到一定程度后，形成了行業學會，政府才開始介入管理，對房地產估價行業及估價從業人員進行立法和規範，但是仍然以行業學會管理為主體。我國雖然於1994年就成立了中國房地產估價師學會（2004年7月更名為「中國房地產估價師與房地產經紀人學會」①），但房地產估價行業是在《中華人民共和國城市房地產管理法》於1995年1月實施之後，第一次從法律上確立了房地產估價的法律地位，而后才逐步發展起來的，與國外房地產估價行業的發展軌跡有很大不同。在房地產估價行業發展的初期，很多房地產估價機構的人員、財務、職能、名稱還隸屬於一些政府部門；房地產價格評估機構的在職人員屬於國家行政、事業編製；房地產價格評估機構的負責人由原房地產價格評估機構的主管部門任免和管理。房地產估價機構行政管理的色彩比較明顯，並非真正意義上的自主經營、自負盈虧的企業法人，在很大程度上還有一些行政職能和管理職能（高炳華，王勝，2001）。

房地產估價屬於仲介服務性質，必須遵循獨立、客觀、公正的原則，因此估價機構的脫鈎改制是建立社會主義市場經濟體制的需要，也是房地產估價行業健康發展的需要。1999年9月中央作出的《中共中央關於國有企業改革和發展若干重大問題的決定》，明確了要建立現代企業制度，「實現產權清晰、權責明確、政企分開、管理科學，健全決策、執行和監督體系，使企業成為自主經營、自負盈虧的法人實體和市場主體」。2000年4月，建設部發布了《關於房地產價格評估機構脫鈎改制的通知》（建住房〔2000〕96號），其中第二條規定，房地產價格評估機構要按照《中華人民共和國公司法》《中華人民共和國合夥企業法》等有關規定改制為由註冊房地產估價師出資的有限責任公司、合夥制性質的企業，參與市場競爭，不得承擔房地產價格評估機構資質和人員資格等行政管理、行業管理的職能，這些職能應由房地產行政主管部門行使，或由房地產行政主管部門委託相應的房地產估價師學會（協會）承擔。

房地產估價機構實行脫鈎改制之後，才成為真正的企業法人、合格的市場主體。根據《房地產估價機構管理辦法》（2005年12月1日起施行），目前房地產估價機構的主管部門是建設部，中國房地產估價師與房地產經紀人學會負責日常事務管理和行業自律管理。

在我國房地產業快速發展的十多年裡，由於粗放型的經濟增長方式，房地產估價行業的發展主要體現為業務的增長與規模的擴張，而缺少了精細化的質量管理，同時仍然存在行業立法滯后、部門管理越位、信息建設落後、同行惡性競爭、執業誠信低下、人員素質不均等問題。房地產估價學會的管理主要是

---

① 資料來源：中國房地產估價師與房地產經紀人學會網站 http://www.cirea.org.cn/article/list/0002.html。

對房地產估價師進行註冊前的考試、註冊管理及估價師后續教育、估價機構和估價師的信用管理以及開展行業交流和宣傳等。

國外房地產估價專業學會往往承擔著不斷保持和提高專業水準、制定估價師職業準則和估價規範、不斷完善和更新估價方法、估價師后續教育以及新生代估價人才的培養的責任。因此，我國的房地產估價行業學會在行業管理上還有較大的發展空間。瞭解澳大利亞房地產估價行業學會的管理經驗，有助於我國的估價行業學會不斷完善其行業管理的職能，成為真正的行業領導者。

1.2.5 有助於國內的高等教育機構學習澳大利亞的房地產估價教育

未來，房地產估價行業應當在社會經濟中發揮更大的作用，例如：有效促進房地產信貸健康發展，防範金融風險；保障轉讓、徵收補償、房地產保險、房地產司法鑒定等經濟活動中相關當事人的合法權益；在國有土地有償使用、房地產徵稅以及國有資產股份制改造中，維護國家和公共利益，避免國有資產流失；發揮估價師在價格信息方面的優勢，對房地產市場提供更多的諮詢服務，例如市場調研與分析、價格預測與消費引導、投資分析、項目策劃、資產管理等，進一步拓展業務範圍（匡永峰，等，2012）。而估價行業的發展最重要的就是教育，是人才的培養。因此，學習國外的房地產估價制度及方法，改進現有的房地產估價方法與完善現有的房地產估價體系，創新當前房地產估價人才的教育模式，是當下房地產估價行業仁人志士需要思考的問題，只有這樣，他們才能為房地產估價行業持續健康發展提供良好的宏觀環境，才能為估價質量的提升提供技術支持，也才能為房地產估價人員隊伍建設提供可靠的保證。

1.2.6 彌補理論研究的空白

縱觀國內的研究，極少有學者比較系統地研究一些先進國家的房地產估價理論和方法以及估價人才培養，關於澳大利亞房地產估價的研究則更少，現有的研究大多是對澳大利亞房地產業和房地產估價的簡單介紹。由於澳大利亞在房地產業信息化建設方面有比較突出的成就，已經建立了全國範圍比較透明和統一的房地產交易數據庫，近年來開始有學者研究澳大利亞的數據和諮詢企業，基於大數據的批量房地產估價的方法，以及澳大利亞房地產估價師的職業道德建設。本研究對澳大利亞的房地產估價行業的發展歷史和現狀，估價管理機構及管理制度，估價方法及估價人才的培養進行了比較系統的研究，填補了

國內關於這個領域研究的空白，為學者們進一步深入研究澳大利亞房地產估價行業提供了參考。

1.3 國內外相關研究

1.3.1 國外相關研究

1.3.1.1 房地產估價的發展歷史

估價理論最早形成於 19 世紀末，英國經濟學家阿爾弗雷德·馬歇爾（Alfred Marshall，1842—1924 年）將早期的理論綜合成新古典價值理論，討論並發現了許多目前在估價實務中採用的思想。人們也公認馬歇爾首創了三種傳統估價方法，即市場比較法、重置成本法和收益資本化法。隨后，新古典學派的經濟學家——美國的歐文·費雪（1867—1947），完整地提出了價值的收益理論，奠定了現代收益資本化法的基礎（保羅·弗朗西斯·文特，1974）。

馬歇爾、費雪和其他 19 世紀末 20 世紀初的經濟學家的著作，被眾多對經濟思想感興趣的學者和專業人士學習。與此同時，不動產領域逐漸形成，很多從業人員取得了評估各類不動產的市場價值及其他價值的經驗，其中之一就是土地經濟學。首次將土地經濟學變成一門學科的理查德·西奧多·伊利（Richard Theodore Ely，1845—1943），弗雷德里克·莫里森·巴布科克（Fredrick Morrison Babcock，1898—1983），歐內斯特·麥金萊·費雪（Ernest Mckinley Fisher，1893—1981），亞瑟·J. 默茨克（Arthur J. Mertzke，1890—1970）出版的土地經濟學系列著作很多，為不動產專業人士提供了重要參考。如伊利（Ely）和莫爾豪斯（Moorehouse）的《土地經濟學要素》（1924 年），巴布西克（Babcick）的《不動產估價》（1924 年），費雪（Fisher）的《不動產原則》（1923 年）。

美國現代估價行業的歷史要追溯到 20 世紀 30 年代的經濟大蕭條時期。在這之前，人們並不認為估價是一個特殊的職業。極少有人專門做估價這項工作，而從事這項工作的人往往又缺乏對價值理論很好的理解，當時還沒有形成廣為世人接受的估價標準和估價程序的指南。1927 年亞瑟·J. 默茨克（Arthur J. Mertzke）的《不動產估價》的出版是估價史上的一件大事。該書採用了馬歇爾的想法，建立起價值理論和估價理論之間的有形聯繫。默茨克把經濟理論轉化為應用估價理論，有助於明晰三種估價方法的重點，且解釋了使用資本化率作為安全指數的理論。K. 李海德（K. Lee Hyder）、哈里·格蘭特·阿特金

森（Harry Grant Atkinson）和喬治·L. 施穆茨（George L. Schmutz）發表文章強調了這三種估價方法在估價程序中的卓越性。這些文章提出了應用市場比較法、成本法和收益資本化法的系統程序。施穆茨提出一個由估價活動導出價值結論的模型。1929年，美國全國房地產委員會的估價分會（Appraisal Division of the National Association of Real Estate Boards）出版了第一個全國認可的估價標準。與此同時，美國第一批專業的估價協會也成立了，包括美國估價師學會（American Institute of Real Estate Appraisers）、住宅估價師學會（The Society of Residential Appraisers）以及美國農場經理及農地估價師學會（American Society of Farm Managers and Rural Appraisers）。住宅估價師學會后來改名為房地產估價師學會（The Society of Real Estate Appraisers），1990年，該學會又和美國估價師學會（American Institute of Real Estate Appraisers）合併組成了估價學會（Appraisal Institute）。在隨後的50年內，專業的房地產估價服務需求逐漸增長，部分原因是諸如聯邦住房管理局（Federal Housing Administration, FHA）、退伍軍人事務部（The Department of Veterans Affairs, VA）以及聯邦全國抵押貸款協會（The Federal National Mortgage Association, FNMA）等機構要求房地產價值需要進行獨立驗證。

然而，估價行業仍然處於無序管理狀態，也沒有形成統一的標準用於估價師資格認證和估價實踐。基於此，專業的估價學會就承擔起責任，逐步對單獨的房地產估價師能力進行評估。1980年以後開始的儲蓄和債務危機給房地產估價行業帶來了翻天覆地的變化。於是，在經歷了儲蓄和債務危機的余波之後，聯邦政府通過了法令，規定房地產估價師要受到政府的有效管理，包括各州頒發的執照和證書。這一立法也同時建立了專業估價師美國全國範圍的能力標準以及統一的執業準則。為了回應儲蓄和債務危機以及隨後的立法，一些大的估價機構共同成立了估價基金會（The Appraisal Foundation）。這一非營利性的組織主要負責起草專業估價師統一執業標準以及估價師資質認證的全國標準（Uniform Standards of Professional Appraisal Practice）。

除了英、美，近年來國際上各種專業估價學會和組織開始合作，共同制定國際估價標準。這將促進全球範圍內跨國的房地產投資。但是一些評估機構早已經是國際性的機構，因此，從某種意義上說，這已經體現了一定程度的國際標準。國際評估準則委員會（International Valuation Standards Council, IVSC）是一個非政府組織的聯合國成員，包括來自41個不同國家的全國估價標準制定者和專業學會（包括美國估價學會——the Appraisal Institute，美國估價師學會——the American Society of Appraisers，英國皇家特許測量師學會RICS，印度執業估價師協會和加拿大估價學會）。目前，國際評估準則委員會已經發布了

第八版的國際估價標準（the International Valuation Standards）。

如今，經濟全球化趨勢越來越明顯，世界各國的估價行業之間的交流也越來越頻繁，促進了估價理論和實踐的不斷發展，不論是估價的理論、方法還是估價人才的培養，都有了日新月異的變化。在信息技術日益發達的今天，出現了新的估價理論和新的估價方法，各國對估價人才教育的要求也越來越嚴格，如何應對這些新的挑戰，將是各國估價行業管理機構、估價企業和教育者們必須思考的問題。

1.3.1.2　國外相關研究

（1）關於澳大利亞估價制度的研究

關於澳大利亞的估價制度，比較多的研究集中在估價的標準和規範、估價師執業規範及道德水準方面的法律法規。巴里·吉爾伯特林·帕特納（Barry Gilbertson Partner，2003）基於RICS的一次商業問卷調查收到來自世界各地的房地產專家的回覆，他綜合了專家的意見，指出了當前房地產估價行業面臨的三個主要問題：一是逐漸增加的估價師職業責任賠償險（Professional Liability Insurance）的成本；二是更高的顧客期望；三是日益複雜的商業環境。調查結果表明，客戶對跨區域估價的一致性要求越來越高，需要建立估價的質量標準和估價規範。隨著跨國估價業務的增加，業界呼籲估價資質互認，希望建立一種國際上認可的資質認證體系，建立估價師和估價企業在國際上的知名度和認可度。調查強調了專業學會應該創造條件，形成估價師終身學習機制。隨著全球新興市場的出現，估價的全球性服務要求統一、一致的估價標準，突破不同區域的文化、政治、經濟和法律的差異。

2008年6月出版的《澳大利亞和新西蘭估價及房地產標準》（Australia and New Zealand Valuation and Property Standards）是澳大利亞房地產學會和新西蘭房地產學會合作的第三個出版物。澳大利亞和新西蘭的房地產估價從業人員越來越多地轉向使用國際估價標準（International Valuation Standards，IVS），這一版本的標準吸收了國際估價標準的一些內容，並做了一些重要修訂，新增了一些內容。新增的內容包括：IVA3——財務報告中的公共部門資產評估、IVGN15——歷史性房地產估價、ANZVGN8——用於報價文件中的估價、ANZ-VGN9——評估租賃價值、ANZVGN10——農業房地產估價。國際估價標準委員會對國際估價標準作了如下修訂：IVS2——包括市場價值在內的其他估價基礎；IVA2——基於擔保貸款目的的估價。

2008年7月，澳大利亞房地產學會向澳大利亞生產力委員會（The Productivity Commission）提交了《資質互認計劃審閱報告》。該報告解釋了澳大利亞各州估價師互認計劃的效力，通過這個互認計劃，在澳大利亞某個州或領地註

冊執業的估價師可以在通過了互認計劃的另一個州執業，而不需要通過進一步的測試或考試。目前此互認計劃僅在澳大利亞的新南威爾士、西澳和昆士蘭州適用。報告分析了互認計劃沒有包含其余州和領地的原因，同時也指出了互認計劃在新南威爾士、西澳和昆士蘭三個州實施中存在的問題：由於這三個州對於估價師註冊的門檻要求不一致，互認的結果會使估價師轉向註冊要求更低的州，從而會拉低整個估價行業的註冊標準。報告的最后提出了三種解決措施：一是繼續保持現有的互認計劃不變，但是澳大利亞房地產學會並不支持此種方案；二是實行估價師全國統一註冊，此方案得到了房地產學會的強烈支持，主要是此方案考慮了消費者權益保護；三是取消對估價師的註冊管理，但同樣解決不了消費者保護的問題。本報告指出澳大利亞各個州和領地的估價師法律法規有一定的差異，並且有不同的管理性的和非管理性的機制來保護消費者權益，估價師能力進行了合適的審核並達到了既定的標準。隨著第一批包括房地產行業在內的全國性的職業認證計劃（the National Occupational Licensing Scheme）在2012年7月實施，有利於澳大利亞境內不同區域的估價師管理趨於一致。報告總結了估價師法（2003）的優點：消費者有權知曉提供估價服務的機構及相關人員的信息；提供估價服務的估價師都是合格的，並且達到了規定的標準；有一個有效的紀律框架來處理與估價師有關的投訴及調查。

　　作為澳大利亞最知名的房地產專業學會，澳大利亞房地產學會下設的估價標準委員會（Australia Valuation Standards Board）每年均會發布包括房地產估價行業在內的職業標準和技術規範。如在2013年估價標準委員會討論了專業估價師的國際估價準則、森林資產估價以及估價中的不確定性，並對2011年國際估價準則進行了修訂。在2014年，估價標準委員會的主要工作是繼續審閱專業估價執業手冊，並對國際估價準則的第230條及第300條提出了修訂意見。

　　（2）關於澳大利亞估價方法的研究

　　紐厄爾·格雷姆（Newell Graeme，1990，1998）通過問卷調查的方式，對澳大利亞房地產估價報告的質量進行了分析，指出了估價報告中存在的問題和可取的地方，指出了應該改進的地方。Newell Graeme（1992）還分析了澳大利亞估價行業的一些特性，注意到估價行業為了提高其行業地位及水平，近期實施了一些重要的改革；最后指出澳大利亞估價師及土地經濟學者學會對於促進這些改革進行起到了關鍵作用。

　　針對20世紀90年代澳大利亞房地產估價師不能準確預測未來市場的變化以及估價水平不一致而廣受客戶批評的這一現狀，特里·博伊德（Terry Boyd，1995）為了瞭解澳大利亞估價師評估市場價值使用的原則和方法，對澳大利亞

估價師及土地經濟學者學會（Australia Institute of Valuers and Land Economists，AIVLE）的註冊估價師會員進行了抽樣調查，調查的內容涉及估價師的背景信息、估價師對市場價值概念的理解、投資型房地產估價的方法、估價師青睞的估價方法和估價師的經驗等。通過對調查統計結果分析，特里得出結論：不同的估價師在選擇估價方法時有較大的差異，這一點在研究者的意料之中；但是估價師們關於折現率的理解以及對不規則現金流量的處理的差異需要引起足夠的重視。研究發現，經驗豐富的估價師比普通的估價師更傾向於使用現金流量技術，同樣地，有著更高學歷的估價師比學歷稍低的估價師更多地使用淨現值方法。基於此，特里建議根據估價師的學術資歷或工作經驗確定一個專家估價師名單，進入專家名單的估價師可以被指定承擔大型的城市房地產投資估價。特里還建議估價師對於市場上由主流的投資者使用的投資技術保持警惕態度，應盡量避免使用不合理的估價方法。

艾倫·米林頓（Alan Millington，1996）從理論和方法上論述了澳大利亞的零售房地產業的估價，同時也提及了英國和美國的零售房地產估價。艾倫調查了澳大利亞零售行業對全國經濟的整體影響，發現雖然購物中心類房地產能夠帶來顯著的現金流量增長，但這一趨勢在近年來有明顯的減弱，因此估價師們需要思考的關鍵問題是，在評估零售房地產的資本價值時，哪些是最有影響力的因素。艾倫通過具體的案例分析展示了如何進行實際估價，分析了租賃購物中心場地的專業零售商們的定位困難，物業主和租客之間的合作關係的重要性，預見到一味地要求購物中心內零售商業物業租金的最大化從長遠來看可能會嚴重威脅到這些購物中心的發展。最后，艾倫對如何提高購物中心而非其他銷售渠道如倉儲零售、電視零售以及廣告目錄購物經營活動的成功率提出了建議。

以帕欽（Patchin，1988，1994）、威廉姆斯（Williams，1991）、卡博薩和西克（Capozza，Sick，1991）、芒迪（Mundy，1992）、格林伯格和休斯（Greenberg，Huges，1993）、倫茨和謝（Lentz，Tse，1995）、羅德維格（Roddewig，1996）、桑德斯（Sanders，1996）、韋伯（Weber，1997）、賴克特（Reichert，1997）、達佐（Dotzour，1997）、麥克林和芒迪（McLean，Mundy，1998）、納爾遜·陳（Nelson Chan，1998，2009）等為代表的一批學者對污染土地的估價均有研究。其中托馬斯·H. O.（Thomas H. O.，1974）討論了澳大利亞用於開發目的的土地估價如何受到一些有關環境和資源保護的法律法規的影響，為減少這種影響，人們在申請建築許可的時候需要諮詢市政當局的意見，同時要考慮一些控制污染的措施。隨著時間的推移，土地淨化技術有了新的發展，人們對污染土地風險預期也有了改觀。由於土地供給的有限性，越來

越多的農業用地和原工業用地被轉化成商業和住宅用地,因此有必要進行新的研究,研究澳大利亞被污染土地的估價原理。學者們通過調查發現,不受影響的估價方法(Unaffected Valuation Approach)在澳大利亞仍然是污染土地估價的主流方法。

此外,學者和業內人士還針對具體的估價項目的估價方法進行了研究。比如艾略特、彼德和里德、理查德(Elliott, Peter and Reed, Richard, 1997)研究了澳大利亞快餐連鎖經營店的估價;緹易斯·M.(Tiyce, M., 1999)研究了國家公園的估價;科拉爾·佩珀、勞拉·麥卡恩和邁克爾·伯頓(Coral Pepper, Laura McCann and Michael Burton, 2005)等人對位於城市的林區土地的估價進行了研究;杰森·霍爾、香農·尼科爾斯(Jason Hall, Shannon Nicholls, 2006)研究了礦業項目的估價;阿奇(Arkey, 2005)研究了澳大利亞中小型葡萄園的估價;S. 德·加里斯(S De Garis, 2009)研究了澳大利亞農村租賃土地的估價。

艾略特、彼得·沃倫、克萊夫(Elliott, Peter Warren, Clive M. J., 2005)基於對澳大利亞的執業估價師的調查,分析了估價師評估投資房地產的市場價值時使用的方法;調查分析了估價師的背景信息,估價師在不穩定的市場環境下如何闡釋市場價值以及他們用來評估城市投資性房地產的具體估價方法。通過交叉分析,文章明確了估價師的估價能力、經驗和方法之間的內在聯繫,同時提議對於大型的城市投資物業的估價需要開展更多的市場研究,並且由估價師專家團隊進行現金流量分析。

邁克爾·J. 赫夫曼、特里·博伊德(Michael J. Hefferan, Terry Boyd, 2010)研究了新形勢下,澳大利亞的房產稅及批量評估方法如何適應更加複雜的房地產環境。基於房產價值的從價稅是澳大利亞政府收入的重要來源之一,雖然保護長期存在的批量估價的根本技術是很有必要的,但是我們仍需要對估價方法和實踐進行一些細微的修正,以便提高估價系統的效率和準確性。作者提出需要改進估價中的信息溝通以及引入改進仲裁程序,以實現估價公正性的建議,均有利於提高估價的效率和效力,也可以用於澳大利亞全國市場上一些特別複雜的房地產評估。

沃倫·邁爾斯、佐治亞(Warren-Myers, Georgia, 2012)指出,為了明確並且準確地反應可持續性和市場價值的關係,人們需要把可持續性分析整合到估價的程序中去。人們開始關注這一問題,並且越來越多的企業、估價機構和學術界強調估價師應該在估價程序中考慮可持續性。然而,對於估價師是否有足夠的知識和技能將可持續能力分析引入估價報告,人們持懷疑態度。沃倫與佐治亞調查了估價師在估價實踐中應用可持續性分析的情況以及估價師對於可

持續性的知識的掌握情況。沃倫與佐治亞預測，隨著越來越多的客戶需要在估價報告中進行可持續性分析，估價師的知識水平需要進一步提高。沃倫·邁爾斯（Warren-Myers，2010）發現在2008年左右估價師們還沒有足夠的能力在估價中加入可持續能力的分析。估價實踐過程最根本的一點就是處理科學性和藝術性的複雜關係，要做好這一點需要時間。沃倫通過開放和封閉式的問卷調查，致力於跟蹤澳大利亞估價師關於可持續性知識的學習過程，以便估價師們更好地進行比較分析並評價房地產的可持續性發展因素，最終得出可持續性與房地產的市場價值之間關係的結論。調查結果表明，澳大利亞的估價師能夠在報告中提及持續性能力，並且能夠給客戶提出可持續性方面的建議。然而，調查也發現估價師們過度地依賴可持續性評估工具，而且他們對這些評估工具知之甚少。不過和以前的研究中發現的估價師們不太願意進行可持續性分析相比，這已經是一個很顯著的進步。長期來看，如果估價師們缺乏這方面的知識，將會導致對估價中涉及的可持續能力與價值的關係的誤判。因此，沃倫提議估價師們亟須補充估價實踐中關於可持續性的理解和評估方面的知識。

此外，一些專業的估價諮詢機構也對房地產估價活動開展了研究。畢馬威財務諮詢服務公司澳大利亞財務公司作為一家分支機構，在2013年對澳大利亞的估價市場實踐活動進行了調查。被調查者包括6家投資銀行、6家專業服務機構、6家基礎設施基金公司以及其他5家業務相關機構，合計23家機構。本調查旨在洞悉澳大利亞的財務分析師以及機構融資者所接受的一些估價方法以及這些方法是如何應用的。由於澳大利亞缺乏像美國和英國這類較大的市場具備的高質量的調查研究，因此畢馬威澳大利亞財務公司的這一調查填補了澳大利亞市場的空白。報告指出，由於估價工作有較大的主觀性，所以真正理解估價實踐如何影響地方市場是非常關鍵的。調查結果得出以下幾個方面的結論：①現金流量折現法仍然是澳大利亞財務分析師和融資機構最廣泛使用的方法。這一方法在實際應用中比較靈活，能夠考慮到不同情形下的收益增長預期，因此能夠提供一個更有洞察力的估價結論。②估價缺乏對市場波動的考慮。有68%的被調查者表示他們並沒有調整股本市場的風險溢價假設以反應當前資本市場的變化。③會計準則對未來財務報表的影響開始得到重視。④環境、社會及政治因素最多只是得到了定性考慮。僅有5%的被調查者對以上因素進行了定量分析，有32%的被調查者完全忽略了以上因素的影響。⑤關注折現率和風險溢價。理解折現和風險溢價是頗具挑戰性和主觀性的任務之一。調查發現，有足夠的數據表明被評估的機構的規模與股本溢價的大小、折現率的大小與被評估的股權大小以及變現率的大小與被評估的股權大小成反比關係。

（3）關於澳大利亞估價人才培養的研究

從國際上看，從第一個房地產課程在1919年在美國一所大學開講，到20

世紀20年代第一批估價專業學會成立（澳大利亞是1926年，美國是1928年），估價行業至今只有100多年的歷史（佩奇·杰夫，2004）。世界範圍內房地產估價教育的發展史也是一部房地產市場發展史，最初的研究主要集中在房地產估價領域，隨著房地產市場的發展以及各國對房地產人才需求的增加，各大學紛紛開設房地產專業，人們對房地產的研究也很快從房地產估價擴展到房地產融資、房地產諮詢等領域。澳大利亞近年來關於房地產（估價）教育相關的文獻呈現逐年增長的趨勢，一些致力於房地產教育的學者長期關注房地產教育的發展。目前涉及房地產專業教育的研究可以歸納為以下兩個方面：一是站在大學等教育機構及房地產學者的角度研究房地產教育；二是站在利益相關者的角度進行研究，利益相關者包括房地產估價專業學生、用人單位、估價專業協會/學會等。

房地產教育經過過去40多年的發展，從最初的房地產估價教育及研究擴展到更寬的房地產教育領域，一些知名學者發表了諸多的研究成果，如房地產課程開發（紐厄爾和伊夫斯，2000；巴克斯特，2007），房地產教育及職業（阿烏迪夫，2000；佩奇，2008；布萊克和薩斯伊羅緹，2009），房地產專業人士的教育需求（博伊德，2000），房地產學者面臨的機會和挑戰的分析（紐厄爾，2007），房地產教育的典範（費舍爾，2000），房地產教育質量（紐厄爾，2003，2010），新科技的有效利用（科尼什及其他人，2009）等方面的研究。2000年以後，學者們開始關注房地產教育的批判性分析，相關的研究包括房地產教育的知識主體（布萊克和拉比安斯基，2003），學生評價（曼寧和勞拉克，2002），基於問題的學習及房地產學者的價值增加策略（曼寧和勞拉克，2001）。其他一些研究則站在國家或地區的角度分析房地產教育，如邁克爾·J.赫弗南和斯圖爾特·羅斯（Michael J. Heffernan，Stuart Ross，2010）對澳大利亞房地產教育及研究改革的動力進行了分析；ÉD'·阿爾西和P.塔塔瓦爾（ÉD'Arcy, P. Taltavull，2009）則從大學這個教育產品供給者的角度分析了歐洲近10年房地產教育的發展趨勢及動力。以上研究者中，除了曼寧外，均是從房地產學者的角度進行研究，沒有充分從學生角度去研究房地產教育的質量。

1980年以後，學者們開始重視學生的學習體驗和學生滿意度評價。最早在美國的蘭卡斯特大學使用的課程體驗問卷（CEQ）已經被澳大利亞及英國的大學廣泛使用，每年用來對所有大學的畢業生進行調查，以評價大學的教學質量（凱思亞·L.威爾遜，阿爾夫·里茲歐和保羅·拉姆斯登，2006）。目前CEQ已經成為澳大利亞使用最多的高等教育調查的工具，從1993年起，澳大利亞畢業生就業委員會（GCA）每年針對全國15萬大學畢業生開展調查，運用課程體驗調查問卷評估大學教學質量、教學目標、教師工作量、學生成績評

定、學生通用技能和總體滿意度等。而美國及英國，則沒有像澳大利亞這樣全面深入地開展房地產教育評估。《美國新聞與世界報導》（News and World Report）開展的調查通常用於美國房地產大學及專業的排名，且相關的調查多是基於專業系主任及行業專家的觀點，帶有更多的主觀性。美國的先進商業大學聯合會（AACSB）對美國的商業類大學開展的畢業生課程評估用於對商業類大學的排名，其調查範圍沒有澳大利亞廣泛。在英國，由英國高等教育質量保證機構（Quality Assurance Agency for Higher Education，QAA）進行的高等教育質量評估的廣度及頻率也不及 GCA 高。

其他一些研究則涉及房地產課程設置的建議（薩斯伊羅緹·康妮和阿米蒂奇·琳恩，2011），教師自身教育方法和手段的反思（博伊德，2010），房地產專業的教育手段和方法如網路在線學習（雷·馬丁內斯，2004），新科技與房地產教育的結合（S. 科尼什、R. 里德和 S. 威爾金森，2009），工作室教學法（仙塔·司徒森哈和吳浩，2010），混合式學習法（喬安娜·潘恩，2012）等，都是基於新的市場變化及科技發展等外在環境的變化分析市場對房地產估價人才培養的新要求。

直接關於房地產估價人才培養的研究更多的是從學生期望、企業或雇主要求、行業協會認證等方面入手進行分析。特里·博伊德（Terry Boyd，2005）認為房地產估價專業教育僅有一個好的理論基礎是不夠的，還需要具備分析房地產市場行為以及交流溝通的能力。美國的埃普利（Epley，2004）通過調查一些房地產企業的行政官員，瞭解到房地產估價人員作為一個「服務提供者」應該具備的三個最關鍵技能包括房地產市場分析能力、勝任一般性的分析工作的能力、良好的人際關係能力。A. 布萊克、C. 薩斯伊羅緹（A. Blake，C. Susilawati，2009）通過調查昆士蘭科技大學生（QUT）房地產專業的準畢業生、行業雇主代表以及專業協會代表，評估房地產專業學生是否具備就業能力，或是否準備好就業。研究表明，學生對畢業后能否勝任第一份工作缺乏自信，即使他們基本上已經掌握了本專業相關的技術知識和技能；他們均認為在工作中學習和發展對於專業知識和軟技能的開發均很重要。雇主對這些畢業生的電腦應用能力表示滿意，同時認為學生在房地產融資、房地產市場基本原理、財務分析、現金流量折現技術、核心的估價原理等方面的能力還有待提高。對於「軟技能」，一些雇主表示這些畢業生應該具備一定的獨立性和自信心，以抵抗一些客戶影響估價結果的不合理的要求。除此之外，畢業生估價報告的寫作水平以及與客戶的溝通和交流能力也有待提高。

朱迪思·卡拉南和愛奧那·麥卡錫（Judith Callanan，Iona McCarthy，2003）以新西蘭梅西大學（Massey University）的估價及房地產管理（商業學

士）專業的大三學生以及新畢業生為樣本，對新西蘭的房地產估價教育進行了調查研究。他們認為，大學教育的客戶（學生、畢業生以及潛在的雇主）是大學課程及教學質量的最佳評估者。調查結果表明，23%的該專業學生認為房地產估價是一個受人尊敬的職業，有43%的學生有興趣在畢業后從事房地產估價；學生不願意從事估價行業主要的原因是工作枯燥且報酬較低。對雇主的調查表明，畢業生缺乏房屋建造、房地產開發原理及實踐方面的知識，而且缺乏將理論知識應用到實踐的能力。被調查的學生認為自身在實踐知識和工作經歷上還有待提升，同時需要增加商業覺悟、市場知識、估價和談判能力及加強建築技術方面的學習。對雇主的調查結果表明，他們最看中的估價專業畢業生排在前五位的知識領域包括估價、房地產法、業主及租客相關法律、專業實踐及倫理、顧客關注；五個最重要的技能包括有效的口頭溝通、報告寫作、有效的書面溝通、計算能力和有效的口頭表達/展示能力；五個最重要的特性/個性則包括不斷提升專業知識的意願、專業態度、人際交往能力、團隊合作及工作激情。而企業的人力資源主管則表示畢業生的商業意識非常重要。

萊·成·林、阿拉斯泰爾·阿代爾、斯坦利·麥格里爾、詹姆斯·韋伯（Lay Cheng Lim, Alastair Adair and Stanley McGreal, James Webb, 2006）的研究指出了香港地區的執業估價師在教育經歷上除了香港地區本地大學畢業之外，其餘大部分是在英國和澳大利亞有過房地產專業的學習經歷，英國和澳大利亞的教育對於香港地區的估價實踐有著決定性的影響。

縱觀國外房地產教育相關的文獻，其研究的內容都趨向微觀研究，通常研究的是一個國家的某一所大學或幾所大學的房地產教育的某個方面問題，有少量文獻涉及比較研究，但比較的層次限於少數幾個西方發達國家；幾乎沒有文獻從宏觀上和微觀上比較分析中國和澳大利亞房地產估價人才培養與教育問題。

1.3.2 國內相關研究

1.3.2.1 關於澳大利亞估價制度的研究

國內關於澳大利亞房地產估價相關的研究從量上來說較少，而且比較零散，沒有形成明顯的研究體系。較早的研究是陳元安、唐波（1994）對澳大利亞產權產籍管理進行的介紹。他們主要介紹了澳大利亞房地產產權產籍在州一級管理的具體做法、托侖斯房地產產權登記法以及澳大利亞地權局的職責。約翰·馬丁、王青華（1997）介紹了澳大利亞不動產體制概況，包括澳大利亞評估辦公室、評估師總辦公室和估價師。

陶建明（2003）對英國、美國、澳大利亞等三國專業人員執業資格制度的概況、法律制度、認證體系、管理模式以及專業教育評估等幾個方面進行了

比較分析，論述了三個國家在專業人員執業資格制度方面的特點，政府和行業學會在不同類型執業資格制度中的作用；以建設管理專業人員執業資格制度作為實證，對英國皇家特許建造師執業資格制度、美國建造師執業資格制度、澳大利亞建造師執業資格制度的執業範圍、管理模式、資格取得方式、註冊管理以及專業教育評估等方面規定進行比較研究，論述了建造師執業資格制度在不同國家的異同點；並結合我國執業資格制度建立的現狀，指出了我國專業技術人員執業資格制度存在著管理方式單一、管理機構亂、專業教育評估與執業資格制度沒有有機結合、法律制度不健全等問題，最後提出了分步實施改革的思路。

崔新園（2007）通過兩個最具影響的國際性準則——《國際評估準則》和《歐洲評估準則》，以及評估業較為發達的三個國家或地區的準則——《美國資產評估行業統一執業規範》《澳大利亞評估準則》和《香港評估準則》，分別對評估對象、價值類型和評估方法的相關技術操作標準進行了比較、分析和歸納，為探求我國抵押資產評估的統一技術標準提供了有益的參考。

一些專家和學者將澳大利亞與新西蘭評估準則借鑑到國內的土地和房產評估中。如錢潔園、梁飛媛（2014）將《澳大利亞與新西蘭評估準則》應用到我國土地污染的評估中。周丹、郭化林（2015）則借鑑了澳大利亞、新西蘭評估準則中土地評級和稅收評估的方法，學習和借鑑該準則的先進之處，同時對我國土地價值評估提出意見和建議，完善和規範我國土地價值評估。郭化林、洪微微（2015）在研究澳大利亞與新西蘭資產評估準則制定、演進、框架的基礎上，歸納了其地區性、與物業稅稅收關係密切等特徵，並結合我國資產評估行業發展與準則建設情況，提出了制定受污染土地評估準則、完善評估報告類型、以評估準則統一監管評估執業等建議。

1.3.2.2 關於澳大利亞估價方法的研究

關於澳大利亞的估價方法，早期的研究集中在介紹澳大利亞的不同類型的項目的評估。如肖振民（1998）以澳大利亞為例，全面闡述了西方礦產勘查投資來源、方式及礦地的估價方法，重點介紹了比較估價法、以往勘查投資計算法、遠景儲量估價法、合資條件計算法和儲量價值估價法五種方法。曹波（2006）借鑑澳大利亞礦業權估價的經驗，重點研究了礦業權估價中現金流量折現法中儲量、開發投資收益及折現率的選取方法。張穎、高淑媛、杜婷（2006）借鑑德國、澳大利亞和法國的研究，分別採用成本法和淨現值法對海南省、大興安嶺的林地林木進行了估價，通過估價結果的比較分析認為，成本法可作為林木估價的最低值，淨現值法的估價高於成本法的估價，淨現值法估價是成本價法估價的 1.03~1.14 倍。文章最後認為，林地林木估價的方法目前還沒有達成一致，且不同的估價方法估算的結果也存在明顯的差異。張澤江、蘭彬、李風（2006）比較評述了美國的建築防火評估方法、加拿大的

FIRECAM方法、澳大利亞的風險評估模型，提出建立火蔓延模型，確定建築物火災損失率的數學期望和方差，建立典型可燃物火蔓延模型與典型建築火災荷載統計方法；認為預估建築物火災燒損時，燒損的面積以及財產綜合損失是當前亟須研究的問題。

隨後，曹大蔡和澳大利亞房地產評估問題專家紐厄爾·格雷姆通過對部分澳大利亞房地產評估機構進行抽樣調查后完成了一份關於澳大利亞評估報告質量的調查報告（曹大蔡、紐厄爾·格雷姆，1999）。該調查報告分別從評估的用途、現金流分析的運用、評估報告的質量及可靠性、評估標準及原則以及評估報告中的不足之處進行了分析，並將此調查結果與1989年及1994年的調查結果進行了對比，最后對上述問題提出了建議性的解決辦法。

國內學者近年來開始探索一些新型技術方法在房地產估價中的應用，包括神經網路、基於相關性分析、模糊綜合評價、迴歸分析等方法。

官衛華、邵麗（2011）基於澳大利亞悉尼市皮特鎮的「佛蒙特」居住開發項目的土地出讓數據，從土地物理屬性的微觀層面出發，嘗試通過建立多元線性迴歸模型（Multiple Linear Regression Model，MLRM）來進行區域土地估價，為國內相關領域的估價提供了參考。

澳大利亞普遍運用計算機輔助批量評估系統和地理信息系統來確定住宅、土地的價值，用於決定住宅房地產的適當稅負。特別是在大城市中，由於對單個房地產進行價值判斷的傳統評估方式已明顯不適應稅基評估規模的需要，因此，依託計算機輔助批量評估系統和地理信息系統的批量評估方法體系更是不可或缺。但因歷史原因和澳大利亞各州不同的環境條件，該評估方法體系在各州的應用差異也很大。

但批量評估技術在國內並沒有引起足夠重視，主要原因有兩個：一是物業稅經過多年空轉至今尚未出抬，房地產估價機構對物業稅的實施時間、細則、稅基評估主體要求、技術要求及應用前景等缺乏明確的預期；二是我國房地產估價機構普遍存在專業技術力量薄弱、人才儲備不足、信息化水平低、管理方法落后等問題，這些先天性的不足客觀上制約了新技術的推廣和應用。即便如此，仍然有一些學者和房地產估價機構開始關注並發展批量評估技術。如賈生華（2004）、紀益成（2005）、郭文華（2005）、王誠軍（2006）、虞曉芬（2009）等專家和學者都對國外的批量評估技術及其應用進行過研究，呼籲我國引進批量評估技術。此外，深圳、浙江一些一級資質的房地產評估機構如深圳市世聯土地房地產評估有限公司、浙江恒基房地產土地資產評估有限公司在批量評估技術的應用方面已經成功地邁出了創新的第一步。而且，越來越多的房地產估價機構開始嘗試著將批量評估技術應用於免費在線評估業務，比如廣東美佳聯房地產與土地評估諮詢有限公司、廣東建誠資產評估土地房地產估價

有限公司等都在公司主頁上開通了該服務，甚至連房地產門戶網站搜房網、房價網也推出了在線免費評估業務。雖然批量評估技術還不夠成熟，但它已經逐步為人們所重視，並且會逐步影響評估機構的商業模式。

1.3.2.3 關於澳大利亞估價人才培養的研究

澳大利亞的資產評估教育自 20 世紀 20 年代產生後，經歷了教育重心由職業培訓向學歷教育發展的過程，至今已形成了完善的資產評估教育體系和教育模式。尉京紅、鹿亞芹、張存彥（2002）探討了澳大利亞的資產評估教育，對建立和完善我國的資產評估教育體系，改革我國的傳統教育模式有一定的借鑑意義。胡延杰、胡碧琳、薛岩晗（2007）在廣泛調查資產評估人才培養現狀及課程設置的基礎上，對資產評估師的專業素質要求進行了剖析，借鑑澳大利亞資產評估教育的經驗，探悉了目前我國資產評估人才培養方面存在的問題。曾滿超、王美欣、藺樂（2009）研究了美國、英國和澳大利亞的高等教育國際化現狀，分析這三個發達國家高等教育系統的國際化背景、國際化戰略、政府和專業機構的國際化角色以及國際化的評估，並對個別研究型大學進行個案研究，以說明國際化是如何在大學內落實的。結果說明高等教育學國際化是受大學外部的全球化、科技和競爭等因素推動以及大學內部的文化和組織等因素影響的。這三個國家的高等教育國際化在歷史背景、廣泛戰略和評估方面有相同的經驗，但在地區政治、傳統和政府的角色方面有明顯的不同。

澳大利亞已形成一套具有鮮明特色的職業教育體系，其職業教育培訓制度現在已被公認為具備創新性和高水平。鄒珺（2010）闡述了澳大利亞「培訓與評估」四級證書的內容以及澳大利亞職業技術教育的特色，並結合筆者對澳大利亞職業技術教育的感受和認識，提出其對我國高職高專教學改革的幾點意見和建議。職業培訓包（Training Package，TP）是澳大利亞一整套全國認證的標準和資格，用來認證和評估人們在工作現場有效工作所需的技能和知識，它主要由國家認證部分和輔助材料兩部分組成。這兩部分又分別包涵許多方面，國家認證部分包涵能力標準、資格框架、評估指南，輔助材料部分包涵學習策略、評估材料、專業發展（鄒建英，2011）。澳大利亞職業教育培訓包是澳大利亞職業教育體系的重要基礎，是澳大利亞國家培訓框架中最重要的組成部分及特色所在，它不但制定了全國一致的能力標準、評估指南和資格證書，還同時為培訓者、受訓者和相關人員提供了多種指導性輔助材料。培訓包採用以能力為本位的評估標準，擁有一套完備的評估模式（趙聰，2011）。

以歐盟為代表的國際組織以及以澳大利亞為代表的職教發達國家都從國際和地區比較的角度制定了評估和監控職業教育質量的指標體系。李玉靜（2012）對這些國際組織和國家職業教育質量評估體系的具體維度和指標分析發現，國際職業教育評估體系的共同特徵包括：重視對職業教育發展經濟社會

背景的考察；從把職業教育作為一個完整體系的角度制定指標體系；對職業教育投入與結果的評估是最核心的評估內容；評估指標突出職業教育與行業、企業及勞動力市場聯繫密切的本質特徵。

從20世紀90年代起，中國國內就有一些學者考察研究美國、英國、德國、瑞典、澳大利亞、中國香港及臺灣等國家及地區的房地產高等教育。錢瑛瑛（1999）等學者分析了英國有代表性的四所大學（劍橋大學、里丁大學、牛津布魯克斯大學和利物浦約翰摩爾大學）和我國香港地區高校房地產類專業教研特點及借鑑意義。張協奎（1999）對美國高校的房地產專業教育的地位、特點及專業設置進行了調查研究。劉洪玉（1999）則主要對美國、英國及其他一些西方國家的房地產專業的設置情況、房地產專業教育的特點進行了介紹。2000年以後，越來越多的學者對中國高校房地產專業教育和人才培養進行了研究。

由於中國高等教育本科專業目錄中沒有「房地產估價」本科專業，房地產估價屬於「房地產經營管理」本科專業下的一個專業方向。因此，國內較少有房地產估價人才培養的相關文獻，更多的研究集中在房地產專業人才培養方面。王海燕、黃英（2006）分析了我國高校房地產本科專業人才培養的現狀、問題並提出了建議。其他一些學者則從房地產專業人才培養模式、培養目標、課程建設和改革等方面提出了應用型人才培養的思路和建議（孫玉梅，2004；初建宇，2006；蔣黎晅，2007；張峥嶸，2009；劉永勝，2010）。程琳琳（2010）提出高校土地資源管理專業就業型不動產估價人才的培養應該加強實踐教學和實習，也可以與不動產估價機構聯合辦學。

關於房地產估價人才培養，學者們更多的是站在執業估價師和房地產估價機構的角度進行研究。陳元安（2002）認為優秀的估價服務人才是解決客戶需求的最主要武器。國內估價機構的業務獲取模式、估價工作模式、管理制度等與外國銀行的要求相距甚遠。他強調了估價企業制度體系建設和人本管理的必要性。丁薈（2008）提出要加強行業自律、估價師執業道德，同時強調高等院校要利用自身的人才優勢和科研優勢，加強房地產估價的理論研究，培養和鍛煉學生的實際操作能力，建立房地產估價教學實踐基地，加強與房地產估價師行業組織的聯繫與互動，方能促進房地產估價師人才持續成長。伍世璠（2009）認為房地產估價師執業能力評價指標體系應該包括道德素質、前置條件（學歷、資格證書、實踐經驗和繼續教育）、工作業績和其他方面（如分析表達能力和溝通能力）的要素。唐玲（2013）從職業理想教育、估價工作思維模式、搭建體系化管理平臺等方面提出了全面提升估價師能力的建議。

總體上看，目前國內關於澳大利亞估價人才培養的研究，主要集中在澳大利亞的資產評估高等教育及職業教育和培訓方面。

1.4 研究思路、方法及技術路線

1.4.1 基本思路

（1）本研究對國內外背景和現狀進行分析，提出本研究的理論及現實意義，確定主要研究問題、研究目標與研究內容。

（2）本研究介紹澳大利亞房地產行業及估價行業的發展歷程，有助於理清澳大利亞房地產估價行業發展的制度背景和現狀。

（3）研究的主體部分包括澳大利亞房地產估價的管理機構、估價管理制度、估價方法及估價人才培養。本研究首先通過現狀調查和文獻查閱，分析澳大利亞房地產估價的管理機構及其職能，以便清楚地瞭解其管理職能和中國房地產估價管理機構職能的差異；其次，在清楚了澳大利亞房地產估價管理機構的基礎上，對澳大利亞房地產估價的管理制度進行全面系統的分析，包括估價師准入資格認證管理、估價師會員分級管理、估價師執業風險管理和估價師職業道德管理；再次，對澳大利亞傳統的房地產估價方法進行了簡要介紹，並重點分析了大數據背景下澳大利亞房地產估價的新技術和新方法；最後，對澳大利亞估價人才培養的特色進行了分析。

（4）本研究在全面分析澳大利亞的估價管理制度、方法和估價人才培養的基礎上，結合國際房地產估價的現狀和發展趨勢，對澳大利亞及國際上房地產估價行業面臨的問題及挑戰進行了剖析，並從多個維度來分析這些問題產生的根源。

（5）本研究在前幾個方面的研究基礎上，從兩個大的方面對我國房地產估價行業提出了改革建議：一是我國房地產估價行業的變革，包括行業管理的變革、企業管理的變革和估價方法的變革；二是對我國房地產估價人才培養提出了思考和建議。

1.4.2 研究方法

（1）文獻研究。本研究運用文獻研究方法，收集、整理了大量有關澳大利亞房地產估價行業、估價方法及估價教育的各種文獻和相關研究成果、經驗材料、數據及統計資料，對其進行梳理和綜合分析，為研究工作奠定了良好理論基礎。

（2）實地調查和訪談。本研究在佔有資料的基礎上進行理論分析的同時，

選定若干房地產評估企業為調研點，進行大量的實地勘探和實地調查，獲得豐富的感性認識和經驗材料，使理論思維和理論構建符合實際，具有現實性。此外，關於房地產評估企業戰略決策創新相關問題，本研究對房地產評估企業從業人員、政府相關部門領導、專家學者以及 IT 從業人員等進行深度訪談，掌握他們對房地產評估企業戰略決策創新的認識和訴求。

（3）對比研究。本研究主要對比澳大利亞和中國兩國的房地產估價管理制度、估價方法及估價人才培養，總結澳大利亞經驗，對我國房地產估價的發展提出建設性意見。

（4）定性分析與定量研究。本研究在介紹澳大利亞及中國的房地產估價制度及估價人才培養方面，主要使用定性分析和對比分析的方法；在分析澳大利亞房地產估價方法時，更多是通過具體的案例進行定量分析。

1.4.3 研究的技術路線（見圖1-6）

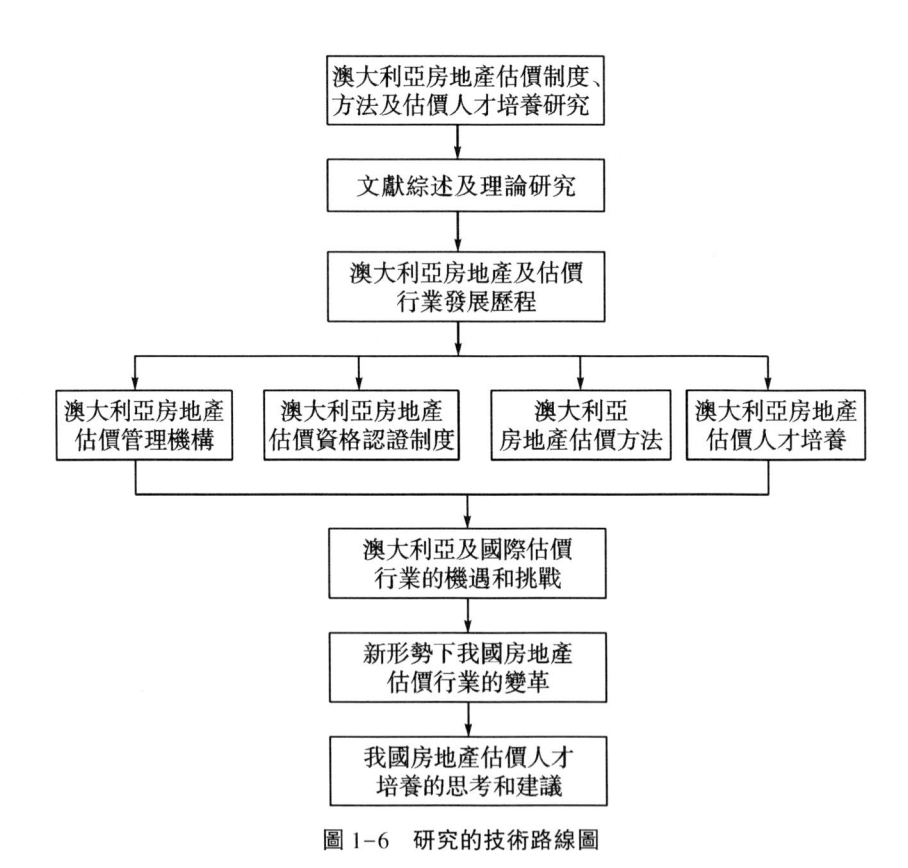

圖1-6 研究的技術路線圖

參考文獻

[1] 曹波. 礦業權評估中貼現現金流量法主要參數選取研究 [D]. 北京：中國地質大學, 2006.

[2] 曹大蔡, NEWELL G. 澳大利亞房地產評估狀況——據1998年評估報告質量調查 [J]. 中外房地產導報, 1999 (15).

[3] 柴強. 房地產估價 [M]. 7版. 北京：首都經濟貿易大學出版社, 2012.

[4] 程琳琳. 高校土地資源管理專業就業型不動產估價人才的培養研究 [J]. 安徽科技縱橫, 2010, 39 (6).

[5] 陳學基. 估價師的責任 [M]. 合肥：中國科學技術大學出版社, 1998.

[6] 陳奕衝. 澳大利亞商業地產復甦在即 [J]. 中國經濟周刊, 2014 (42).

[7] 陳元安, 唐波. 澳大利亞房地產產權產籍管理及啟示 [J]. 中外房地產導報, 1994 (25).

[8] 陳元安. 房地產估價機構應對WTO：人才, 制度及其他 [J]. 中外房地產導報, 2002 (2).

[9] 崔新園. 銀行抵押貸款中的資產評估問題研究 [D]. 北京：中央財經大學, 2007.

[10] 丁蕓. 房地產估價師人才持續成長存在問題及建議 [J]. 中國房地產估價與經紀, 2008 (4).

[11] 高炳華, 王勝. 房地產估價機構脫鈎改制后的核心競爭能力 [J]. 中國房地產, 2001 (12).

[12] 官衛華, 邵麗. 多元線性迴歸模型（MLRM）在區域地價評估中的應用——以澳大利亞悉尼Vermont項目為例 [J]. 江蘇城市規劃, 2011, 26 (4).

[13] 胡延杰, 胡碧琳, 薛岩晗. 論信息時代資產評估專業人才的培養 [C]. 2007年全國信息工程監理學術會議論文集, 2007.

[14] 李玉靜. 國際職業教育質量評估指標體系比較分析——以UNESCO、歐盟和澳大利亞為樣本 [J]. 職業技術教育, 2012, 33 (28).

[15] 劉洪玉. 從國外的經驗看我國的房地產專業教育 [J]. 清華大學教育研究, 1999 (1).

[16] 劉嵩晗. 留學澳大利亞中國學生的適應現狀調查［J］. 中國教育學刊, 2012（s2）.

[17] 馬麗. 新型房地產估價師後備人才培養的思考［J］. 天津職業院校聯合學報, 2011, 13（4）.

[18] 錢瑛瑛, 楊穎, 戚麗瓊. 英國和我國香港地區高校房地產類專業教研特點及借鑒意義［J］. 中國房地產, 2007（1）.

[19] 邱強. 借鑒澳大利亞經驗, 努力促使我國房地產市場軟著陸［J］. 科學發展, 2012（4）.

[20] 唐玲, 吳麗娟, 梁文輝. 如何持續提升房地產估價師的執業能力［J］. 中國房地產估價與經紀, 2013（4）.

[21] 陶建明. 英國、美國、澳大利亞建設管理專業人員執業資格制度比較研究［D］. 重慶：重慶大學, 2003.

[22] 王海燕, 黃英. 中國高校房地產專業本科人才培養現狀研究［J］. 現代企業教育, 2011（16）.

[23] 王莉莉. 中國買家青睞澳大利亞房產［J］. 中國對外貿易, 2014（9）.

[24] 維克托·邁克-舍恩伯格, 肯尼斯·庫克耶. 大數據時代：生活、工作與思維的大變革［M］. 杭州：浙江人民出版社, 2013.

[25] 尉京紅, 鹿亞芹, 張存彥. 澳大利亞資產評估教育對我國的啟示［J］. 河北農業大學學報：農林教育版, 2002（1）.

[26] 肖豔. 澳大利亞房地產本科教育特色探討［J］. 高等建築教育, 2014, 23（4）.

[27] 肖振民. 西方礦產勘查地估價方法和投資方式［J］. 中國地質礦產經濟, 1998（6）.

[28] 許軍, 朱承頡. 擁抱大數據, 促進估價行業的創新驅動、轉型發展［J］. 中國房地產估價與經紀, 2013（1）.

[29] 徐微. 高等院校房地產估價專業課程設計及教學方法探討［J］. 現代商貿工業, 2010, 22（15）.

[30] 晏國菀, 朱丹. 宏觀調控下的房地產業風險實證分析［J］. 重慶大學學報社科版（中文）, 2010, 16（2）.

[31] 岳志君, 郭洪. 獨資浪潮——獨資潮外商投資中國的新動向［J］. 中國投資, 2003（5）.

[32] 曾滿超, 王美欣, 蘭樂. 美國、英國、澳大利亞的高等教育國際化［J］. 北京大學教育評論, 2009（2）.

[33] 張偉遠,傅璇卿.基於資質框架的終身教育體系:澳大利亞的模式 [J].中國遠程教育,2014(1).

[34] 張協奎.美國高校房地產專業教育考察報告 [J].高等建築教育,1999,28(1).

[35] 張穎,高淑媛,杜婷.森林綠色核算中不同林地林木估價方法的比較 [J].自然資源學報,2006(4).

[36] 張澤江,蘭彬,李風.建築火災風險及財產損失評估技術進展 [J].中國安全科學學報,2006,16(5).

[37] 趙聰.澳大利亞職業教育「培訓包」研究 [D].大連:遼寧師範大學,2011.

[38] 鄭曉俐,姚瑤.房地產估價實務課程理實一體化改革探討 [J].江蘇建築職業技術學院學報,2013,13(2).

[39] 中國房地產編輯部.中國購房者最青睞的十大國家 [J].中國房地產業,2014(9).

[40] 中國統計年鑒編輯部.中國統計年鑒 [M].北京:中國統計出版社,1999—2014.

[41] 周丹,郭化林.澳大利亞、新西蘭評估準則對我國的啟示與借鑑——基於土地評級和稅收評估 [J].中國內部審計,2015(1).

[42] 周姮.主要海外投資國家最新房產市場趨勢 [J].房地產導刊,2014(11).

[43] 鄒建英.澳大利亞培訓包的優勢及啟示 [J].教育與職業,2011(31).

[44] 鄒珺.澳大利亞職業技術教育「培訓與評估」四級證書研究 [J].中國校外教育,2010(22).

[45] ALAN MILLINGTON. The valuation of retail property in Australia [J]. Journal of Property Valuation and Investment, 1996, 14 (3).

[46] ANDERSON C. The end of theory: The data deluge makes the scientific; method obsolete [J]. Wired Magazine, 2008, 16 (7).

[47] Australia and New Zealand Valuation and Property Standards. Published by Australian Property Institute. Membership Entry and Advancement Policy. Mar 2011.

[48] Australian Property Institute. Review of Mutual Recognition Schemes. July 2008.

[49] Australian Property Institute. ISBN: 0 - 9975414 - 0 - 1. Editions:

June 2008.

[50] Australian Property Institute. Annual Report [R]. 2009-2014.

[51] Australian Qualifications Framework. Second Edition. January 2013.

[52] AVDIEV R. Golden apply or poisoned chalice: the influence of education on careers [J]. Australian Property Journal, 2000 (36).

[53] BARRY GILBERTSON, DUNCAN PRESTON. Practice briefing-a vision for valuation [J]. Journal of property investment & fiancé, 2005, 23 (2).

[54] BAXTER J. Re-engineering a valuation degree: how did we get here and where do we go? [J]. Journal of Property Investment and Finance, 2007 (25).

[55] BLACK R, J RABIANSKI. Defining the real estate body of knowledge: a survey approach [J]. Journal of Real Estate Practice and Education, 2003 (6).

[56] BLAKE A, SUSILAWATI C. An evaluation of how well undergraduate property students are prepared for commencing their careers [J]. Pacific Rim Property Research Journal, 2009, 15 (2).

[57] BOYD T. Stakeholder impact on property education programs [J]. Proceedings of the 11th Pacific Rim Real Estate Conference. University of Melbourne, 2005 January.

[58] BOYD T. Are we exemplars for the property profession? [J]. Pacific Rim Property Research Journal, 2010, 16 (2).

[59] BOYDELL S. Disillusion, dilemma and direction: the role of the university in property research [J]. Pacific Rim Property Research Journal, 2007, 13 (2).

[60] BUGHIN, J CHUI, M MANYIKA J. Clouds big data and smart assets: Ten tech-enabled business trends to watch [J]. McKinsey Quarterly, 2010 (8).

[61] CALLANAN J, MCCARTHY I. Property education in New Zealand: industry requirements and student perceptions [J]. Journal of Real Estate Practice and Education, 2003, 6 (1).

[62] CONNIE S, ARMITAGE L. Understanding the diversity of non-specialized units within Australian property degrees [C]. 17th Annual Pacific Rim Real Estate Society Conference, January 2011.

[63] CORAL PEPPER, LAURA MCCANN, MICHAEL BURTON. Valuation study of urban bushland at Hartfield Park, Forrestfield [J]. Western Australia. Ecological Management & Restoration, 2005, 6 (3).

[64] CORNISH S, REED R, WILKINSON S. Incorporating new technology

into the delivery of property education [J]. Pacific Rim Property Research Journal, 2009 (15).

[65] DAVIES P J. Real estate in American history [M]. Public Affairs Press, 1958.

[66] D'ARCY E, TALTAVUL P. Real estate education in Europe: some perspectives on a decade of rapid change [J]. Journal of European Real Estate, 2009, 2 (1).

[67] ELLIOTT, PETER & WARREN, CLIVE M J. The valuation profession in Australia: Profile, analysis and future direction [J]. Australian Property Journal, 2005, 38 (5).

[68] ELLIOTT, PETER REED, RICHARD. The valuation of fast food outlets in Australia: methodology, analysis and reliability [C]. In The Cutting Edge 1997 Conference: Proceedings, Royal Institution of Chartered Surveyors (RICS), London, England.

[69] FAIR TRADING NSW. Review of the NSW Valuers ACT 2003 Report [R]. December 2010.

[70] FIRB. Foreign Investment Review Board Report 2013–2014 [R]. Australia, 2014.

[71] FIRB. Foreign Investment Review Board Report 2012–2013 [R]. Australia, 2014.

[72] FISCHER D. Is the valuation paradigm a paradigm [J]. Australian Property Journal, 2000 (36).

[73] GANTZ J, REINSEL D. Digital Universe Study: Extracting Value from Chaos [M]. IDC Go-to-Market Services, 2011.

[74] HEFFERAN M J, ROSS S. Forces for change in property education and research in Australia [J]. Property Management, 2010, 28 (5).

[75] JI G, YAN R, WANG X. Real Estate Appraisal Industry Innovation Development in the Big Data Age [C]. ICCREM 2014.

[76] JOSEPH F, SCHRAM. Real Estate Appraisal Rockwell Publishing [M]. 2nd edition, 2006.

[77] KPMG Corporate Finance. Valuation Practices Survey 2013, 2013.

[78] LAY CHENG LIM, ALASTAIR ADAIR, STANLEY MCGREAL, et al. Strategic management and operations of real estate valuation service providers in Hong Kong [J]. Journal of Property Investment & Finance, 2006, 24 (4).

[79] LO, RAYMOND. Real Estate Valuation in Hong Kong [J]. The Appraisal Journal, 2011, 79 (2).

[80] MANNING C, EPLEY D. Do real estate faculty teach the skills and competencies needed by corporate real estate executives? [J]. Journal of Real Estate Practice and Education, 2006, 9 (1).

[81] MANNING C, ROULAC S. Where can real estate faculty add the universities in the future? [J]. Journal of Real Estate Practice and Education, 2001, 4 (1).

[82] MICHAEL J MOSER, FU YU. Doing Business In China [M]. Juris Publishing, Inc, 2014.

[83] MICHAEL J HEFFERNAN, TERRY BOYD. Property taxation and mass appraisal valuations in Australia – adapting to a new environment [J]. Property Management, 2010, 28 (3).

[84] MICHAEL J HEFFERAN, STUART ROSS. Forces for change in property education and research in Australia [J]. Property Management, 2010, 28 (5).

[85] NELSON CHAN. Reassessing the Valuation of Contaminated Land in Australia [J]. Pacific Rim Property Research Journal, 2009, 15 (2).

[86] NEWELL G, ACHEAMPONG P. The quality of property education in Australia [J]. Pacific Rim Property Research Journal, 2003, 9 (4).

[87] NEWELL G. Challenges and opportunities for property academics [J]. Pacific Rim Property Research Journal, 2007, 13 (2).

[88] NEWELL G, SUSILAWATI C. Student perceptions of the quality of property education in Australia: 1994–2009 [J]. Pacific Rim Property Research Journal, 2010, 16 (4).

[89] NEWELL G. The Valuation Profession in Australia [J]. Journal of Property Valuation and Investment, 1992, 10 (4).

[90] NEWELL G, BARRETT G. The Quality of Valuation Reports [J]. The Valuer, 1990, 96 (8).

[91] NEWELL, GRAEME. The quality of valuation reports in Australia [J]. Australian Property Journal, 1998, 35 (7).

[92] NSW Fair Trading. Review of the NSW Valuers Act 2003 Report [R]. 2010.

[93] PAGE G. Professional socialization of valuation students: what the literature says [C]. Proceedings of the 10th Pacific Rim Real Estate Conference.

University of South Australia. Australia, 2004.

[94] PAGE G. Professional socialization of valuers: what the literature and professional bodies offers [J]. International Education Journal. ERC 2004 Special Issue, 2005, 5 (5).

[95] PAGE G. Australia graduates' perspective of their professional socialization [C]. 14th Annual Pacific Rim Real Estate Society Conference. Kuala Lumpur. Malaysia, January 2008.

[96] PARKER D. Property education in Australia: themes and issues [C]. 18th Annual Pacific-Rim Real Estate Society Conference. Adelaide. Australia, January 2012.

[97] POON J, HOXLEY M, FUCHS W. Real estate education: an investigation of multiple stakeholders [J]. Property Management, 2011, 29 (5).

[98] RIFLDN J. The Third Industrial Revolution: How Lateral Power Is Transforming Energy the Economy, and the World [M]. New York: Palgrave Macmillan, 2012.

[99] SUSILAWATI C, ARMITAGE L. Understanding the diversity of non-specialized units within Australian property degrees [D]. 17th Annual Pacific Rim Real Estate Society Conference, 2011.

[100] TERRY BOYD. Current valuation practice in Australia [J]. Journal of Property Valuation & Investment, 1995, 13 (3).

[101] THOMAS H O. Valuation for Development Purposes of City Properties in Australia as Influenced by Environment, Anti-pollution Laws, and Town Planning [J]. Appraisal Journal, 1974, 42 (3).

[102] TIYCE M. How valuable are national parks? An economic valuation of Bundjalung National Park [C]. 7th National Conference, Fraser Island, Qld, 1999.

[103] WARREN-MYERS, GEORGIA. Valuing sustainability in Australia: implications for the valuation profession [J]. Pacific Rim Property Research Journal, 2012, 18 (2).

2 澳大利亞房地產及估價行業發展歷程

2.1 前言

2.1.1 澳大利亞基本情況

澳大利亞聯邦（The Commonwealth of Australia）簡稱澳大利亞（Australia），是一個發達的資本主義國家。1788—1900年，澳大利亞曾是英國的殖民地，1901年結束殖民統治，成為一個獨立的聯邦國家。澳大利亞四面環海，是世界上唯一一個國土覆蓋整個大陸的國家，擁有很多特有的動植物和自然景觀。澳大利亞是一個移民國家，奉行多元文化。澳大利亞人口高度都市化，近一半國民居住在悉尼和墨爾本兩大城市。澳大利亞第二大城市墨爾本曾多次被評為世界上最適宜居住的城市。

澳大利亞名義上的國家元首是英王或者英女王，並任命總督為其代表，澳大利亞總督實際上不干預政府的運作。澳大利亞政府為聯邦制，有六個州及兩個領地（北領地和首都領地），見表2-1。各州設有州長，負責州內事務。澳大利亞政府由眾議院多數黨或黨派聯盟組成，每屆政府任期三年。內閣是政府的最高決策機關，現共有三十名部長。國家最高的行政領導人是總理。

表 2-1　　　　　　　　　　澳大利亞行政區劃

行政範圍	首府
新南威爾士州（NSW）	悉尼
昆士蘭州（QLD）	布里斯班
南澳大利亞州（SA）	阿德萊德

表2-1(續)

行政範圍	首府
塔斯馬尼亞州（TAS）	霍巴特
維多利亞州（VIC）	墨爾本
西澳大利亞州（WA）	珀斯
首都領地（ACT）	堪培拉
北領地（NT）	達爾文

澳大利亞領土面積為7,617,930平方千米，是南半球經濟最發達的國家，全球第十二大經濟體，全球第四大農產品出口國，也是多種礦產出口量全球第一的國家，被稱作「坐在礦車上的國家」。澳大利亞也是世界上放養綿羊數量和出口羊毛最多的國家，被稱為「騎在羊背上的國家」。澳大利亞積極參與國際事務，是聯合國、20國集團、英聯邦、太平洋安全保障條約、經濟合作與發展組織及太平洋島國論壇的成員。

2009年11月1日，澳大利亞人口為22,039,500人。2013年6月，人口約達2,305萬。其中英國及愛爾蘭后裔占74%，亞裔占5%，土著居民占2.7%，其他民族居民占18.8%，英語為官方語言。約63.9%的居民信仰基督教，5.9%的居民信仰佛教、伊斯蘭教、印度教等其他宗教。無宗教信仰或宗教信仰不明人口占30.2%。

2.1.2 澳大利亞房地產市場

自1970年以來，澳大利亞房地產市場以年均3%的速度增長。然而，1990年以後，房價的年增長率達到6%。① 在20世紀末期，澳大利亞的房價水平以及平均收入水平位居世界前列，以至於人們推測澳大利亞和其他國家一樣，產生了房地產泡沫。② 一些市場評論員，甚至包括澳大利亞的一位財政部官員也宣稱澳大利亞房地產市場已經出現了明顯泡沫。③ 而其他行業的專業人士則認為這不是泡沫，而是房價隨著收入的增長，有持續增長的潛力。市場評論者們譴責政府限制了土地供給，從而引起土地成本的上漲，最終導致地塊和房屋價

---

① STAPLEDON, NIGEL. A History of Housing Prices in Australia 1880–2010. School of Economics Discussion Paper; 2010/18. Sydney, Australia: The University of New South Wales Australian School of Business. Retrieved 1 May 2011.

② 資料來源：http://www.domain.com.au。

③ Treasury warning on home price 『bubble』: Sean Parnell, FOI editor The Australian 20 November 2010

格的上漲。①

　　房地產泡沫或住宅市場泡沫是一種週期性地出現在地方或全球房地產市場上的經濟泡沫,其特徵往往是房地產(比如住宅)估值快速增長,達到了收入和租金無法再承受的水平,然後是房價的下滑。在20世紀90年代晚期和21世紀早期,澳大利亞的房價隨著收入和租金水平的提高而劇烈上漲。然而2003—2012年,房價收入比以及房價租金比均保持相對穩定,且在這十年間,房價緊隨收入和租金的增長而增長。2012年以後,房價再次受收入和租金的上漲影響發生了強有力的增長。以澳大利亞主要城市墨爾本為例,我們可以看出在1990—2013年期間澳大利亞的工資水平呈現平穩增長的態勢,而房價的增長速度和幅度相對較大(見圖2-1);相應地,1990—2013年,房價收入比也根據房價的漲幅不同呈現一定的波動,但總體上是上漲趨勢。其中2010年和2011年房價收入比達到近幾年的峰值8.0(見圖2-2)。

　　根據國際貨幣基金會(The International Monetary Fund)在2013年的調查結果,澳大利亞已成為房價收入比率全球第三高的國家。② 另外,根據澳大利亞統計局數據,2014年澳大利亞家庭債務與家庭可支配收入的比率達到了177%的歷史高點,超過了2010年的最高值175%,引起了業內人士對澳大利亞住房市場的擔憂。

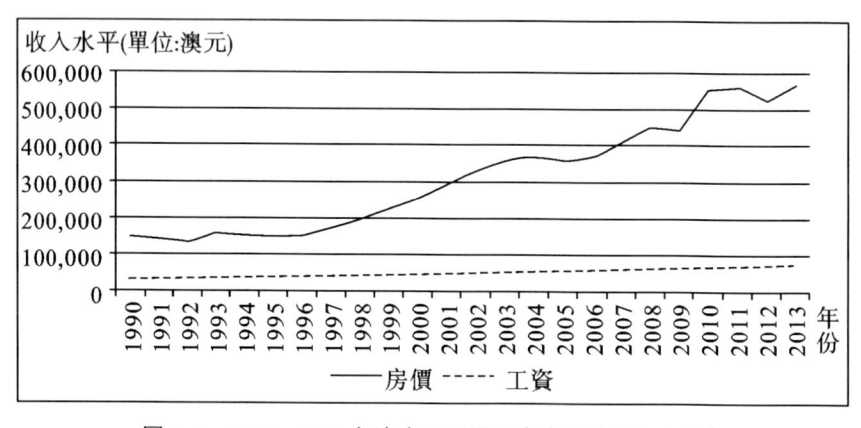

圖2-1　1990—2013年澳大利亞墨爾本房價及收入水平③

---

① 資料來源:http://www.abc.net.au/news/2012-06-21/moran-housing-regulations/4082380。
② 資料來源:http://www.abc.net.au/news/2014-06-12/australia-has-third-highest-house-price-to-income-ratio/5517452。
③ 資料來源:工資數據來源於澳大利亞統計局www.abs.com.au;房價數據來自澳大利亞維多利亞房地產學會Real Estate Institute of Victoria。

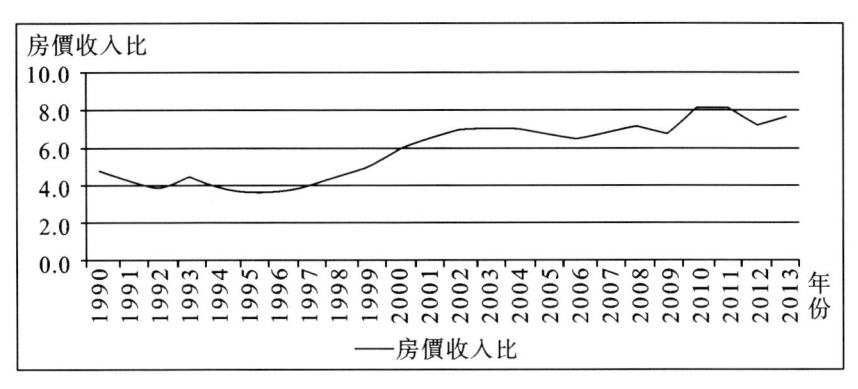

图 2-2 1990—2013 年澳大利亞墨爾本房價收入比

2.2 澳大利亞建築業和住房市場

2.2.1 建築業

(1) 建築業的活動領域及參與者

建築業主要涉及以下三個領域的活動：①住宅建築，如獨立住宅、公寓；②非住宅建築，如辦公物業、商鋪及酒店；③工程建設，如道路、橋樑、給排水工程及礦產。建築業對於澳大利亞的經濟和社會有著重要的作用，為人們提供住房、工作場所、基礎設施（如學校、休閒娛樂設施、醫院、道路、電力和通信設施等）。建築的供給與需求受到利率、稅收政策以及人口變化等一系列因素的影響，建築行業及其活動與澳大利亞其他經濟部門緊密聯繫，如製造業、批發和零售貿易業、融資和保險業等。此外，其他行業如資產營運、房地產、建築工程業等都與建築業息息相關。

在澳大利亞，不論國有機構還是私營機構均可以從事建築活動。私營企業可以參與以上三個領域的活動，但是以住宅建築和非住宅建築為主。國有機構則主要從事第三個領域的工程建設，此外還參與非住宅建築活動，特別是醫院和學校的建設。

(2) 建築業的行業管理

澳大利亞建築行業的專業學會——澳大利亞建築學會（The Australian Institute of Building）成立於 1951 年，並於 1969 年獲得英國皇家特許。澳大利亞建築學會目前在中國香港和新加坡都有分支機構和辦公室，在新西蘭的分支機構直到 1984 年新西蘭建築學會成立後才取消。澳大利亞建築學會是一個由澳

大利亞及海外的從事建築施工、教學或研究的建築專業人士、準專業人員（輔助專業人員）以及技術人員構成的一個組織，它服務於建築行業專業人士，同時也致力於建立建築行業專業人士的能力標準，規範各種建築相關的教育項目的學術標準，以保證這些教育項目能夠培養達到能力標準的專業人士。正是在建築學會的領導作用下，澳大利亞的大學才形成了眾多的建築和建設管理的大學本科專業和課程。澳大利亞建築學會的職責是成為專注於建築行業的領先機構，注重為其會員提供服務，達到專業教育、能力標準及倫理道德的理想要求，能夠代表建築行業的專業人士提出權威的、有遠見的意見。建築學會的目標是提高建築行業實踐的專業水準、公平性和公正性；促進關於建築學、藝術及科學學科的學習；鼓勵會員之間進行專業實踐、技術及執業道德方面的友好交流；維護建築行業的尊嚴以及建築學會的地位。

　　澳大利亞建築學會的成立並非一帆風順，從其成立到真正被認可為一個專業學會經歷了20多年的時間。

　　在第二次世界大戰后的恢復期，建築行業面臨大量的民用和商業建設項目的挑戰，亟須提高生產率，合理利用有限的資源，並開發出新的建築技術和建築材料。行業的領先者們經歷了建築行業從最初的經驗主義的工藝方法蛻變成為20世紀初尚不為人所知的新的建築技術和方法的過程。環境科學以及建築服務行業的發展也為建築技術增加了新的元素。

　　相對於其他商品，建築這一商品需要投入大量的公共和私人資本，因此理性的、經濟的和有效的工作是非常有必要的。房屋建築的建設管理技能和建築技術本身一樣重要，因此一些建築專業團體明確要求建設管理人員及技術人員有更高的學歷水平，並且要求採用更加積極主動的方法對管理人員和技術人員進行培訓。這一趨勢對建築行業的影響主要在於它強調了人們需要一個專業機構來提高建築行業的效率，並且為建築技術類教育設定一個較高的標準。於是，1947年，當時一個名為澳大利亞領英建築工人聯合會（Master Builders' Federation of Australia，MBFA）的機構成立了一個調查委員會。雖然MBFA在1890年便已經成立，但是一直不被承認是一家專業機構，因為它是一家雇主組織。人們一致認為學會必須由代表建築業內的專業人士構成，同時澳大利亞皇家建築師學會（Royal Australian Institute of Architects，RAIA）以及澳大利亞工程師學會（the Institution of Engineers Australia，IEAust）均同意協助建築專業學會創始人的篩選。

　　於是，1951年，澳大利亞建築者學會的首批創始人會員由委員會從各個州挑選而來，其中有2個代表來自澳大利亞皇家建築師學會（RAIA），1個代表來自澳大利亞工程師學會（IEAust），另外2個代表來自MBFA。創始會員還

包括新南威爾士州的建築外交官協會（Building Diplomats Association of NSW）以及悉尼科技學院的會員悉尼科技學院（the Sydney Technical College）。1967年5月26日，該專業學會更名為澳大利亞建築學會（The Australian Institute of Building，AIB），並在1969年後得到英國皇家的許可。此后，建築學會開始重新規定會員的學歷水平要求達到個人或者公司執業的等級要求。隨后，學會制定了相應的規定，以保證建築類學位和文憑課程能夠達到學會的要求。由此，學會開發了一個課程評估及資質認證系統。實踐表明，這一舉措對於學術機構及建築行業有著巨大的價值。

但在當時建築專業的畢業生能夠得到私營機構的認可，要得到政府機構的認可卻比較難。1977年這一現象得到了突破，建築學位公共服務委員會（the Public Service Board of Degrees in Building）對項目經理1~3級職位、現場經理1~3級職位以及施工經理職位進行了認可/許可。1983年3月的聯邦政府公報一致認可了AIB作為一個專業學會的地位。

1968年以來，澳大利亞建築研究及教育基金會（the Australian Institute of Building Research and Education Foundation）資助了一些教育和特定研究項目。其中一個研究項目幫助確定了建築行業的專業人員及技術人員的職責以及他們應該具備的能力水平。1990年，AIB成了國際建築研究理事會（International Council for Building Research，CIB）的合作夥伴。1997年，AIB成為國際建築專業管理協會（the International Association for the Professional Management of Construction，IAPMC）的創始會員之一。為了提高整個行業的能力水平，學會對其會員設定了相應的標準，這些標準后來也被用來評估國家建築專業登記註冊的申請人是否達到了要求，這一登記註冊要求由AIB在1997年發布。

目前，AIB也是澳大利亞建築和高等教育圓桌會議的召集人，是將澳大利亞的建築行業和大學集合起來的權威機構。

2.2.2 住房市場

住宅行業是關於房屋的開發、建設和銷售的行業。在澳大利亞，代表住宅行業的同業公會是住宅產業協會（the Housing Industry Association）[1]。住宅行業也包括某一特定國家或區域的住房市場——住房的供給和需求。住宅市場包括的要素通常有住宅的供給、需求、房價、住宅租賃以及政府對住宅市場的干預。[2]

---

[1] 資料來源：http://hia.com.au。
[2] 資料來源：TEJVAN. Definition of the Housing Market [J]. Retrieved 13 August 2008.

2.2.2.1 澳大利亞的住房所有權

在澳大利亞，房屋所有權是一個非常重要的文化象徵。[①] 很久以來，澳大利亞人便有著一個傳統：努力實現偉大的澳大利亞夢想（Great Australian Dream），這就是在一塊有圍牆的土地上擁有屬於自己的一幢獨立房屋[②]。維多利亞州前州長曾經說過：「房屋所有權有助於塑造一個有責任感的市民，房屋主覺得他是國家的一員，並且有責任為了國家而工作、生活和奮鬥。」[③]

澳大利亞政府曾經通過稅收激勵政策鼓勵廣大民眾購買自住用房。按照此政策，如果房地產投資者買房後，支付的利息和其他成本，比如維護成本和費用等，高於收到的租金，那麼這項投資就被算作是稅收損失項目。這些損失將從其他收入中抵扣，比如工資和其他投資等。而在美國，稅收激勵政策規定住房貸款的利息不能享受稅收減免。在這一政策的激勵下，2011年澳大利亞居民的房屋自有率達到68%，這是世界範圍內房屋擁有率比例最高的國家之一。[④] 2001年、2006年和2011年澳大利亞的房屋自有率如表2-2所示。

表2-2　　2001年、2006年、2011年澳大利亞的房屋自有率

統計區域	2001年 %	2006年 %	2011年 %
主要城市	68.3	67.6	66.6
內部區域	71.5	71.5	70.4
外部區域	67.5	68.4	66.7
偏遠區域	57.1	57.1	55.0
極偏遠區域	36.1	34.3	34.6
澳大利亞	68.5	68.1	67.0

資料來源：澳大利亞統計局2001年、2006年、2011年人口及住房統計。

2.2.2.2 購房支付能力及住房面積

近現代時期，澳大利亞的購房政策卻越來越排外。在20世紀90年代末期，澳大利亞居民的平均收入和普通房屋價格的比率達到有史以來的最低點。[⑤] 年輕

[①] WINTER, IAN, WENDY STONE. Social Polarisation and Housing Careers: Exploring the Interrelationship of Labour and Housing Markets in Australia [J]. Australian Institute of Family Studies, March 1998.

[②] DAVISON, GRAEME. The Past & Future of the Australian Suburb. Australian Planner, 1994: 63-69.

[③] KEMENY, JIM. The Ideology of Home Ownership. Urban Planning in Australia: Critical Readings, ed. J. Brian McLoughlin and Margo Huxley. Melbourne: Longman Cheshire Pty Limited, 1986: 256-257.

[④] Housing Occupancy and Costs, 2011-2012 Australian Bureau of Statistics.

[⑤] BADCOCK, BLAIR, ANDREW BEER. Home Truths: Property Ownership and Housing Wealth in Australia. Melbourne: Melbourne University Press, 2000: 128.

人購房的比率也達到歷史最低水平，工作方式的改變使得許多家庭購買房屋的能力下降。[1] 與此同時，該時期建造的房屋在建築面積上也有增加的趨勢，但平均每戶可居住人數卻比過去有所下降（凱梅尼·吉姆，1986）。其中四卧室及以上的房屋的比例從 1971 年的 15%增長到 2001 年的 30%以上。[2]

2008 年全球五大經濟體新建房屋平均建築面積如表 2-3 所示。

表 2-3　　　　2008 年全球五大經濟體新建房屋平均建築面積

國家	新建房屋平均建築面積（平方米）
澳大利亞	208
新西蘭	197
美國	192
中國上海	125
歐盟	102

資料來源：澳大利亞統計局 Australian Bureau of Statistics。

註：美國、中國及歐盟作為世界最大的經濟體，貢獻了全球一半以上的國內生產總值（GDP）。中國上海代表著中國發展的風向標。受債務危機的影響，美國的戶均建築面積（不包括地下室或車庫）在 2008 年有所下降。

2011 年 6 月，澳大利亞和新西蘭四大銀行之一的澳新銀行（Australia & New Zealand Banking Group Limited，ANZ）的最高行政長官菲爾·克羅尼肯（Phil Chronican）認為住房不應該成為投機性價格增長的工具，它僅僅是個庇護場所而已。同時，他也批評了聯邦政府的負扣稅政策（Negative Gearing Tax）[3]，他認為這一政策強調了住房是一種投資品而不是住所，從而導致了人們購房支付能力的下降。

住房滿足了人們對於居住、安全及隱私的基本需求。「居者有其屋」在世界範圍內被認為是一項基本的人權。適當的居住條件或者住房是個人身心健康的一個重要構成部分。住房也通過它與投資水平、利率、建築活動及就業的關係影響國民經濟。

自 20 世紀 20 年代起，澳大利亞政府便開始向中低收入者購買自住房屋提

---

[1] BADCOCK, BLAIR, ANDREW BEER. Home Truths: Property Ownership and Housing Wealth in Australia. Melbourne: Melbourne University Press, 2000: 150-152.

[2] Australian Bureau of Statistics. Australia Social Trends 1994: Housing - Housing Stock: Housing the Population, 18 Nov. 2002.

[3] 負扣稅是存在於房產投資計算中的。在一個財政年度中，維持投資物業的現金支出，例如銀行貸款利息、水費、電費、市政費和非現金支出（例如房屋折舊等），超過投資收益（房租）所帶來的負向應稅收入，稱為負扣稅（Negative Gearing Tax）。

供經濟幫助。作為一個總體政府的一部分，政府一直積極促進和鼓勵居民購買自住房屋，以幫助人們自力更生地解決住房問題，根據其需求提高居住質量。澳大利亞目前是世界上房屋自有率最高的國家之一。政府也對低收入家庭租賃合適的、有支付能力的房屋提供幫助。

從歷史上看，占地四分之一英畝（約4,047平方米）的獨立住宅在市場上佔有絕大優勢，也成為澳大利亞城市開發的一大特色。近年來，政府開始促進高密度住宅的開發，旨在提供更多的住房類型，同時更好地利用現有的基礎設施。

2.2.2.3 澳大利亞住房的類型

極少比例的澳大利亞居民居住在政府機構提供的場所如旅社、寄宿房屋（招待所）、提供住宅的學院及大學、職工宿舍、監獄和療養院（養老院）等。然而，絕大多數（大約98%）居住在私有的設施齊全的建築物如獨立住宅或公寓。

2009—2010年居住在私人自有住房的840萬家庭中，有79%居住在獨立住宅，11%居住在公寓，10%居住在半獨立住宅、排屋、聯排住宅（Semi-detached, Row or Terrace Houses or Townhouses）。

澳大利亞5個人口最多的城市——悉尼、墨爾本、布里斯班、珀斯和阿爾萊德，擁有獨立住宅的家庭比例，最低的為61%（悉尼），最高的為84%（珀斯）。8個省會城市擁有獨立住宅的家庭比例平均值為74%（見圖2-3）。省會城市之外的其他地區，擁有獨立住宅的家庭比例稍高，除了昆士蘭州之外，其他各州及領地均超過81%。在省會城市，較高密度的住宅是非常常見的，特別是在悉尼，2009—2010年，有23%的家庭居住在公寓裡。

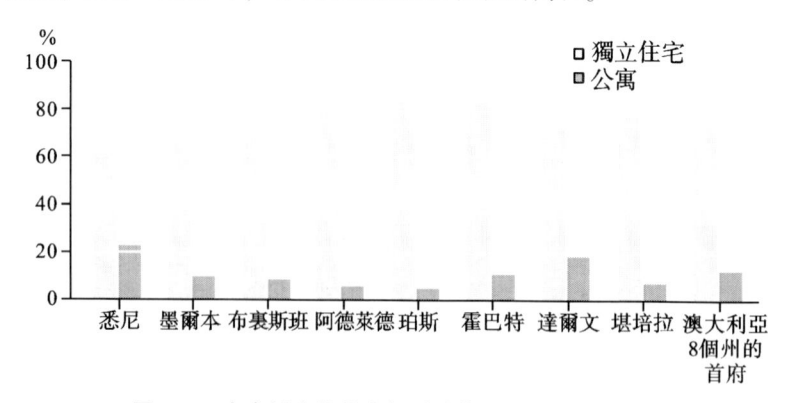

圖2-3　省會城市的住房類型分佈（2009—2010年）

資料來源：Australia Year Book, 2012：362.

獨立住宅相對於其他住房類型，通常面積較大，而且卧室數量相對較多。一般而言，獨立住宅有3~4個卧室；半獨立式住宅（兩戶相連的住宅）有2~3個卧室；而公寓則有1~2個卧室。

在澳大利亞，目前三居室獨立住宅是最常見的房屋類型。在2009—2010年，有40%的家庭居住在3個卧室的獨立住宅，而另外30%的家庭居住在4個或4個以上卧室的獨立住宅。總的來說，有78%的家庭居住在3個或3個以上卧室的住宅（通常是獨立住宅），有18%的家庭居住在2居室住宅，而4%的家庭居住在1居室住宅（通常是公寓），如表2-4所示。

表2-4　　　　2009—2010年澳大利亞家庭住房類型分佈　　單位：千套/千戶

	獨立住宅（Separate House）	半獨立式住宅/排屋（Semi-detached/row/terrace house/townhouse）	公寓（Flat/Unit/Apartment）	家庭數量（a）	家庭所占比例%
1居室	53.0	51.4	201.3	313.6	3.7
2居室	616.8	348.2	556.6	1,528.7	18.2
3居室	3,383.1	394.7	113.2	3,892.3	46.3
4居室及以上	2,544.6	82.1	*7.7	2,639.3	31.4
合計（b）	6,601.7	877.3	899.4	8,398.5	100.0

註：在建築及城市規劃中，排屋（又稱Terrace House，Terrace，Row House，Linked House或Townhouse）是一種中等密度的住宅，起源於16世紀的歐洲。排屋通常是由一排完全一樣的房屋相連，共用一面側牆。

*預計相對標準誤差在25%~50%，需謹慎使用。
（a）包括其他住房結構。
（b）包括廳房兩用（卧室兼起居室）及無卧室的房屋。
資料來源：Year Book Australia，2012：362.

2.2.2.4　澳大利亞住房補貼政策

（1）購房者首次置業補貼（First Home Owner Grant，FHOG）

澳大利亞首次購房業主補貼項目在2000年7月1日開始實施，每位購房者可以得到7,000元澳元。其初衷是為了抵消政府徵收的商品和服務稅（Goods and Services Tax）對購房者的影響。這是一項全國性的計劃，在各個州和領地的法律框架下，由各州和領地政府提供資金支持並實施管理。首次購房業主補貼項目主要針對那些首次購房的業主——特別是購買起步房的業主。和其他的政府補貼一樣，首次購房的業主沒有義務將這筆補貼返還給政府，也不必支付利息，這是它和銀行貸款的最大差別。購房補貼可以由政府或相應的基金會來提供。對於個人的補貼可以是獎學金或捐贈。一般而言，在大部分國家，獲得這筆住房補貼需要滿足一些標準，主要基於申請人的財務需求和收入

條件。但是在澳大利亞，政府並沒有設定類似的條件。許多國家推行住房補貼計劃，幫助那些低收入的居民購買首套住房。美國房屋及城市開發部（The United States Department of Housing and Urban Development，HUD）也給首次購房者提供補貼。各個州政府的首次住房補貼資金總是很充足的，在2006財政年度，美國僅有2個州用完了首次住房補貼預算資金。2008年10月到2009年8月底期間，有超過153,000個首次置業者獲得了FHOG資助。

（2）首次購房促進計劃（First Home Owners Boost，FHOB）

2008年10月，澳大利亞政府宣布了首次購房補貼項目的促進計劃，以減輕全球金融危機的影響，從而促進住房產業的發展，維持房地產市場。這一促進計劃提供給首次購買新房或自建房的業主共計1.4萬澳元的補貼，而首次購買建成房（非新建房）的業主將得到7,000澳元的補貼。本計劃實施的時間是2008年10月13日到2009年9月30日。2009年10月1日到2010年12月31日期間，政府將此項補貼削減了一半，首次購買新房或自建房的業主可獲得7,000澳元補貼，而首次購買建成房（非新建房）的業主僅得到3,500澳元補貼。2010年1月1日以後，聯邦政府的購房補貼計劃終止。但是，首次置業的購房者仍然可以獲得各州的首次購房補貼基金，無論是購買新房或是舊房均可以獲得7,000澳元的補貼。

澳大利亞政府購房補貼及促進計劃如表2-5所示。

表2-5　　　　　　　　澳大利亞政府購房補貼及促進計劃

房屋類型	項目名稱	生效期間	補貼金額（澳元）
建成房（舊房）	首次購房業主補貼項目（First Home Owner Grant）	2000年7月1日至今	7,000
新購房/新建房	首次購房業主補貼項目（First Home Owner Grant）	2000年7月1日至今	7,000
建成房（舊房）	首次購房促進計劃（First Home Owners Boost）	2008年10月13日—2009年9月30日	7,000
新購房/新建房	首次購房促進計劃（First Home Owners Boost）	2008年10月13日—2009年9月30日	14,000
建成房（舊房）	首次購房促進計劃（First Home Owners Boost）	2009年10月1日—2010年12月31日	7,000
新購房/新建房	首次購房促進計劃（First Home Owners Boost）	2009年10月1日—2010年12月31日	7,000

資料來源：經作者整理而來。

住房購買支持計劃在有些州用來支持中低收入家庭購買房屋，或者對中低收入家庭提供按揭還款幫助；在其他一些州則用來幫助中低收入者用於房屋貸款、共有產權計劃（政府和購買者共有產權）、存款幫助以及抵押貸款償還。

澳大利亞各州在執行住房補貼政策時各有不同。例如，昆士蘭州在2011—2012年度的預算中，宣布給予2011年8月1日到2012年1月31日期間簽訂購房合同的業主再增加10,000澳元的昆士蘭州住房支持基金（QLD Building Boost），被補貼的房屋類型包括新建房屋、排屋以及公寓。獲得補貼的業主除了首次置業的業主，還包括自住業主以及新購房或新建房用於投資的投資者。獲得補貼的新房的總價值不得超過60萬澳元。新南威爾士州政府在2012—2013年度的預算中將首次購房業主補貼增加到15,000澳元，但是取消了首次購買非新建房的業主的印花稅優惠。對於非首次購房的業主，均有5,000澳元的補貼。

澳大利亞政府同時也規定了獲得首次購房業主補貼的條件，主要包括以下幾點：

① 申請人必須是首次購房者或首次建房者；
② 申請人必須是自然人，而非公司或機構；
③ 家庭成員中至少有一個申請人是澳大利亞永久居民（新西蘭公民可以自動獲得澳大利亞永久居民資格）或澳大利亞公民；
④ 申請人至少18周歲以上；
⑤ 家庭成員中至少有一個申請人將其購買的房產作為主要的居住地，並在房屋交易完成或房屋建造完畢后的12個月內連續居住滿6個月；
⑥ 所有的申請人以及他們的配偶或伴侶在2000年7月1日以前在澳大利亞無住房；
⑦ 所有的申請人以及他們的配偶或伴侶在2000年7月1日以后在澳大利亞無住房，並且沒有連續居住6個月以上；
⑧ 每一位申請人必須在2000年7月1日以后簽訂購買合同或房屋建造合同；
⑨ 房屋的總價值不得超過政府規定的價格上限（2014年7月1日后是75萬澳元）。

（3）聯邦政府租金補貼（Commonwealth Rent Assistance，CRA）

2010—2011年，澳大利亞政府在住房供給及無家可歸人士住房問題上投入較大，包括給首次置業者提供幫助，建造人們負擔得起的租賃住房以及逐步提高房地產市場的效率等。同時，政府也開始著手改善土著及托雷斯海峽島民的住房條件，特別是那些居住在偏遠地區的人們的住房條件。

聯邦政府租金補貼是對有資格的澳大利亞居民在私有租賃市場上租賃房屋時提供的一種免稅補貼。為了獲得租賃補貼（CRA），申請者必須首先具有社會保障部門的低收入補助金資格，或具有超過家庭稅收優惠A類的基礎比率，或具有領取養老基金的資格。而且申請者還必須繳納一筆最低數額的租金，稱為租金閾值（租金門檻）。一旦申請獲得批准，申請者便可以獲得一定比例的政府租金補貼，超過租金閾值的部分，每1澳元可以獲得75澳分至最高額的補貼金額。這一比例取決於申請者的家庭狀況以及他們支付的租金數額。為了使租金補貼保值（不受通貨膨脹的影響），租金補貼每年的3月和9月會根據消費者物價指數的變化進行調整，租金閾值以及補貼的最高限額都會隨之調整。這就保證了租金補貼能夠持續幫助人們支付增長的租金。

據記錄，2011年6月3日，共有113.8萬個收入單位有資格獲得澳大利亞社會福利部（Centrelink）的租金支持。一個收入單位是指有（無）孩子需要供養的個人，或有（無）孩子需要供養的夫婦。平均租金水平為每兩週410澳元，而申請人獲得的租金補貼平均為每兩週101澳元。具體如表2-6所示。

表2-6　獲得租金補貼的數量、平均租金補貼及支付租金（2011年6月3日）

	個人及家庭（數量）	平均租金補貼（澳元/兩週）(a)	平均租金水平（澳元/兩週）(b)
所有受助人	1,138,000	101	410
補助類型 (c)			
育兒補助（單身者）	166,405	116	478
殘疾補助	239,500	104	350
養老金	203,139	95	336
失業津貼	204,814	97	376
家庭稅務補貼	145,776	96	618
青年救助金（學生）	72,263	85	307
青年救助金（其他）	14,810	77	272
助學金	19,684	93	375
育兒補助（配偶）	28,275	131	582
護理（家庭成員）補貼	30,788	109	426
其他	12,546	94	356
收入單位			
單身（無子女）有合租人	161,522	72	274
單身（無子女）無合租人	445,061	101	325

表2-6(續)

	個人及家庭（數量）	平均租金補貼（澳元/兩週）（a）	平均租金水平（澳元/兩週）（b）
夫妻（無子女）	100,313	96	440
單身有1~2個子女	202,178	111	482
單身有3個及以上子女	41,433	131	545
夫妻有1~2個子女	127,978	104	594
夫妻有3個及以上子女	56,406	121	625
夫妻（暫時分居）	3,109	115	506

（a）2011年6月3日的平均租金補貼由每日應付租金乘以14計算得來；

（b）2011年6月3日的平均租金水平考慮了工作津貼；

（c）根據夫妻的收入類型來選擇其中一方作為收入單位的負責人（聯繫人）。通常的優先順利是：養老金、補助、家庭稅務補貼。只有當夫妻雙方中任何一方都沒有領取社會福利金時，租金補貼才被劃為育兒補助（配偶）。

資料來源：Year Book Australia，2012：378.

2011年6月3日，所有的租金補貼中有21%是殘疾補助，18%是養老金，18%是失業津貼。四分之三的租金補貼受助人是單身：其中21%是單親家長，14%是合租的單身人士，39%是獨自居住的單身人士。所有租金補貼的受助者中有接近40%的是有子女的單親家長或夫妻，有21%是獨居的單親家庭，16%是夫妻兩人家庭。租金補貼支出將會計入總的養老金、津貼、補助以及家庭稅務補貼。

2.2.2.5 公共住房

澳大利亞的大部分公共住房建於1945年首次簽訂聯邦住房協議（the Commonwealth-state Housing Agreement）到1980年期間，最近十年來，政府不太熱衷於修建並提供大量的公共住房。澳大利亞大部分的公共住房項目最初發起的原因是第二次世界大戰後一段時期內國內住房出現短缺，為給戰後回國的士兵以及他們的家屬提供住所，政府修建了大量的公共住房。然而，1950—1960年在墨爾本和悉尼修建的高層建築主要目的卻是為了改善近郊區居民較差的居住條件。在20世紀70年代末期，由於地方社區對近郊區高層建築的抵抗，公共住房項目被大大縮減。自1980年以後，公共住房主要集中在一些舊房拆遷項目以及在一些合適的區域購買現有的房屋項目。

近年來，非營利性的社會住房供應機構在提供廉價房屋給符合條件的租客方面起到了主要作用。這些機構包括一些慈善組織、企業。如布里斯班房屋建

築公司，是一家由昆士蘭州政府及布里斯班市政廳聯合運作的非營利性企業。政府住房管理部門和社會機構在住房供應方面的合作越來越多。如今，澳大利亞的公共住房通常被看作是政府提供給低收入者、社會保障受眾以及需要政府救助的老年人及殘疾人的一種福利住房。

澳大利亞的公共住房由州政府的管理部門提供，公共住房在聯邦住房協議的框架內運作，資金由聯邦和州政府共同籌集。① 根據2006年的人口普查數據，澳大利亞的公共住房數量達到304,000套，而同期澳大利亞總的住房數量是710萬套，公共住房的比例為4%。②

2010年6月30日，澳大利亞政府提供的公共住房共有333,383套，入住率為98%，入住家庭共325,726戶。居住在公共住房的家庭中有89%享受了租金折扣。居住在公共住房的家庭通常是低收入家庭，其主要的收入來源於政府基金和補貼。2009年6月30日，88%的公共租賃房屋的租戶都享受到了租金減免（折扣），最常見的政府支付形式是殘疾補助金（占所有享受了租金折扣家庭的31%）以及養老基金（占所有享受了租金折扣家庭的28%）。

澳大利亞各州和領地都有自己的公共住房管理機構，如表2-8所示。

表2-7　　　澳大利亞各州及領地的公共住房管理機構

所屬區域	住房管理機構
首都地區	澳大利亞首都領地住房和社區服務部
新南威爾士州	新南威爾士州住房部
北方領地	北方領地住房部
昆士蘭州	昆士蘭州住房部
南澳州	南澳住房部
塔斯馬尼亞州	塔斯馬尼亞州住房部
維多利亞州	維多利亞州住房辦公室
西澳州	西澳住房及工程部

資料來源：經作者整理而來。

---

① The Reluctant Landlords? A History of Public Housing in Australia.
② Tenure Type and Landlord Type by Dwelling Structure – 2006 Census results, Australian Bureau of Statistics.

随著每個州政府在其組織架構內對待公共住房管理機構的優先順序的不同，以上住房管理機構的名稱也隨之改變。例如，在20世紀80年代，維多利亞州的公共住房一度有自己的管理部門——規劃和住房部（Department of Planning and Housing）。而在20世紀90年代早期，肯尼特政府發起政府部門的重組，維多利亞公共住房管理的職能就被劃歸到規劃與開發部下面的住房管理辦公室，如今它又成了人類服務部（the Department of Human Services）下面的一個辦公室。為了滿足一些人的特殊需求，基於需求管理理論，一些公共住房的管理被發包給非營利性的管理公司。

傳統的澳大利亞公共住房主要有兩種類型：市中心區域中高層的公寓以及低密度的排層或在城鎮邊緣的完全獨立的房屋。市中心區域的公共住房主要集中在墨爾本和悉尼這兩大城市，其建築通常包括3~5層的無電梯公寓以及11~22層的高層塔樓。自20世紀90年代末期起，維多利亞政府開始著手重新開發市中心區域的房地產，對公共住房和私人住房混合開發。如今，低密度的郊區住房幾乎在澳大利亞的每個城鎮都隨處可見。

2.2.2.6 社區住房

社區住房是由獲得政府補貼的社區機構提供給中低收入或特殊需求的家庭居住住房。土著及托雷斯海峽島民的社區住房是由土著及托雷斯海峽島民社區組織擁有或管理的，提供給土著及托雷斯海峽島民的低成本住宅。

2010年6月30日，有大約950個主流社區住房機構管理著近46,000套住宅，有另外400個土著及托雷斯海峽島民社區住房管理機構管理著超過19,000套的住宅。在2010年之前的7年內，由社區住房管理機構經營管理的社會公共住宅的比例穩定增長，住宅總量（包括主流居民、土著以及托雷斯海峽島民）在2010年達到全國社會公共住房存量的15%以上。2010年6月30日，有42,414戶家庭居住在主流社區的租賃房屋內。這些家庭中，幾乎有三分之一（32%）的家庭有殘疾成員，有12%的家庭來自非英語語言背景國家。在社區住房的主要租戶中，有9%的人員年齡在75歲以上，有6%的人員在24歲以下。2010年6月30日之前一年內新建主流社區住房數量為12,834套，在接受資助的新家庭中，有27%的家庭之前是無家可歸人士。[①]

2012年，澳大利亞政府根據全國住房經濟刺激計劃，資助社會住房計劃的實施，以支持就業和澳大利亞經濟。共計56.64億澳元的資助被分配給各州及領地政府，在非營利機構的支持下用於額外建造大約19,600套社區住房。

---

① Year Book Australia, 2012: 380.

此外，受益於此資助，有大約 80,000 套住房得到了維修和維護，包括大約 12,000 套社區住房，並且已經重新投入市場使用（如果不進行維修的話就可能無法居住）。

聯邦政府目前正在尋求創新的社會住房供給方式——整合全方位設計理念以及建築節能技術並應用於大部分刺激性住房計劃。在 2010—2011 年度，聯邦政府支付了 12.94 億澳元用於各州及領地的經濟刺激計劃。2011 年 6 月 30 日聯邦政府啓動了 19,200 套新建社會住房的建設，其中超過 15,400 套住房已經完工，所有的新建住房計劃在 2012 年全部完工。①

2.2.2.7 合作建房

住房合作社或合作公寓（Housing Cooperative，也稱為 Co-op），是一個法人實體，通常以公司的形式擁有自己的房地產（主要是住宅房地產）。住房合作社是一種特殊的住房使用權，它是一種特殊的住房佔有權方式，有著許多不同於其他類型住房（如獨立產權房屋、聯合產權公寓/共管式公寓及租賃物業）的特徵（虞曉芬，鄧雨婷，2014）。住房合作社以會員制為基礎，個人可以通過購買合作公寓的份額來成為會員。每一個股東都有權擁有合作住房中的一個住宅單位。這種合作方式的主要優點在於它匯集了眾多會員的資源，從而提高了他們的購買力槓桿，並且降低了每位成員在獲得房屋所有權中支付的服務和產品的平均成本。這種合作住房的另一個關鍵特徵是會員們會通過他們選舉出來的代表，篩選居住在合作公寓裡的人選，這和任何其他形式的住房產權形式有所不同。住房合作有兩種常見的權益類型：無所有權（非股權）的住房合作和有所有權（股權）的住房合作。在無股權的合作住房形式下，股東的佔有權有時候會以佔有協議的形式體現，類似於租約。而在股權合作制下，佔有權通常會以購買協議以及產權登記的法律文書體現。合作社的公司章程以及規章細則、佔有協議等均對合作住房的規則作了相應的說明。

早在 1980 年早期，澳大利亞維多利亞州的合作建房就已經開始成為主流，當時有租賃房屋合作項目的提議書被提交到國家住房委員會（State Housing Commission）進行商議。截至 2011 年，維多利亞共有 117 個住房合作項目，在全國範圍內提供大約 2,400 套租賃住房。這些住房合作社主要經營長期的租賃住宅投資組合。②

澳大利亞通常有兩種類型的住房合作機構，普通股產權租賃合作社

---

① Year Book Australia, 2012: 380-381.
② 資料來源：Year Book Australia, 2012: 384.

（Common Equity Rental Cooperatives，CERCs）和租賃房屋合作社（Rental Housing Cooperatives，RHCs）。這兩種形式的合作都是由租戶成員參與其租賃物業的管理。

普通股產權租賃合作社成員租住在租戶自己管理的物業裡，租約從一個住房協會——普通股權益住房有限公司（Common Equity Housing Ltd，CEHL）獲得。住房有限公司擁有房屋的產權，他們和每一個住房合作社的合同安排是以總租約（Head Lease）的形式進行的。然后每個住房合作社再將房屋租賃給單獨的合作社成員，與其單獨簽訂租約。其他形式的住房合作社近年來也已經加入了普通股權益住房有限公司（CEHL），因為社區管理的合作社以及更多其他形式的合作模式發展還不太完善。

租賃房屋合作社（RHCs）是登記註冊的住房供應商（建築商）提供由租戶管理的、長期租約的住房給低收入者的一種形式。房屋產權由維多利亞州房屋署擁有，房屋署將住房出租給租賃人群，租戶要簽訂住房供應商框架租約及物業管理協議（標準合同）。

基於自助式管理和權力下放的管理模式，維多利亞州的住房合作項目在提供高質量住房的同時，也給各參與方提供了一系列額外的社會福利，包括對有特殊需求人群的回應能力，對不斷變化的需求的回應，以及對租戶和社區成員灌輸的強烈的社區意識（集體感）和社會融入感。

隨著合作模式的進一步深化，一些住房合作組織已經擴大了社會網路，加入了其他形式的互助，如兒童護理或對老年人或殘疾會員提供直接幫助。

2.3　澳大利亞房價歷史

在澳大利亞，大部分房地產和金融市場的數據都可以公開獲得，信息比較透明。菲利普·蘇斯（Philip Soos，2013）對澳大利亞住房市場150年來的價格進行了分析，可以幫助我們瞭解澳大利亞房價發展趨勢。

以1880年的房價指數為基數100，從圖2-4中，我們可以看出，130年間，澳大利亞同質房地產價格指數上升到400左右，增長了300%。在房地產市場分析中住房價格與通貨膨脹相比是比較常見的指標。如果這一變化趨勢比較平穩，那麼就表明相對於其他商品和服務，消費者並不熱衷於住房投資。另外，如果住房價格和通貨膨脹之間有較大的差距，那麼就表明人們認為住房是相對重要的資產。

同質房地產價格指數

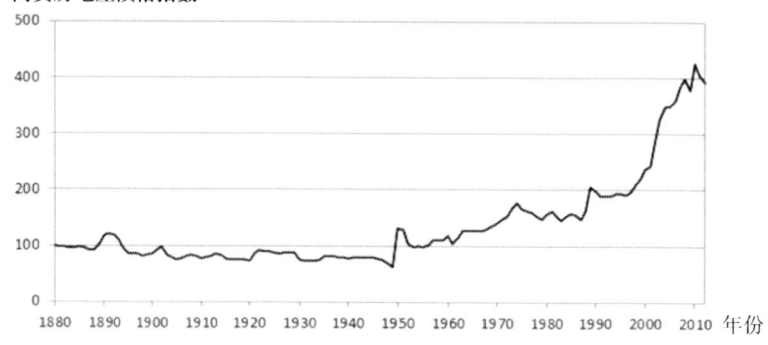

圖 2-4　澳大利亞同質房地產價格指數① (1880—2012 年)
來源：ABS, Stopledon.

另一個房地產估價常用的手段是比較住房價格與租金水平。在一個相對有效率的市場，購房的成本和租房成本應該密切相聯，即使有諸如稅收、風險及利率等影響因素，也不可能出現購房成本和租房成本相等的情況。在經歷了第二次世界大戰后的房地產繁榮期，房價租金比率呈現不規則下降的趨勢（以 1880 年的房價租金比率為 100），如圖 2-5 所示。房價租金比的回升表明市場中存在泡沫，如 20 世紀 70 年代中期、80 年代早期及晚期以及 2010 年以後。

房價租金比

圖 2-5　澳大利亞房價租金比 (1880—2012 年)
來源：ABS, Stopledon.

隨著通貨膨脹和房租的上漲，住房價格也已經超過了收入。由於澳大利亞統計局沒有提供長期的家庭可支配收入（Household Disposable Income，HDI）中值數據，因此這一指標的分母（即收入）是通過用總的實際家庭收入除以

---

① 同質價格指數，也就是剝離品質變化對銷售成交價格的影響，單純反應市場供需格局變化的價格指數，這也是特徵價格法的主要應用之一（復旦大學碩士論文，王建華，2009）。

擁有住房的家庭數量，逐年計算得來的。儘管計算出來的比率相對較低，但是該比率從1996年以後出現了較大幅度的增長。澳大利亞1960—2012年房價收入比如圖2-6所示。

房價收入比

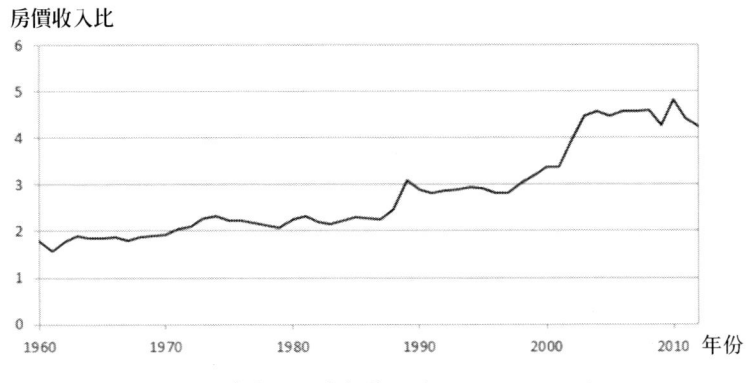

圖2-6　澳大利亞房價收入比（1960—2012年）

來源：ABS, Stopledon.

很容易看出，1930年開始的經濟大蕭條①的主要原因是：圍繞商業房地產市場的通貨緊縮和土地泡沫。地價與GDP比率每一次較大的上漲都無可爭辯地引起了或者助長了20世紀70年代中期、80年代早期和90年代早期的經濟蕭條，如圖2-7所示。從1996年的低谷到2010年的最高值，該比率增長了1倍。

土地價格與GDP比率

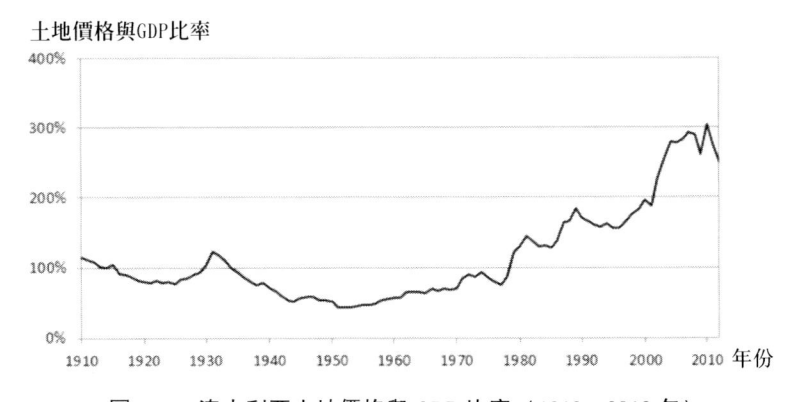

圖2-7　澳大利亞土地價格與GDP比率（1910—2012年）

來源：ABS, Butlin, Coleman, Dwyer, Herps, Scott.

---

① 來源於：JOHN A GARRATY. The Great Depression, 1986. 經濟大蕭條時期指的是在第二次世界大戰之前的10年嚴重的世界經濟衰退時期。經濟大蕭條的時間在不同的國家有所不同，但是在大多數國家，它從1930年開始，一直持續到20世紀30年代晚期或40年代中期。

將土地價值與人均 GDP 進行比較時，也出現同樣的結果，如圖 2-8 所示。很顯然，這一指標要優於單獨的 GDP 指標。與前面一樣，從 1996 年的低谷到 2010 年的最高值，該比率增長了 1 倍。

圖 2-8　澳大利亞地價與人均 GDP 比率（1910—2012 年）
來源：Butlin, Coleman, Dwyer, Herps, Scott.

卡瓦納—邦特蘭指數[①]（Kavanagh-Putland Index）測算的是房地產銷售額與 GDP 的比率。這一指標被認為是有用的，因為在投機狂熱的時候，投資者頻繁轉手房地產，導致每年的房地產銷售總額增加。相反，當房地產市場不景氣時，銷售額會不可避免地下降，因為潛在買家會持續觀望，等待價格進一步下跌。從圖 2-9 可以看出，在經過 2004 年之前的房價上漲之後，這一比例在 2004 年達到頂峰。

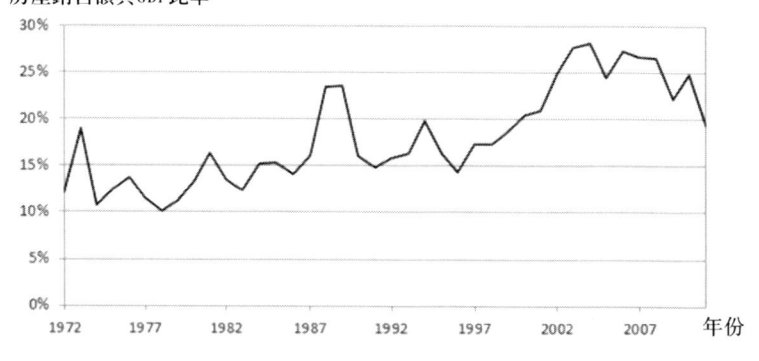

圖 2-9　房屋銷售額與 GDP 比率（1972—2011 年）
來源：LVRG.

---

① 卡瓦納—邦特蘭指數指的是澳大利亞房地產銷售額與 GDP 的比率，特別是在那些可以獲得所有的房地產銷售數據（分子）和州內生產總值（GSP）（分母）的州和領地。來源於：GAVIN R PUTLAND. Introducing the Kavanagh-Putland Index, 2009.

住房存量價值與 GDP 比率的變化方向和住房價格與通貨膨脹的比率以及土地價值與 GDP 的比率的方向一致。事實上，是房地產價值中的土地價值而不是房屋本身的價值的增加導致了這一比率的增加，這也是為什麼住房存量價值與 GDP 比率的變化方向和土地價值與 GDP 的比率變化方向一致。具體如圖 2-10 所示。

住房存量價值與GDP比率

圖 2-10　住房存量價值與 GDP 比率（1901—2012 年）

來源：ABS，RBA，Stopledon.

澳大利亞各類住房價格指標變動情況如表 2-9 所示。

表 2-9　澳大利亞各類住房價格指標變動情況（1995—2010 年）

指標	起點	峰值	增長率
房價與通貨膨脹比率	1996	2010	122%
房價與租金比率	1997	2007	64%
房價收入比	1997	2010	70%
土地價值與 GDP 比率	1996	2010	95%
土地價值與人均 GDP 比率	1995	2010	135%
卡瓦納—邦特蘭指數(房屋銷售額與 GDP 比率)	1996	2004	96%
住房存量價值與 GDP 比率	1997	2010	58%

總之，以上數據應該足以證明澳大利亞的住宅房地產市場（特別是土地市場）被大大地高估了，有學者認為這主要源於債務融資推動的房地產投資以及土地租金的免稅。土地泡沫一直以來都是澳大利亞經濟的特徵，但是在這一個經濟週期裡土地價值和私人債務都出現了巨大的增長。

2.4 澳大利亞估價行業發展歷程[①]

澳大利亞的歷史始於1788年1月26日首批歐洲殖民者登陸澳大利亞杰克遜港（就是現在新南威爾士州的悉尼），這一天后來成為澳大利亞的國慶節。澳大利亞的經濟史和房地產業的發展歷史也是從這一天掀開篇章的。有據可查的澳大利亞房地產估價行業的發展歷史起源於1910年，人們通過澳大利亞評估辦公室（Australian Valuation Office，AVO）的發展歷史可以對房地產評估行業有個基本的瞭解。

2.4.1 成立期（1910—1920年）

在澳大利亞移民潮早期，一些投機商已經購買了大量的土地握在手中，既不進行開發，也不允許移居者居住。通過對未開發的土地實施累進稅，政府希望能夠將這些大塊的土地劃分為小塊土地，以便新移民有機會購買或者耕種。

在1909年，費希爾政府（Fisher）就表達了徵收土地稅的意願和需求，一是為了提高聯邦政府收入，二是為了開發一些新的房地產資源以吸引英國移民到澳大利亞。於是，澳大利亞估價辦公室於1910年新的聯邦政府實施了《土地稅法》之後開始成立，該法律允許政府對未開發的土地價值徵收累進的土地稅。

在這一法律規定下，除了法律規定可以免稅的土地之外，所有澳大利亞聯邦政府的土地均要徵稅。政府組建了聯邦土地稅務局來管理和收集這一稅收，並且任命了一個新的土地稅務局局長喬治·麥凱（George McKay）來監督此項工作。

在這段時期，澳大利亞各州政府也實施了土地稅，對於未開發土地的價值，不同的州有不同的評估程序，聯邦新的立法允許土地稅務局在合適的時候使用各州的估價結果來計算聯邦的土地稅。然而，由於無法保證不同州政府的估價師的估價結果具有一致性，立法也允許稅務局獨立進行土地估價並且把估價結果作為計算土地稅的最終依據。

在《土地稅法》實施之初，土地所有人牢騷滿腹，十分不滿。截至1913年中期，土地稅務局收到了超過1,800項上訴和異議，大部分是與土地評估有

---

① 資料來源：http://avo.govspace.gov.au/about-us/our-history。

關的。政府需要建立一個全澳大利亞通用的評估體系，使土地評估的程序簡化，並且在地方、州和國家層面保持一致。

為了支持稅收局提出的對稅收進行評估的管理要求，政府組建了一個全國性的專業估價師團隊，並在每個州都設有辦公室。這一團隊就是人們所熟知的土地稅收辦公室評估分部（Valuation Branch of the Land Tax Office），為今天的澳大利亞評估辦公室（Australian Valuation Office，AVO）奠定了基礎。各州辦公室通常由少數幾個資深估價師（Senior Valuer）和一較大的房地產估價師團隊組成，並且每個州都會任命一個首席估價師（Chief Valuer）來監督各個州辦公室的工作。資深估價師最初是從州估價辦公室較高級別的職員中挑選出來的，他們有著多年的從業經驗，這就為后來組建新的聯邦估價師團隊奠定了堅實的基礎。

1915年8月，政府宣布開徵收入所得稅以增加收入，麥凱（George McKay）局長負責稅收徵集工作，后來他同時成為國家稅務局局長（Commissioner for Taxation）以及土地稅務局局長。

最著名的早期估價領軍人物是威廉·蘭伯特（William lambert），他在1911年成為土地稅務局的第一個資深估價師，並在1920年被提升為聯邦首席估價師。他在位時間超過10年，直到1933年他被任命為聯邦土地估價委員會（Federal Land Valuation Board）的主席。

在這段時期，土地稅務局的員工共同努力，建立了一個獨立的、權威的估價師網路，能夠對全澳大利亞的房地產提供一致的估價服務和建議。與此同時，許多其他的聯邦政府部門和辦公室也相繼成立。但由於澳大利亞仍然是一個新的聯邦國家，許多聯邦政府估價師是從各州的機構裡選擇的，其估價技能和知識各有差異，因此這段時期最大的挑戰之一是如何設立全國範圍的房地產估價標準，並形成全國性的一致的估價方法。做到這一點並不容易，但是在1920年年末，澳大利亞全國的土地稅務局辦公室已經形成了穩定牢固的估價師隊伍，並開始在澳大利亞未來的發展中發揮重要作用。

2.4.2　行業成長期（1920—1940年）

隨著全國性的估價師隊伍的形成，對估價職業化和培訓的需求隨之產生，這便成了土地稅務局在發展期初的主要任務之一。

1926年，來自土地稅務局以及私營企業的一些經驗豐富的估價師成立了聯邦估價師學會（Commonwealth Institute of Values）。聯邦估價師學會的宗旨是開發全國性的估價執業標準，並為所有澳大利亞的估價師標準化培訓提供支

持。在當時，估價師是通過在職培訓以及各種研討會的形式獲得專業知識和技能的，因此，聯邦估價師學會對於土地稅務局估價員工的技能培訓起到了至關重要的作用。

在聯邦估價師學會的幫助下，澳大利亞創立了規範的培訓課程項目以及考試系統，用來對估價師進行認證，這一體系一直延續到1970年。1936年澳大利亞開始了第一次全國性的估價師考試。在隨后的80年內，聯邦估價師學會的規模持續擴大，直到1926年更名為澳大利亞房地產學會（Australian Property Institute，API）——一個被外界認可的專業組織，有著8,400多名會員。

1935年，為了支持估價這一新的行業，聯邦稅務部門發布了第一版全面的土地估價全國指南——《基於聯邦土地稅收目的的未開發土地估價規範》（Rules for arriving at the unimproved value of land for the purpose of the federal land tax）。這對於推動所有的估價師在同一個平臺上，運用統一的、全國性的通用方法對聯邦土地基於稅收目的進行估價邁出了重要的一步。

在這段時期，各州的估價辦公室也得到了同步發展。由於各州的估價辦公室是全國估價網路的一個構成部分，故每個州都有自己的首席估價師。根據聯邦政府對各州不同的要求，各州的估價服務有較大的差異。這些估價服務涉及房地產投資建議、退休基金資產評估，也包括其他一些支持性的工作，比如在國家開發建設的這一關鍵時期，購買土地用於主要的防禦工程、通信設施以及基礎設施建設。

在發展早期，新南威爾士辦公室由萊頓·尼布斯（Leighton Knibbs）掌控，他是早期的讚成全國通用估價方法的擁護者，也是澳大利亞頗有經驗的估價師之一。他的背后有一個團隊，團隊成員無論是在政府估價項目領域還是在非政府估價項目領域均有著豐富的估價經驗。其中喬治·赫伯特·萊格（George Herbert Legge）在1911年加入聯邦估價辦公室；威廉·戈爾是聯邦估價師學會的創始人之一；H. G. 柯林斯（H. G. Collins）撰寫了多本澳大利亞土地估價的基礎教材。

而維多利亞州的辦公室最初由威廉·蘭伯特（William Lambert）領導，他在后來成為聯邦首席估價師。團隊裡的威廉·戈爾，在成為新南威爾士州的資深估價師之前，曾在維多利亞州工作了一段時間；阿蘭·默里（Alan Murray）在州辦公室工作期間，一步步達到首席估價師職位。

在南澳，查爾斯·理查茲（Charles Richards）在1925年完成了對阿德萊德市（City of Adelaide）完整的評估項目之后，成為該州最著名的估價師之一，並且在后來也成了聯邦估價師學會的創始人之一。塔斯曼州估價辦公室在1916年約翰·莫雷（John Murray）加入后而聞名，約翰職業生涯成績卓著，

成為澳大利亞估價行業領軍人物式的學者之一。

即使是在發展的早期，估價師仍然具備多種技能。早期的估價師沒有攝影設備來記錄估價房產的細節資料，於是他們只能依賴於自身的藝術才能。從這一時期保存至今的估價報告可以看出，很多估價師除了估價方面的專長之外，還有令人驚嘆的繪圖技術和設計師天賦，可以在估價報告中附上非常詳盡的建築草圖。聯邦估價師能夠將他們自身的藝術天分與估價技術相結合，使得聯邦估價辦公室的估價報告和同時代其他聯邦機構的報告相比，形式更加豐富和多樣化。

這些早期的領導者、下面工作的員工以及聯邦稅務辦公室的工作作風對於建立高標準的專業要求及個人誠信和責任感至關重要，澳大利亞評估辦公室的員工一直恪守這些要求，直到今天。他們將一個處於萌芽期的行業發展成為一個有價值的、莊嚴的行業，對20世紀前10年澳大利亞的稅務系統的公正性和效率做出了重大貢獻。

這些早期的行業先驅們一直恪守的一個價值觀是，在對房地產進行評價和估價時，一定要一絲不苟，謹慎進行，因為估價師的決定可能會對業主和聯邦政府的計稅基數產生深遠的影響。保存至今的估價記錄及歷史檔案表明，該時期的估價師把這一條牢記於心，他們甚至會記錄下所勘察的房屋的極細微的細節以及任何的改良，許多報告也附上了令人印象深刻的建築細節草圖以及規劃圖。儘管冷靜的推理和批判的眼光可能是當時一個熟練估價師最重要的兩個品質，但是歷史記錄表明，澳大利亞土地稅務辦公室的估價師職員中，至少有一小部分同時也具有藝術家特質。

在這段時間，聯邦估價師在進行房地產估價時，可利用的工具相對較少。1935年，聯邦的估價指南對於估價工作提供了一些依據。同時，估價師也可以在估價之前查閱和利用一些公共檔案資料，或諮詢業內專家。但是如果估價師需要評估房地產的價值，可獲得的資源十分有限，僅限於估價師的工作記錄簿、測量卷尺、紙和筆。這意味著評估房地產價值的工作更多地依賴於個別估價師的知識和技能，直到今天也是如此（從某種程度上說）。

1920—1940年以及1940年的估價分部的成立，使得估價行業在諸如威廉·蘭伯特（William Lambert）、萊頓·尼布斯（Leighton Knibbs）等致力於估價行業的先驅者的領導下，逐步發展壯大，地位得到鞏固。這不僅推動了整個估價行業的發展，也塑造了估價辦公室在未來時期回應和適應新的變革的能力。

2.4.3 變革期（1950—1960 年）

20 世紀 50 年代對於估價行業來說是有著重大變革的 10 年。在 1952 年，孟席斯政府動用土地稅收廢除法令，廢除了這一聯邦稅收。受此影響，在隨后的 20 年內，政府評估分部的估價業務呈現了多元化發展態勢。

在第二次世界大戰期間，土地稅已經實質上被暫停，此外關於土地稅是否是聯邦政府收入的最有效的方式，還存在許多政治辯論。在聯邦土地稅開徵之後到第二次世界大戰結束期間，澳大利亞日益發展壯大，城市化水平越來越高，土地稅收用來釋放閒置的土地用於安置移民這一最初目標已經大部分實現。在 20 世紀 50 年代早期，不同的政客在議會辯論時都強調了這一點。一些關鍵人物如亞瑟·法登（Arthur Fadden）和約翰·克萊默（John Cramer）爵士指出，土地稅永遠不可能徵收到郊區、商業或工業房地產上，也很難說此稅種是設計用來鼓勵業主將大的地塊分解為小塊土地的。他們認為，隨著城市化速度的加快和個人持有土地的小型化，政府不再需要徵收僅占聯邦總稅收收入 1%的土地稅。

雖然土地稅的終止可能不會對聯邦政府的財政產生很顯著的影響，但是這一舉措對政府的估價分部有著深刻的意義，因為在過去 40 多年內，估價辦公室的大部分工作都與土地稅收的實施有關。在這段時期，托馬斯·沃爾德倫（Thomas Waldron）在新南威爾士州作為資深估價師工作了幾年之后，在 1947 年成為聯邦政府的首席估價師。因此，在面對這一變革時，重新定義估價分部的地位的任務就落到了他身上。

沃爾德倫先生曾在經濟大蕭條時期、幾次干旱期以及第二次世界大戰期間擔任聯邦政府官員，因此可以說相對於大部分其他人而言，他是處理這一變革的最合適人選。他和孟席斯政府一起工作，重新塑造了估價辦公室的定位，把它作為一個處理澳大利亞範圍內聯邦政府和機構的所有房地產估價事務的中央集權機構。通過這種方式，他保證了在過去 40 多年內估價分部員工所形成的專業技能和知識能夠繼續很好地服務於聯邦政府。

經過這一角色轉換，在隨后的 20 年內，估價分部在業務開展上呈現多元化特色。例如，估價師們會協助其他的聯邦政府機構處理關於辦公場地、投資組合估價報告審核、保險和退休基金估價等方面的事務，甚至一度被要求支持遺產及繼承稅（Succession，Estate and Gift Taxes）的開徵。

估價辦公室的主要任務是評估政府提供給從第二次世界大戰退役的軍人的土地及居所，以及評估所有服役於戰爭時期的房屋。這些房屋由退伍軍人事務

部建造，用於軍人家屬居住，同時也是為了應對第二次世界大戰后人口膨脹引起的住房短缺。因此在這段時期，人們經常會看到估價師帶著梯子、手電筒和鐵鏟到達戰時服役房屋，利用這些工具，他們可以從屋椽到基礎對房屋進行仔細檢查，確保他們達到政府部門的要求。

在這段時期，澳大利亞的商業和房地產部門面臨越來越複雜的形勢，這意味著聯邦稅務辦公室也有許多挑戰性的任務需要估價師來完成。估價師經常被通知去評估一項投資是屬於資產改良還是正常的維修或修繕。估價師基於稅收目的對不同類型的房地產進行評估時，如何把握自由斟酌權的度是非常艱難的抉擇。

在遺產及繼承稅評估這些新興的領域以及其他許多稅收評估領域，估價師需要擴展他們的專業技能以達到政府的要求。這些新的能力要求估價師參與法庭或裁決聽證會以及與基礎設施建設有關的土地徵用和回收事務。

聯邦估價師在1950—1960年許多重大的全國性建設項目中也發揮了重要作用。在此期間，澳大利亞全國範圍內開展了道路、機場和防禦設施建設，通信基礎設施建設，需要徵用或回收大量的土地用於支持這些建設。估價師們在上述土地徵用中起到了關鍵作用，他們的工作保證了聯邦政府用合理的價格購買土地，出售者也能得到合理的補償。

這幾十年對於整個澳大利亞公共服務部門來說是快速擴張的時期，對於估價分部來說也是如此。估價分部從1911年只有33個員工的不起眼的部門，從事稅收、管理和估價工作，發展到1960年該部門的員工增加到約130人，每年完成了驚人的工作量。例如，在1958—1959年，估價分部完成了約159,000項聯邦及州政府的評估項目。

在20世紀60年代末，很顯然評估分部已經成功經歷了因為廢除聯邦土地稅所帶來的變化及前20年的行業、社會動盪。估價師們已經樹立了自身作為廣義上的聯邦政府機構的重要員工的地位，特別是在稅收系統的正確運轉方面做出了重要貢獻。

2.4.4 商業化時期（1970—1990年）

20世紀50年代早期是估價分部的轉變期，在接下來的20世紀70、80及90年代，估價行業發生了更為戲劇性的變化。在這段時間裡，估價機構與澳大利亞稅務辦公室（ATO）及其他聯邦機構開始了更為密切的合作。與此同時，澳大利亞評估辦公室也成了商業化運作的行政服務部（Department of Administration Services）裡面的一個獨立商業機構。

在這幾十年間，評估分部開始更為密切地與澳大利亞稅務辦公室的其他部門以及聯邦機構合作，參與個人所得稅避稅及資產檢驗事務，「特蕾西」龍捲風襲擊過后達爾文市的重建工作，澳大利亞東海岸主要的購物和商業房產的開發建設，並在1987年組建成為行政服務部（Department of Administration Services）下面的一個獨立商業機構。

在1970年，澳大利亞稅務辦公室開始關注個人所得稅規避問題，因為持續的調查發現這一現象有擴大的趨勢，特別是在澳大利亞東海岸沿線的房地產和資產銷售領域。估價分部通過獨立評估悉尼、凱恩斯和黃金海岸地區的物業來支持稅務辦公室的工作。

評估分部的估價師們同時還作為澳大利亞稅務辦公室專門小組的成員，調查所謂的「潛水避稅」①計劃。調查發現，澳大利亞聯邦政府在1970年中期到1980年之間，被蒙騙了5億~10億澳元的稅收收入。該計劃主要是由公司在財政年度結束之前剝離其資產和累積收益，以達到逃稅的目的。隨后在實施了新的《稅收評估法（未支付的公司稅）》[Taxation (Unpaid Company Tax) Assessment Act]之后，大部分未納稅款已被澳大利亞稅務辦公室追回。評估分部辦公室通過獨立地評估有問題的資產來鑒定和檢舉逃稅者。

在商業化的推動下，澳大利亞稅務辦公室開始更加積極地向潛在客戶推廣和促銷自己。稅務辦公室使用了包括創立一個全新的商標等多種方式來證明它是一個獨特的公司實體。同時，在這些年間，評估分部通過參與一些重大的房地產和開發項目展現了其才能，也幫助澳大利亞改變了其城市面貌。例如，聯邦估價師參與了退休基金投資信託公司（Superannuation Funds Investment Trust）在格羅夫納（Grosvenor Place）新商業大廈這一地標建築的開發建設，以及在悉尼中心商務區的西太銀行大廈（Westpac Complex）的建設。估價師們通過開展可行性研究以及價值預測參與本項目前期階段的工作，幫助投資信託公司在項目投資時更好地做出商業決策。評估分部也為聯邦政府退休基金公司計劃投資昆士蘭州一些新的區域性購物中心項目提出了開發建議，並且幫助聯邦政府住房事務部在悉尼的格利伯房產（Glebe Estate）地區購買了600套房屋作為政府公共住房，使好幾代澳大利亞居民受益。

評估分部遇到的最重要的任務之一是1974年聖誕節那天特蕾西龍捲風襲擊達爾文市。龍捲風幾乎摧毀了整個城市，導致95%的房屋不適合再居住，

---

① 「潛水式避稅法」（Bottom of the Harbour Tax Avoidance）是1970年左右在澳大利亞出現的一種避稅方式。這種避稅方式是當時那個時期最為嚴重的人為避稅手段。1980年政府法律認定它是一種刑事犯罪。據1986—1987年年報，澳大利亞稅務辦公室（Australian Taxation Office，ATO）認定共有6,688家公司參與其中，涉及的稅收收入在5億~10億澳元。

45,000人無家可歸。悲劇過后，政府很快就頒布了《達爾文重建法》（Darwin Reconstruction Act），估價師也參與此法律的實施，幫助這個城市重建。在這段時期的首席估價師和總估價師是馬爾科姆·科爾曼（Malcolm Coleman），他負責領導整個估價工作。在受災區域，政府需要知道每一幢房產在受災前和受災后的價值，這一數據被用來作為政府補助金的依據，政府將彌補每一個房產業主50%的損失。很快，估價師工作隊伍組建完成，開始完成這一巨大的工作量，這種工作持續了大概5年的時間。

這些年來，澳大利亞也開始逐步引進計算機和信息技術基礎設施，替代了分類帳簿和計算尺（Slide Rules），並且進一步改變了聯邦估價師的日常工作方式。當評估辦公室在1970年中期開始引進計算機時，評估分部第一個重大的內部變化也就開始了。在這之前，所有的報告和報告的錄入都被送到一個專門負責打字的打字小組，人們要花上好幾天的時間查看國家總估價師辦公室及地方政府辦公室的分類帳簿和文件。儘管實現完全的數字化還有待時日，但是計算機的引用、金融計算器及會計軟件替代計算尺和對數表標誌著估價分部工作的轉變。

隨著對新的教育標準及專業報告標準的要求日益提高，廣泛意義的估價職業也正在發生變化。在這段時期，在參加全國性估價師考試之前，估價師可以通過參加認證的職業技術與繼續教育課程（TAFE）[1]進行培訓。但是無論是評估分部內部或外部的領軍人物，均逐步認識到，一個大學本科學位級別的資質能夠更好地反應現代估價行業的需求。於是，在房地產服務行業培訓諮詢委員會（Property Services Industry Training Advisory Body，PSITAB）的估價小組委員會的幫助下，有關部門開發了一個新的估價方向的大學學位的框架和內容，並在20世紀80年代逐步推廣開來，使得下一代估價師們加強了職業培訓。

然而，在這一歷史轉型期間，許多訓練有素的、曾經服務於評估分部的估價師們選擇跳槽到私營企業。由於他們過去所接受的詳盡的培訓以及在政府部門寶貴的工作經驗，私營企業願意支付更高的薪水聘用他們。在1987—1989年，評估分部辦公室流失了超過70個富有經驗的估價師。隨著政府評估辦公室的高級職員開始更多地關注與員工的溝通交流、培訓及改善雇傭條件，這一人才流失現象才得以平息，同時吸引一些新員工到評估辦公室，以加強其專業能力。

1990年早期對於澳大利亞評估辦公室（AVO）來說是一個極速擴張的時

---

[1] TAFE（全稱：Technical and Further Education 即職業技術教育學院）是澳大利亞全國通用的職業技術教育形式，它由澳大利亞政府開設的TAFE學院負責實施教育與培訓。TAFE高等文憑由澳大利亞政府頒發，相當於中國的高等職業教育層次。資料來源：http://www.tafensw.edu.au。

期，這主要緣於政府部門採用的新的財務報表體系，由此引發了大量的政府服務需求。例如僅1991年和1992年這兩年，估價師們就評估了位於澳大利亞首都堪培拉地區超過70,000項非現金資產，這一新的要求也為未來的資產評估奠定了基礎。

1991年早期，霍克政府也對其提出的商業化舉措進行了一次重大回顧，以判斷把諸如澳大利亞評估辦公室（AVO）這一類的政府機構改革成為商業機構是否成功。回顧總結的結果表明，對政府機構進行商業化改革的總體結果是樂觀的，於是政府制訂了更進一步商業化的計劃：所有的行政服務部門都必須在1996年之前達到與行業領先的私營企業同等的行業標準。

然而，隨著霍華德政府（Howard Government）在1996年接任，澳大利亞評估辦公室又開始了另一個變化期。新政府對政府機構商業化的結果重新進行了評估，得出的結論是一些服務功能仍然需要保留在政府機構內，而澳大利亞評估辦公室正是其中的機構之一，主要原因是評估辦公室也為一些特殊客戶如福利署（Centrelink）及退伍軍人事務部（Department of Veterans' Affairs）提供敏感的估價服務。於是在1997年，霍華德政府又將評估辦公室重新劃歸稅務辦公室。

從1970年到1990年年末，澳大利亞評估辦公室經歷了不平凡的20年，它不僅僅適應了商業世界新的規則，其估價員工也通過更高的學歷要求提高了執業能力，計算機的整合提高了估價工作效率。評估辦公室也經歷了與稅務辦公室的先分再合的階段。雖然這一段歷史可能是澳大利亞評估辦公室最動盪不安的階段，但是它仍然牢固建立了其組織結構和文化，成為今天的能夠快速回應的、以客戶需求為焦點的機構。

2.4.5 新的篇章——服務終止（2000年至今）

澳大利亞評估辦公室在1997年重新迴歸到稅務辦公室，但仍然以商業模式運作，主要為政府部門提供付費的全國性的估價服務及政府建議。在過去的10年內，評估辦公室一直面臨一個獨特的挑戰，那就是如何在政府的公共部門與私營企業的競爭者之間保持平衡。一方面，評估辦公室是一個政府機構，但另一方面，它又是一個商業機構，不得不應對外來的競爭者。這一挑戰不斷地迫使評估辦公室提高其專業技術和能力。

回顧過去的100年，澳大利亞評估辦公室為一系列政府的和私營部門客戶提供全國性的、專業的和獨立的估價服務。這些年來，儘管評估辦公室的結構、宗旨和目標已經發生了顯著變化，但是恪守「提供高質量、高效率的服

務和建議，服務於聯邦政府」這一承諾始終沒變。經歷過多次政權變更、自然災害及行業改革，澳大利亞評估辦公室從來沒有忘記它最重要的任務：為澳大利亞提供估價服務。

儘管評估辦公室在歷史上有過輝煌的時期，但是近些年來，由於評估行業的技術革新和政府部門使用的估價服務日益減少，評估辦公室在經濟上入不敷出，預計在2013—2014財政年度虧損達到400萬澳元。私營部門的估價服務競爭已經相當激烈，聯邦政府自己提供估價服務的需求就不再存在了。於是在2014年1月24日，澳大利亞政府宣布將於2014年6月30日關閉評估辦公室，終止其服務，結束了其自1910年成立以來的113年歷史。評估辦公室關閉后，原有的198個職員不得不面臨裁員或被重新安置到原來的母部門——澳大利亞稅務辦公室（ATO）。

澳大利亞評估辦公室雖然不復存在，但是澳大利亞房地產學會（API）作為一個國際上知名的專業學術機構，將繼續指導並幫助其會員在房地產及相關行業發揮作用。

參考文獻

[1] 澳大利亞統計局：www.abs.com.au.

[2] 澳大利亞維多利亞房地產學會：Real Estate Institute of Victoria.

[3] 梁爽. 英國共有產權住房制度及對我國的啟示 [J]. 中國房地產，2014（11）.

[4] 王建華. 區域位置對於住宅價格變動的實證研究 [D]. 上海：復旦大學，2009.

[5] 虞曉芬，鄧雨婷. 美國共享權益住房制度與啟示 [J]. 中國房地產，2014（11）.

[6] Australian Bureau of Statistics. Australia Social Trends 1994：Housing - Housing Stock：Housing the Population，2002.

[7] Australian Bureau of Statistics. Housing Occupancy and Costs，2011-2012.

[8] Australian Bureau of Statistics. Tenure Type and Landlord Type by Dwelling Structure - 2006 Census results. Australian School of Business，2011.

[9] BADCOCK, BLAIR, ANDREW BEER. Home Truths：Property Ownership and Housing Wealth in Australia. Melbourne：Melbourne University Press，2000.

[10] BEN ELTHAM. Is There a Recession Brewing in Our Housing Bubble? 21 Oct 2008.

[11] DAVISON, GRAEME. The Past & Future of the Australian Suburb. Australian Planner, Dec. 1994.

[12] EDMONDS, LEIGH. The 1910s: Laying the Foundations. A brief history of the Australian Taxation Office. Australian Taxation Office, 2013.

[13] GARRATY J A. The Great Depression: an inquiry into the causes, course, and consequences of the worldwide depression of the nineteen-thirties, as seen by contemporaries and in the light of history [M]. Harcourt Brace Jovanovich, 1986.

[14] KEMENY, JIM. The Ideology of Home Ownership. Urban Planning in Australia: Critical Readings, ed. J. Brian McLoughlin and Margo Huxley. Melbourne: Longman Cheshire Pty Limited, 1986.

[15] SEAN PARNELL. Treasury warning on home price 『bubble』: FOI editor The Australian, 2010.

[16] SOOS P. It's time big pharma took its medicine [J]. Issues, 2011 (96).

[17] STAPLEDON, NIGEL. A History of Housing Prices in Australia 1880-2010 [D]. Sydney, Australia: The University of New South Wales Australian School of Business, 2011.

[18] TATE R D. The Great Depression by John A. Garraty [J]. Register of the Kentucky Historical Society, 1987 (4).

[19] Treasury warning on home price 『bubble』: Sean Parnell, FOI editor The Australian 20 November 2010.

[20] WINTER, IAN, WENDY STONE. Social Polarisation and Housing Careers: Exploring the Interrelationship of Labour and Housing Markets in Australia. Australian Institute of Family Studies, 1998.

3 澳大利亞房地產估價管理機構

3.1 理論與實踐綜述

從世界範圍來看，不同國家和地區的房地產估價的管理各有特色。大部分國家和地區的房地產估價管理是以估價行業學會為主導的，政府主要是從立法上進行規範。以下主要介紹英國、德國、美國、加拿大、日本、中國香港和中國內地的房地產估價管理機構。

3.1.1 英國的估價管理機構

英國的房地產估價是由政府授權的英國皇家特許測量師協會（The Royal Institution of Chartered Surveyors）進行統一管理。該協會成立於1868年，由土地估價師部門、動產估價師部門、仲介及農業師部門、土地測量師部門、規劃與開發師部門以及預算師（或稱工料測量師）部門共6個部門組成，負責全國性的估價體系的建立及管理。

(1) 估價師執業資格管理

英國皇家特許測量師協會負責主持估價師認定工作，在全國範圍內舉辦考試並吸收會員。在英國人們獲得估價師資格必須要經過三個環節的檢驗：第一，要具備英國高中課程（A Level）的學業成績或具備英國劍橋、牛津大學及14所理工學院任意一所與估價相關專業（如不動產管理、土地經濟、城市土地行政、土地管理與開發等）的學士學位。第二，需要通過2年的估價專業訓練，並提交訓練日誌。這些專業訓練必須包括土地與建築物的資本價值及租賃價值評估，以及以下幾項訓練：對不動產管理與租賃、地方稅、中央稅、土地徵收的補償估價、維護與修理估價、土地與建築物的買賣或出租或承租估

價、城市規劃對土地發展權的限制所給予的補償估價、不動產開發估價。第三，申請人的專業訓練經審查合格，才准許參加累計 3 次的估價師專業考試。對於年滿 35 歲、從事估價專業工作超過 15 年的人員，可以直接參加資格考試，專業考試通過者才能取得估價師執業資格。

（2）估價師執業情況

英國的土地估價師分為民間估價師與官方估價師兩種。其中，民間估價師主要從事民間的契約估價、法定估價等工作；官方估價師主要為英格蘭及威爾士土地估價室、區域辦公室、地方區估價室、土地法庭工作。

3.1.2　德國的估價管理機構

德國房地產估價行業的管理機構是各個城市政府，而協助管理的機構則是各個城市設立的房地產評估委員會。該委員會由政府聘用的專業人員組成，其工資由政府財政支出，工作的內容由政府委託。政府與評估委員會訂立委託合同，合同期限一般是 5 年。房地產評估委員會的職責主要是幫助政府建立房地產估價的參考規範（該參考規範是根據房地產交易中公證師向評估委員會如實提供的交易資料整理得出的），政府每年 1 月 1 日以圖紙方式公布一次各街區各類地產、房產的成交價格參考值，即房地產估價的參考規範圖，用以指導單位或個人在單純的土地估價、國有資產或財政稅收估價、房地產交易估價等方面做出正確的判斷。

德國政府除了在公布統一的參考規範圖之外，幾乎把估價行業其他方面的管理都交由了市場競爭機制來解決，利用市場競爭機制對估價公司及估價師優勝劣汰，迫使房地產估價師提升專業服務水平與維護商業信譽。因此，德國的房地產估價具有顯著的獨立性、法治性與公正性特徵。估價機構的評估工作獨立於政府之外，估價師只需要對自己的評估工作負責，不需要考慮政府、委託人以及個人的經濟利益，且評估結果不需要政府確認。估價結果的生效以估價師簽字為前提，且估價師要承擔估價結果 30 年的質量擔保。在 30 年內，如果估價結果有誤，當事人可要求估價師用該項目的保險合同的賠償金賠付，不足部分再動用估價師私人財產進行賠付，同時估價公司內的其他估價師負有連帶責任，從而保證估價結果的公正性。

（1）估價師執業資格管理

在德國，房地產估價師劃分為公立估價師、私立估價師和自由估價師（可以兼職）三種類別。公立估價師必須滿足以下條件：建築學、經濟學或其他相關專業畢業；通過每 5 年舉行一次的全國估價師統一考試，並取得考試合

格證明；在工商協會註冊；在法院宣誓表示將嚴格遵守國家的有關法律。私立估價師需要滿足以下條件：大學畢業；有業務知識；有實踐經驗；通過每5年舉行一次的全國估價師統一考試，並取得考試合格證明。私立估價師只要履行了相關手續就可以轉為公立估價師。公立估價師和私立估價師考試內容主要為經濟學和建築學及其相關知識和實例分析。自由估價師則沒有考試要求，可以自願參加由行業協會或其他組織的培訓中心開辦的有關職業培訓課程。

（2）估價師執業情況

在德國，公立估價師可以由國家雇傭，承擔政府委託的房地產估價活動。私立估價師不能承擔政府委託的估價活動，但可以自己設立公司或任職於某估價公司，從事繼承遺產估價、資產分拆估價、房屋租賃估價、房地產糾紛估價等活動。對於自由執業的估價師，政府沒有限制條件，只要有信譽和業務來源，就可以從事此行業。

3.1.3　美國的估價管理機構

美國的房地產估價業作為一個獨立的行業始於1902年。由於估價機構眾多，業務量大，行業較為活躍，美國聯邦政府對估價行業的管理採取指導為主的管理辦法，沒有公設的房地產估價制度。美國聯邦政府對估價業的指導主要體現在每年制定全國統一的行業估價統一操作標準，該標準由美國估價基金會每年負責修訂，年初出版，估價行業均以此作為操作規範。有關房地產估價協會承擔了房地產估價人員的選拔與估價行業管理的工作，並形成了適應成熟市場經濟情況下的、以估價師資格管理為核心的行業管理模式。

目前，美國與估價相關的學會主要有1952年成立的美國估價者學會、1991年成立的美國估價協會（由1932年成立的美國不動產估價者協會與1935年成立的不動產估價者學會合併而成）與1988年成立的估價基金會（the Appraisal Foundation）。這些學會主要通過發展有能力的估價人員作為會員，並授予各種資格來提高估價人員的社會地位；通過制定倫理章程以規範估價人員的行為；通過制定有關估價業務基準及發展估價方法與技術，研究有關估價問題。前兩個學會側重點在人員的選拔與資格稱號的授予方面；後一個學會側重點在從業準則和估價標準的制定、執業註冊與資格認定標準的制定方面，目的在於達到行業自我約束和提高全行業業務水準。除此之外，美國的房地產估價相關學會還致力於發展和推行高質量的估價教育課程與培訓計劃，提供有關不動產估價各方面的出版物、教材和資料等。

（1）估價師執業資格管理

估價基金會中的估價資格認證委員會已發佈了估價師註冊及資格認證的參

考標準，並要求各州根據本州的註冊法建立自己的考核程序，但要經過估價基金會的認可，沒有建立自己的考核程序的州則要求遵守聯邦的標準。美國估價師執業資格的取得一般要經過以下程序：通過實習估價員階段，擁有30個月的實踐經驗，參加教育和考試，考試通過后即可取得執業資格，但必須參加一定學時的繼續教育。估價人員要想取得較高等級的執業資格，必須經過嚴格考試和擁有一定的實踐經驗。美國各州對估價業的執業資格要求有所不同，但大部分根據估價人員接受教育和實踐能力狀況進行分級管理，一般分為3級。其中C級執照持有者必須有180小時理論學習和3,000小時實踐經驗，可對任何物業進行評估；R級執照持有者必須要有120小時理論學習和2,500小時實踐經驗，可對20萬元以下的商業物業和居民住宅進行評估；L級為有限執照，持有者可對一定金額以下的物業進行估價，具體金額由州政府自行確定。

美國各與估價相關的學會在執業資格上有所區別，因此涉及的考試科目也不盡相同。例如，在美國估價協會下，要成為高級住宅估價師（SRA），需要通過估價協會舉行的「估價行業從業人員行為準則」課程，以及估價協會的住宅估價師委員會舉行的3門或3門以上的課程考試。如果要成為估價協會會員（MAI），則需要通過估價協會舉行的「估價行業從業人員行為準則」「估價報告書寫作和估價分析」課程，以及通過估價協會的一般產業估價師委員會舉行的7門或7門以上的課程考試，包括不動產估價原理、基本估價程序、資本化原理和方法、不動產估價實例研究等。需要指出的是，估價師無論獲得哪一個協會下的資格稱號，都會對其實踐經驗進行長時間的考核，考試僅僅是其中一個環節。

（2）估價師執業情況

由於美國估價師資格管理嚴格，行業從業人員素質較高，行業擁有較高的社會地位，因此，在美國執業的估價師的專業技術人員身分得到社會的普遍認可和尊重。美國法律沒有禁止估價師在多家機構同時執業，但是估價師從信譽和工作精力角度考慮，不會同時在兩家機構開展工作。此外，美國估價人員的酬勞多按固定金額支付，這樣強化了估價人員的獨立性與公正性。

3.1.4 加拿大的估價管理機構

加拿大的房地產市場基本上不受政府的干預，而是由民間自主經營，形成了一個既活躍又規範的市場。加拿大評估協會（The Appraisal Institute of Canada，AIC）是一個代表房地產評估師的全國性專業組織，該協會的主要職責有：從事全國絕大部分地區房地產專業性的評估工作；負有提高房地產估價

师的職業水平的責任；負責授予具有職業道德、遵守評估規範、符合專業要求的會員以評估師（AACI）、職業評估師（P. App）或者加拿大住宅評估師（CRA）三類稱號；負責加拿大統一的職業房地產評估標準的更新和維護，以保證公眾的利益；並承擔了在本行業為估價師提供就職信息的任務；開展研究項目，出版相應的技術和專業性刊物；與大不列顛哥倫比亞大學合作，建立職業培訓項目，在職業教育和繼續教育方面提供專業信息資源。

(1) 估價師執業資格管理

在加拿大要成為一名房地產估價師，必須完成相關課程的學習。加拿大評估協會與位於溫哥華的大不列顛哥倫比亞大學合作，建立了職業培訓項目，該項目通過網路教學的方式讓學員靈活選擇課程和學習時間。學員完成該項目學習和考試至少需要 3 年時間，一般參與該職業培訓項目的多為估價公司在職人員，而這又讓理論學習與實踐鍛煉在該培訓項目中得到了有機的融合。學員完成相應的課程學習並通過考試，便可申請房地產專業的學士學位，進一步獲得AACI、P. App 或者 CRA 資格。

(2) 估價師執業情況

在加拿大，合法的房地產估價師必須具備由加拿大評估協會授予的 AACI、P. App 或者 CRA 資格。前兩種稱號是加拿大評估協會承認的高級估價師資格，估價師可以進行所有用途房地產的評估，評估範圍廣，其中，P. App 只能授予那些已經取得 AACI 資格的專業人員。具備 CRA 稱號的評估師可以從事未開發的住宅用地估價或者一次不超過 4 個單元的住宅估價。估價師依其估價業務按比例分成，其他輔助人員的工資基本固定。

3.1.5 日本的估價管理機構

日本有關不動產的鑒定評價最初是由銀行代理進行的，隨著社會經濟的變遷，日本政府於 1964 年實施《不動產鑒定評價法》，不動產鑒定評價制度由此產生。接著日本政府又制定了《不動產鑒定評價基準》，使不動產鑒定評價制度不斷趨於完善。日本不動產鑒定評價制度的主要內容有以下兩項：一是從事不動產鑒定評價的人員需要取得一定的資格；二是從事不動產鑒定評價業者需要向政府登記，而且其業務的行使必須受到某種限制。

(1) 估價師執業資格管理

日本從事不動產鑒定評價的人員分為不動產鑒定士與不動產鑒定士補兩類，需要通過考試與登記方能取得執業資格。考試共分 3 次，每年舉行 1 次以上，由土地鑒定委員會辦理。其次是登記，有不動產鑒定士或不動產鑒定士補

的資格者，應在國土廳登記。不動產鑒定士補不能單獨從事鑒定業務。日本不動產鑒定士實行三級考試制度。第一次考試的報考資格無限制，考試科目為國語、數學、論文三科；考試合格且大專畢業者，可以取得第二次考試資格，考試科目為民法、不動產的行政法規、經濟學、會計學、不動產估價理論；考試合格且取得 2 年以上的實務經驗者，遂能取得不動產鑒定士補（要登記）的資格；取得不動產鑒定士補的資格而且又完成 2 年以上實務鍛煉者，可以參加第三次考試，考試科目為不動產評價實務，考試合格之後方能成為不動產鑒定士。日本的不動產鑒定士三級考試制度體現了寬進嚴出的特徵。

（2）估價師執業情況

日本在《不動產鑒定評價實施規則》等規章制度中，對不動產鑒定評價士的行為提出了嚴格的倫理要求，包括誠實守信與信息保密兩個方面。除了這兩項最低要求之外，日本還通過制定不動產鑒定評價的倫理綱要，對不動產鑒定士提出了更高的要求，如不斷學習、加強實踐、獨立客觀、公平公正等。

3.1.6　中國香港地區估價管理機構

中國香港的房地產估價制度承襲於英國，成立於 1984 年的香港測量師學會便是源於原英國皇家特許測量師協會香港分會，是唯一在香港有法定地位的專業機構。2004 年 8 月中國內地房地產估價師與香港測量師（產業）實現了資格互認。

（1）測量師職業資格管理

香港地區房地產測量師資格的取得要求滿足以下條件：取得相關專業的學士學位或同等學力，從事估價工作超過兩年，並通過香港測量師學會進行的專業能力測試。香港測量師學會分別於 1990 年和 1991 年通過了《香港測量師協會條例》和《香港測量師註冊登記條例》，所有會員受條例的嚴格約束。香港地區注重對評估人員的管理，管人不管機構。評估人員的職業道德、專業水平都是由學會自行進行管理和規定，政府不直接進行行政干預。

（2）估價師執業情況

香港地區房地產估價的收費標準是由香港測量師學會制定的，主要是按委託估價對象價格的定額收取。這種收費方式與估價標的額有關，缺乏獨立性，但是由於香港測量師學會擁有嚴格的約束與管理，香港各測量師都以公正、中立的身分從事估價工作，憑藉其實力、專業知識、服務質量爭取客戶，贏得聲譽。

3.1.7 中國內地房地產估價管理機構

我國內地估價機構管理比較嚴格，政府對估價機構根據設立的條件直接進行分級管理，行業協會處於從屬地位。由於房地產估價行業立法滯后，缺乏專屬的法律法規和相關的實施細則；同時，房地產估價行業歸屬於建設管理部門，土地估價行業歸屬於土地管理部門，資產評估行業歸屬於財務管理部門，多部門分頭管理，業務存在交叉，相關制度分散，缺少統一的估價規範與估價標準。因此，房地產估價行業的管理無法可依。

（1）估價師執業資格管理

我國自 1995 年開始對房地產估價師資格進行全國統一考試，現已有 5 萬餘人取得了註冊房地產估價師資格，4 萬餘人註冊執業。但是我國房地產估價師職業資格管理相對落後，缺乏一套完整和科學的人才培養、准入、晉級、約束和考核機制，重考試輕實踐的現象很難在短時期內消失。同時，職業資格報名審查環節與執業資格註冊管理環節存在一定的疏漏，不利於提升估價行業整體實力。

（2）估價師執業情況

中國房地產估價行業存在惡性競爭、相互壓價的現象，行業經營混亂，社會公信力不高，估價師素質參差不齊，個別估價師缺乏職業操守與誠信，估價職業不被重視。

3.2 澳大利亞公平貿易署

澳大利亞公平貿易署（Office of Fair Trading，OFT）負責制定公平貿易法律並且維護消費者權益，同時監督規範商業及貿易領域的公平交易及職業操守，其目的是實現所有市場參與者的公平和公正。由於房地產估價師屬於專業人士，其職業操守也會涉及消費者權益，因此也自然受到公平貿易署的監督。在新南威爾士州，估價師的執業資格證書和執照也是由 OFT 機構頒發，OFT 機構也負責與房地產估價師相關的各種消費者投訴。據新南威爾士 OFT2010 年統計，2006 年 1 月 1 日到 2009 年 3 月 16 日，新州 OFT 機構共收到針對估價師的消費者投訴 11 件。[①] 而 2010 年 OFT 機構共收到消費者投訴 41,811 件[②]，

---

① 資料來源：http://www.fairtrading.nsw.gov.au。
② 資料來源：http://www.api.org.au。

其中也包括對估價師等專業人士在內的投訴。由此可見，消費者對於估價行業的投訴率是非常低的。

3.3 職業標準委員會

澳大利亞曾經經歷了一段商業無序和混亂發展的時期，特別是1987年的股票市場崩潰使許多公司瀕臨倒閉，包括一些承保職業行為險的保險公司。於是，新南威爾士州政府在20世紀90年代早期通過了第一部職業標準法規（Professional Standards Legislation）。

新南威爾士州政府是第一個認識到必須通過提高職業標準並且規定專業人員的民事責任來保護消費者權益的機構，政府希望通過立法讓消費者有機會選擇更多的供應商，同時鼓勵商戶之間的競爭。在《職業標準法1994（新南威爾士）》[the Professional Standards Act 1994（NSW）] 通過后不久，新州政府便組建了新南威爾士州職業標準委員會（the Professional Standards Council of NSW，PSC）。在隨后的10年內，職業標準方面的立法以及職業標準委員會被推廣到澳大利亞的每個州和領地。

職業標準委員會是獨立的法定組織，由澳大利亞各個州及領地的政府設立。它們基於職業標準法規，承擔著對職業標準計劃的申請進行評估、審批以及監督指導的工作。如今，越來越多的行業學會組織及其會員都選擇加入職業標準計劃（Professional Standards Scheme）並得到認可。澳大利亞職業標準委員會和其他一些專業學會相互合作，共同致力於提高職業標準，加強消費者保護，規範和提高澳大利亞專業人員的積極作用。

職業標準委員會下設機構的主要工作包括：①與各專業學會開展合作，並幫助它們實現自我管理的能動性，提高職業標準，實現自律承諾，遵守法律義務，保護消費者的權益；②對申請加入職業標準計劃的學會和機構提供必要的信息和協助；③對委員會提供專家建議和管理支持；④開展並促進在職業標準和法規方面的研究、教育及思想領導力；⑤開發職業標準的政策和指導方針；⑥堅持百家爭鳴的方針，參與職業標準、道德規範、行為準則以及風險管理等領域的辯論及改革活動，以提高專業人員的客戶服務水平。

3.3.1 關於職業標準的法律法規

目前澳大利亞各州及領地均制定了相應的職業標準法規,這些法規直接管理著職業標準計劃的運作。澳大利亞聯邦政府也通過立法,允許在一些法律中對職業責任進行限制。這些法律包括:《貿易法 1974》(Trade Practices Act 1974),現更名為《競爭與消費法 2010》(Competition & Consumer Act 2010);《公司法 2001》(Corporations Act 2001);《澳大利亞證券投資委員會法 2001》(Australian Securities and Investment Commission Act 2001)。

表 3-1 列出了澳大利亞各州及領地與職業標準相關的現行法律法規。

表 3-1　澳大利亞各州及領地的職業標準相關法律法規

所屬區域	相關法規
首都領地 (ACT)	《民事(非法)行為法 2002》(Civil Law (Wrongs) Act 2002) 《民事(非法)行為規範 2003》(Civil Law (Wrongs) Regulation 2003)
新南威爾士州 (NSW)	《職業標準法 1994》(Professional Standards Act 1994) 《職業標準規範 2009》(Professional Standards Regulation 2009)
北領地 (NT)	《職業標準法 2004》(Professional Standards Act 2004) 《職業標準規範 2008》(Professional Standards Regulations 2008)
昆士蘭州 (QLD)	《職業標準法 2004》(Professional Standards Act 2004) 《職業標準規範 2007》(Professional Standards Regulation 2007)
南澳大利亞州 (SA)	《職業標準法 2004》(Professional Standards Act 2004) 《職業標準規範 2006》(Professional Standards Regulations 2006)
塔斯馬尼亞州 (TAS)	《職業標準法 2005》(Professional Standards Act 2005)
維多利亞州 (VIC)	《職業標準法 2003》(Professional Standards Act 2003) 《職業標準規範 2007》(Professional Standards Regulations 2007)
西澳大利亞州 (WA)	《職業標準法 1997》(Professional Standards Act 1997) 《職業標準規範 1998》(Professional Standards Regulations 1998)
聯邦政府	《財政部立法修正案(職業標準)2004》(Treasury Legislation Amendment (Professional Standards) Act 2004) 《澳大利亞證券投資委員會法 2001》(Australian Securities and Investments Commission Act 2001) 《公司法》(Corporations Act 2001) 《競爭與消費法 2010》(Competition and Consumer Act 2010)

資料來源:澳大利亞職業標準委員會網站,網址為 http://www.psc.gov.au。

3.3.2 職業標準計劃

職業標準計劃（Professional Standards Schemes）原名為卓越人才計劃（Cover of Excellence © Schemes），是一系列的法律文件，對行業學會的職責進行約束，要求行業學會監督、加強和提高其會員的職業標準，同時保護接受專業服務的客戶的利益。加入本計劃的行業學會是經過職業標準委員會批准成立的、代表某一特定職業的專業人員的團體。根據職業標準相關法律，專業人員需要加入相應的行業學會，成為其會員。

目前有20家澳大利亞的行業學會加入了「職業標準計劃」項目，共覆蓋了來自不同行業領域的超過6萬名專業人員。對於加入「職業標準計劃」的行業學會，其會員若被法院判決對客戶負有賠償責任，則職業標準計劃可以覆蓋專業人員的民事責任或損害賠償。但是對於此民事責任的賠償，「職業標準計劃」規定了相應的限額。由於限額的計算要綜合考慮保險精算、法律事務及會員的專業技能水平，因此，所有申請加入「職業標準計劃」的學會均需要向職業標準委員會提供大量的保險索賠數據、學會的職業標準體系及風險管理措施和其他相關信息。計算出來的損害賠償限額將由職業標準委員會進行評估並接受審核，以保證此賠償限額足以支付所有的非公司類索賠及大部分的公司索賠，同時讓人們相信當損害賠償發生時，有保險資金或其他資產作後盾。

3.4　澳大利亞房地產學會

澳大利亞房地產學會（Australian Property Institute，API）最早成立於1926年，當時的名稱是聯邦估價師協會（Commonwealth Institute of Values）。此後，隨著其會員的不斷增加以及其會員業務的服務領域的擴充，該機構在20世紀經歷過多次更名，目前的名稱就是API。該機構目前共有大約8,600名來自澳大利亞及海外的各類房地產行業的會員，其中估價師會員約5,000人。據API機構2014年年報，截至2014年12月31日，API共有各類會員7,965人。其中新南威爾士州的API分部是所有API的分支機構中最大的一個，共有會員2,972人。

3.4.1　API 的組織架構

API 致力於實施和維護一個有效的和全面的公司治理制度、實務及程序。這一制度、實務及程序已經達到並符合「良好的企業治理標準」（AS 8000-2003[①]）這一澳大利亞國家標準。API 的組織架構如圖 3-1 所示。

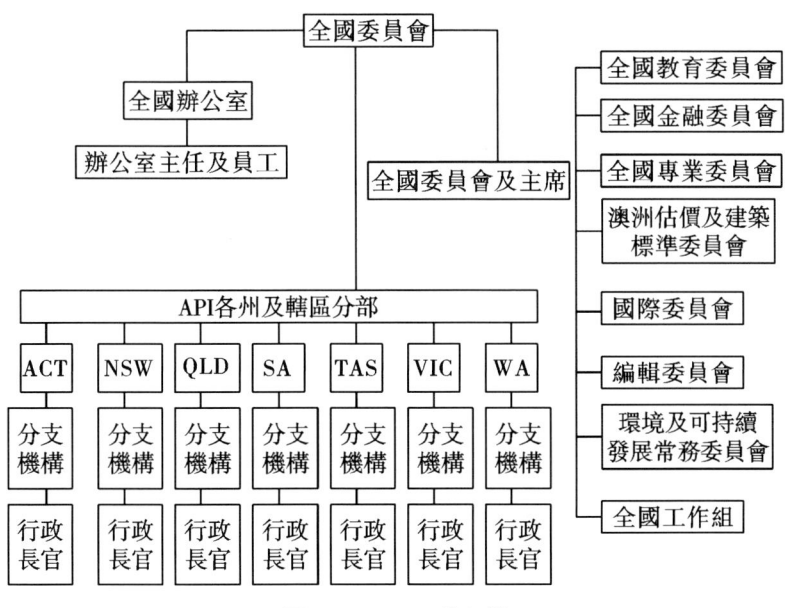

圖 3-1　API 組織架構

資料來源：澳大利亞房地產學會網站，網址為 www.api.org.au。

3.4.2　API 的行政管理組織架構

API 的前身聯邦估價師學會於 1926 年 11 月 5 日在阿爾萊德（Adelaide）成立，是一家社團法人，受 1985 年頒布的《社團法人法（協會組織法）》約束。API 是非營利性的機構，接受個人會員。機構的理事會、董事會、委員會以及員工負責機構的財務管理並對會員負責（見圖 3-2）。

[①] AS 8000-2003 公司治理系列標準共包括五個部分：AS 8000-2003 企業治理——好的治理準則；AS 8001-2008 企業治理——詐騙及腐敗控制；AS 8002-2003 企業治理——機構行為準則；AS 8003-2003 企業治理——機構行為準則；AS 8004-2003 企業治理——企業實體檢舉者保護項目。

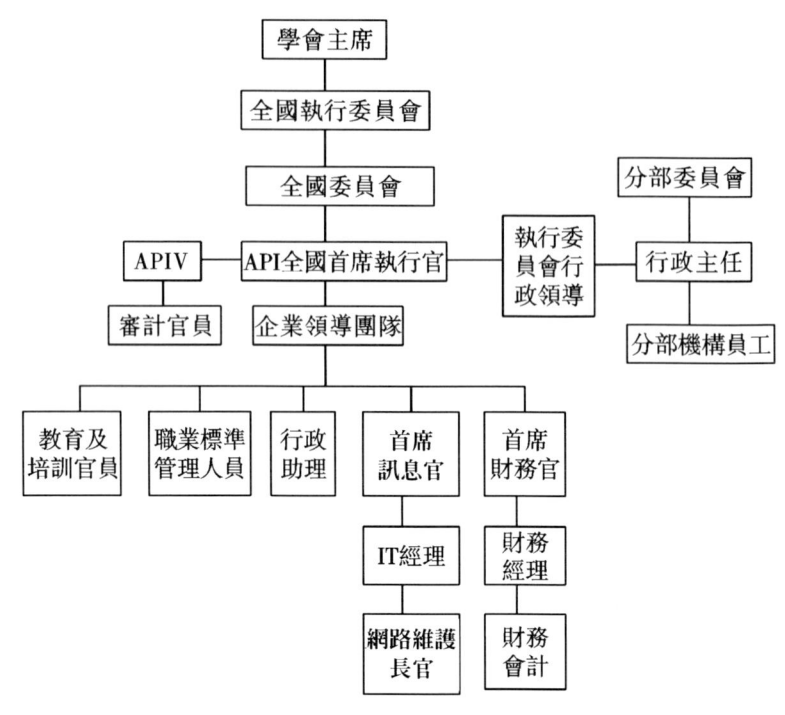

图 3-2　API 行政管理组织架构

资料来源：API Annual Report, December 2013.

在联邦环境下，API 在一个全国性的组织结构下运作，由一个唯一的法人实体——API 股份有限公司（API Inc）构成，下设 8 个分支机构，分布在 6 个州及 2 个领地。此外，API 也是 API 有限责任公司（API Ltd）、澳大利亚房地产学会估价师有限责任公司 APIV（Australian Property Institute Valuers Limited）以及 API 教育奖励基金（API Education Awards Trust）和 API 研究基金（API Research Trust）的控制实体。API 分支机构如表 3-2 所示。

表 3-2　　　　　　　　　　API 分支机构一览表

序号	API 分支机构名称
1	澳大利亚首都地区分部 （Australian Capital Territory（ACT）Division）
2	新南威尔士州分部（New South Wales Division）
3	昆士兰州分部（Queensland Division）
4	南澳州及北部领地分部 （South Australian Division and Northern Territory Group）
5	北领地分部（Northern Territory Group）

表3-2(續)

序號	API 分支機構名稱
6	塔斯馬尼亞州分部（Tasmanian Division）
7	維多利亞州分部（Victorian Division）
8	西澳州分部（Western Australian Division）

資料來源：API Annual Report, December 2013.

　　API 機構的董事會成員由 API 全國委員會的成員構成。API 全國委員會是最高決策機構，從總體上對 API 的運作進行監督和管理。由於董事會的成員是 API 的主管，因此，全國委員會是澳大利亞房地產學會事實上的董事會。

　　API 有限責任公司是由 API 股份有限公司在 1995 年成立的一家擔保有限公司，API 有限責任公司的董事是 API 股份有限公司的全國委員會委員。

　　API 股份有限公司還擁有兩大基金：API 教育獎勵基金和 API 研究基金。API 教育基金於 1994 年設立，為估價和土地經濟領域的教育、培訓和發展提供獎學金。同在 1994 年成立的 API 研究基金為估價和土地經濟領域的科學研究提供資金支持。

　　API 設立分支機構是為了管理學會在各州及領地的各項事務，各分支機構根據公司章程行使權利和履行義務，受全國委員會的政策影響和控制。

　　1. 澳大利亞房地產學會估價師有限責任公司（The Australian Property Institute Valuers Limited，APIV）

　　APIV 是澳大利亞房地產學會成立的一個擁有特殊目的的公司，其會員資格僅限於從事房地產估價的 API 會員。澳大利亞職業標準委員會（Professional Standards Council，PSC）依據澳大利亞各個不同的司法轄區的職業標準立法，提出了「有限責任計劃」（Limited Liability Scheme）。針對這一計劃，API 為了保護其會員的利益而登記成立了估價師有限責任公司 APIV。

　　（1）職業賠償險（Professional Indemnity Insurance，PII）

　　職業賠償險是一系列能夠幫助專業人士補償因為訴訟導致的各種成本的保險產品。職業責任保險產品包含的賠償責任可能包含如下內容：①合同違約。比如未達到合同預定的目標；未按時交貨；執業過失（如提供錯誤的財務建議）。②提供服務時發生失誤，如沒有正確地審計公司的帳目。

　　在某些情況下，專業學會會為特定行業的專業人士提供職業賠償保險。在當前的保險市場上有一些保險公司也提供職業責任賠償險。儘管保險費用仍然相對較高，但是事實上 APIV 已經發現保險費用逐步趨於穩定並有下滑趨勢。不同的保險公司在保險範圍、保險費用以及保險單附加條款等方面有所不同。最根本的一點是，保險經紀人必須給估價師會員提供一份完整的保險政策評述

及分析文件，以確保會員在需要的時候得到保險賠償。

（2）索賠管理

APIV 在 2013 年共收到了 31 份索賠通知，相比 2012 年的 38 份索賠通知有所下降。在 2013 年，來自商業部門的索賠數量（包括住宅開發在內）超過了住宅估價索賠（Residential Claims）的數量。估價行業的索賠往往會遵循經濟週期的規律，並且通常會滯后於經濟週期幾年。2013 年收到的商業索賠就反應了之前的全球金融危機（Global Financial Crisis）的滯后影響：一些企業無力應對全球金融危機引起的財務困境以及隨后的房地產市場下滑。2013 年的一些索賠案例與全球金融危機期間及之後的商業性開發的財務危機有關。

APIV 在 2014 年共收到 31 份索賠通知，數量和 2013 年持平。但是，值得注意的是，對於住宅物業估價的索賠超過了商業部分。這一趨勢正好和 2013 年情況相反，這也許預示著與全球金融危機相關的索賠有所下降，但是目前下此結論為時尚早。具體來看，索賠的金額從 1,650 澳元到 7,000 萬澳元不等，平均每宗索賠的金額是 656,880 澳元。其中有 13 項索賠在 100 萬澳元以下，4 項索賠在 500 萬澳元以下，3 項索賠在 2,000 萬澳元以下。大部分引起爭議的估價項目發生在 2007—2008 年，當時房地產市場仍處於高位。

2014 年間，API 和 VAPIV 共計收到 76 項索賠、詢問及不滿的訴求，相對於 2013 年有所下降；且其中有 10 項索賠是針對非估價師會員的，因此不予以考慮。我們對 2014 年被客戶索賠最頻繁的事項列舉如下（按照被索賠的頻率從高到低排序）：在估價報告中出現不正確的細節性描述；對估價的結果不滿意；對估價師的溝通水平不滿意；遲交估價報告；對租金的測算不滿意；對估價師選擇的可比較案例或者使用的估價方法存在不同意見。

2. 全國教育委員會（National Education Board）

API 下設的全國教育委員會（NEB）負責開發、實施及維護 API 會員的學術准入資格要求，負責開發合適的會員通道以及與機構會員相關的培訓。NEB 設計了相應的章程，為其在未來開展工作提供了一個框架。2014 年，NEB 分解成了兩個委員會：教育標準委員會（the Education Standards Committee）以及會員標準委員會（the Member Standards Committee）。兩個委員會均有各自獨特的目標和職責。教育標準委員會旨在給利益相關者開發出關於教育事務的統一的方法或者提出相關建議；會員標準委員會旨在給利益相關者開發出關於會員事務的統一方法或相關建議。

（1）API 認證課程

全國認證委員會（the National Accreditation Board，NAB）認證的課程由澳大利亞國內的合作大學提供，為了保持房地產專業人士所期望的較高水平的教

學標準，API 設置了最低的標準要求，目前合作的大學均已經超過了這一標準。在 2013 年，獲得了 API 重新認證的大學有：邦德大學、昆士蘭科學大學、中央昆士蘭大學、悉尼科技大學以及新南威爾士大學等。2014 年獲得重新認證的共有五所大學：科廷科技大學、陽光海岸大學、紐卡斯爾大學、皇家墨爾本理工大學以及西悉尼大學。同時，認證委員會還對悉尼高等技術學院的房地產服務（估價方向）高級文憑專業（Advanced Diploma in Property Services (Valuation)）進行了認證前的訪問。2015 年即將接受重新認證的大學是昆士蘭大學和迪肯大學。

（2）網路教育

API 為機構會員開發了一系列網路在線教育項目，這些在線教育項目是針對 API 會員的需求設計的。通過在線平臺，API 可以在任何時間任何地點聯繫到其會員；偏遠的地區不再是會員專業發展和后續培訓的障礙。2014 年，API 的網路在線教育平臺被整合到一個網址（elearning.api.org.au），這樣一來，未來房地產專業人士（Future Property Professionals，FPP）就和網路在線學習模塊放置在一起，極大地方便了會員學習。

FPP 是 API 的旗艦網路教育項目，是專門針對即將從事估價行業的大學畢業生的需求而設計。在 2014 年，FPP 培訓項目不斷取得成功，學員的數量逐漸增加，並得到了積極的反饋。

風險管理課程模塊（Risk Management Module，RMM）也迎來了上線後第三個成功年度。RMM 在線課程有多個版塊可供選擇——批量住宅、商業住宅、政府房產或工廠及機器設備評估。繼 2013 年 10 月 API 對所有從事抵押貸款評估的會員發布了《住宅房地產估價實施指南》（Residential Valuation Standing Instructions）之後一年，2014 年 10 月 API 再次發布了《住宅房地產估價實施指南》（Residential Valuation Standing Instructions）第 2 版，成為所有入圍銀行抵押貸款評估業務的機構估價師的必修課程。這一課程得到了參與者們積極肯定的反饋，共有超過 2,500 個會員在 2013 年 10 月到 12 月期間完成了此課程的學習。2014 年是 2012 風險管理課程模塊的最後一年，2015 年的風險管理課程模塊已於 2015 年 5 月發布。

3. 全國財務委員會（National Finance Board，NFB）

NFB 的職能是保證 API 機構所有的資產、負責、收入和支出得到妥善的管理和核算，並且所有的戰略性規劃及變化的財務影響都得到正確的評估和預算。此外，NFB 還被授權對學會的研究基金及教育獎勵基金進行財務管理。

3.4.3　API 專業及技術標準

1. 澳大利亞房地產標準委員會（Australian Property Standards Board，APSB）

澳大利亞估價標準委員會（Australian Valuation Standards Board，AVSB）於 2012 年 1 月 1 日成立，對於符合學會會員資格要求的房地產估價相關學科，以及在標準委員會專業技能範圍之內的學會的任何其他事務，AVSB 可以開發並提供技術上的和專業上的政策建議。

2. 執業標準及指南

在 2013 年，API 的全國委員會和 AVSB 的工作焦點是繼續檢查和回顧《專業實踐手冊》（Professional Practice Manual），這是因為它與多個技術指南或技術信息文件相關。2013 年國際標準委員會（IVSC）出版了下列文件：

（1）專業估價師國際執業標準（討論稿）；

（2）投資房地產（討論稿）；

（3）森林地產估價（徵求意見稿）；

（4）估價的不確定性（徵求意見稿）；

（5）2011 年國際估價標準修正案（徵求意見稿）。

估價標準委員會以及羅伯特·赫薩克（Robert Hecek）領導下的未來估價專門小組（the Future Valuations Taskforce）將通過《全國房地產行業新聞資訊》（the National Property Industry News）和會員通告繼續為 API 會員提供指導和服務。

3.4.4　信息技術及交流

2013 年澳大利亞房地產學會在信息技術的性能和可靠性方面都得到了加強，其信息溝通的產品和服務也取得了持續的成功。學會取得的主要成就有：

（1）通過雲託管應用程序的電子郵件方案解決了所有 API 的網站流量問題，進一步加大投入，提高了學會信息技術的安全性和可靠性。

（2）通過優化雲服務（包括在線空中課堂「Moodle」①）帶來持續的成本節約。

---

①　Moodle（Modular Object-oriented Dynamic Learning Environment）即模塊化的面向對象動態學習環境，它是一種課程管理系統，是一個用來建設基於互聯網（Internet）的課程和網站的軟件包。

（3）進一步加強「找房專家」（Find a Property Professional）網站的功能。

（4）創建會員福利網站：www.benefits.api.org.au，展示所有 API 會員可以享受的優惠和折扣。

（5）繼 API 全國性的社交媒體「領英」（LinkedIn）、「臉譜」（Facebook）和「推特」（Twitter）的推出，越來越多的會員選擇在線聯接的方式與學會取得聯繫。

（6）每月出版的《房地產行業資訊》（Property Industry News）繼續給學會會員提供最新的房地產公告、API 發展動態及行業最新消息。

（7）《澳大利亞及新西蘭房地產》雜誌仍然是一個權威的和被廣為接受的出版物。雜誌的編輯委員會有責任創辦在澳大利亞和新西蘭最受人推崇的專業房地產出版物，此雜誌也引起了整個太平洋區域的其他房地產機構的關注。

3.4.5 國際委員會（International Committee，IC）

澳大利亞房地產學會下設的國際委員會主要負責學會的國際事務，根據學會章程中的職責範圍履行相應的義務。2013—2014 年國際委員會主要的工作包括：

（1）國際估價標準委員會（IVSC）繼續擴大其管理機構以及全球估價專業組織（Valuation Professional Organisations，VPO）。

（2）全球範圍內採納及遵循國際估價標準委員會規範的國家數量在逐漸增長。預計全球估價專業組織將會簽署一項關於遵守國際估價標準的備忘錄（a Memorandum of Understanding）。

（3）國際估價標準委員會已經發布了多項標準及指南，同時也與全球的估價管理機構取得了聯繫，對當地的估價管理企業產生了一定的影響。

3.4.6 API 會員情況

API 會員包括住宅、商業、工業及機器設備估價師，房地產分析師及諮詢師，基金經理，房地產管理者，資產管理者，開發商，房地產律師，房地產銷售人員，房地產相關研究人員及專業學者。API 機構的主要宗旨在於保持房地產專業領域的最高行業標準，促進房地產專業教育，提高會員的職業操守並且擴大其專業領域。API 機構在全澳大利亞享有較高的聲望和榮譽，部分沒有強制要求估價師必須持有政府執照的州政府會要求估價師必須具備 API 會員資格。澳大利亞一些大的金融機構會要求從事抵押貸款評估的房地產估價師必須

持有 API 的檢定合格執業估價師（Certificate Practising Valuer，CPV）資格。

澳大利亞不同的州對估價師的准入要求有所不同。在新南威爾士州，個人想從事房地產估價行業，前提是取得房地產估價方向的高級文憑並且在 OFT 機構登記註冊。至於是否成為澳大利亞房地產學會會員，則是個人的自由選擇。如前所述，由於澳大利亞一些信貸機構、保險公司及政府往往要求由 API 會員估價師承擔項目，因此成為 API 會員自然也是絕大部分估價師的必然選擇。

2013 年、2014 年澳大利亞房地產學會會員分佈及構成如表 3-3、表 3-4 所示。

表 3-3　　2013 年澳大利亞房地產學會會員分佈及構成

會員種類＼州名	首都領地	新南威爾士州	昆士蘭州	南澳州	塔斯馬尼亞州	維多利亞州	西澳州	合計
資深終身會員（Life Fellows）	2	15	7	6	4	8	6	48
資深會員（Fellows）	25	429	118	61	14	197	60	904
正式會員（Associates）	107	1,731	1,096	301	80	1,095	536	4,946
臨時會員（Provisional members）	15	254	95	114	8	173	71	730
聯盟/客座會員（Affiliates）	0	0	0	0	0	0	0	0
非執業會員（Non-practising）	7	50	59	29	2	55	20	222
學生會員（Students）	17	343	140	48	12	272	14	846
退休會員（Retired）	0	50	26	22	5	53	15	171
榮譽（資深）會員（Honorary）	0	3	3	2	0	4	0	12
合計	173	2,875	1,544	583	125	1,857	722	7,879

資料來源：API Annual Report, December 2013.

表 3-4　　2014 年澳大利亞房地產學會會員分佈及構成

會員種類＼州名	首都領地	新南威爾士州	昆士蘭州	南澳州	塔斯馬尼亞州	維多利亞州	西澳州	合計
資深終身會員（Life Fellows）	3	15	7	6	4	8	6	49
資深會員（Fellows）	26	420	109	59	13	195	58	880
正式會員（Associates）	102	1,713	1,101	284	79	1,110	540	4,929

表3-4(續)

會員種類 \ 州名	首都領地	新南威爾士州	昆士蘭州	南澳州	塔斯馬尼亞州	維多利亞州	西澳州	合計
臨時會員（Provisional members）	12	258	98	119	11	185	84	767
聯盟會員（Affiliates）	0	0	0	0	0	0	0	0
退休會員（Retired）	0	52	25	21	5	54	15	172
非執業會員（Non-practising）	7	38	58	32	3	42	15	195
學生會員（Students）	18	473	131	47	11	250	31	961
榮譽（資深）會員（Honorary）	0	3	3	2	0	4	0	12
合計	168	2,972	1,532	570	126	1,848	749	7,965

資料來源：API Annual Report, December 2014.

從數量來看，API會員2014年相比2013年有所增加。資深會員和正式會員數量均有所下降，臨時會員和學生會員數量有所增加。退休會員達到172人，和過去數據相比有增長的趨勢。2010年年底，API共有8,246名會員，其中退休會員160人。近年來隨著越來越多的會員達到退休年齡，API會員出現老齡化現象。

3.5　澳大利亞估價師學會

澳大利亞估價師學會（Australian Valuers Institute，AVI）成立於1938年，是唯一一個只代表估價師群體的澳大利亞行業組織。學會的宗旨在於保持估價行業的倫理標準，保證其會員為顧客提供盡職盡責的服務，在從業過程中保持正直、榮譽感和專業性，在提供獨立的專業建議時保持公正性和客觀性。AVI目前已經和亞太平洋、非洲、美國和歐洲的同行建立了近四年的合作關係，以提高估價師在估價理論和實踐中的技術能力及專業知識。一些澳大利亞國內及國際估價師已經完成了AVI的證書項目的學習，並且在2015年8月被授予了認證資深估價師證書（the Certified Master Valuer Certificate）。除了此證書項目，AVI對於澳大利亞及國際上的估價能力和水平的形成及提高做出了實質性的貢獻。

AVI的主要職責包括：①是專業估價師、準估價師以及學生估價員（估價師候選人）的專業學會；②保持會員的誠信；③提高會員的行業地位；④提

高會員的學術及其他資格水準，提高其服務標準；⑤保護與估價師有交易往來的大眾的利益；⑥制定並持續更新包括所有註冊人員的登記冊。

AVI 的所有會員均要求達到最高的職業標準並進行認證。長期以來，AVI 派出了多位高水平的認證執業估價師（Certified Practicing Valuers，CPV）以及零售物業專家估價師（Retail Specialist Valuers）從事商業租賃租金的估算，解決租賃爭議以及租金調整事務。估價師估價的對象包括辦公物業、工業單元、工作坊、倉庫、零售商舖（包括商業中心區域和非商業中心區域商舖）、庫房、工作場地以及其他類型的非居住房地產。對於租賃物業的評估，出租人和承租人可以共同商議選擇一個估價師，也可以請 AVI 的會長指定一名註冊估價師對當前的市場租金進行評估。

為了更好地對估價師會員提供服務，AVI 和職業標準委員會建立了長期的合作關係，幫助其所有的執業會員加入職業標準計劃。此計劃規定了估價師的職業標準，並要求估價師以保護消費者利益為準則。AVI 對此項計劃進行管理，以保證將估價師的職業責任限制在《職業標準法1994》（the Professional Standards Act 1994）的範圍之內，同時使得這一有限責任計劃成為估價行業歷史上對估價師最好的保護傘。AVI 對工作在各個估價領域的會員提供支持，並設立了全國性的和國際性的估價標準。

3.6　小結

澳大利亞的公平貿易署、職業標準委員會以及各專業學會如 API、AVI 等對房地產估價行業的發展起到了規範和引導的作用，在維持行業的專業水準、保護消費者權益等方面做出了較大的貢獻。專業學會作為各行業專業人員的代表，在維護會員權益、促進會員個人發展等方面起到了重要作用。但是隨著時代的發展和形勢的變化，專業學會在發展中也碰到了新的問題：一些澳大利亞專業學會的會員人數在減少，各種社會媒體正在威脅著專業學會的傳統地位，年輕的會員們參與事務的積極性不高……許多專業學會的持續生存能力，以及通過會員制度來推動學會發展的機會已經受到了一些爭議和質疑。

2014 年，澳大利亞一家研究機構調查事務公司（Survey Matters）對澳大利亞及新西蘭共計 17 家行業學會的 1,100 多名會員進行了調查，調查的結果令人擔憂：有 58% 的被訪者對於他們的行業學會會員制度滿意，53% 被訪者認為他們所屬的學會理解他們的需求，65% 的人認為他們的專業學會是本行業有

效的倡導者[1]；僅有50%的人認為他們所屬的學會的會員服務、活動、職業發展資源以及溝通交流的質量達到良好或優秀的等級。但是，那些真正瞭解其會員的日常事務及問題、困難的行業學會將會得到更高的會員滿意度並吸引更多的會員。調查發現，那些能夠公平地代表會員利益並且理解會員需求的學會能夠獲得更高的滿意度，因此排名比較靠前。此次調查報告最后重點介紹了幾個表現特別突出的學會，並且提出了建議，以便行業學會提高其工作績效。

未來的社會，「合作」「眾包」（Crowd Sourcing[2]）和「共同體」是關鍵詞，這是未來的商業模式，也正是專業學會和基於會員制的機構的傳統角色。「協同經濟」這一說法很好地迎合了專業學會的價值取向。但是專業學會要繼續經營下去並成為行業的領導者，仍需要加強和會員的溝通，理解估價師會員面臨的問題和挑戰，並且和他們一起去面對問題，找到解決辦法，這是專業學會成功的關鍵。

參考文獻

［1］洪成表.房地產估價行業現狀及發展［J］.中外企業家，2015（14）.

［2］李守光.房地產估價研究［D］.南京：河海大學碩士學位論文，2004.

［3］李素芹，馮皓.中日房地產估價制度比較［J］.吉林師範學院學報，1998（5）.

［4］李珊玲，曾展暉.國外與香港房地產估價標準的借鑑意義［J］.科技創業月刊，2008（7）.

［5］姜菊.當前我國房地產評估行業存在的問題及對策研究［J］.黑龍江科技信息，2013（36）.

［6］呂宙，李金輝.澳大利亞保險市場和保險職業教育考察報告［J］.保險研究，2006（4）.

［7］黃西勤，毛小源.淺議未來十年我國房地產估價行業發展之路［C］.中國房地產估價與經紀，2013（5）.

［8］胡莉華.新形勢下我國房地產估價行業的發展趨勢分析［J］.中國房地產估價與經紀，2013（5）.

---

[1] 數據來源：http://www.surveymatters.com.au。

[2] 根據韋氏辭典（Merriam-webster Dictionary），眾包（Crowdsourcing）是指，從一廣泛群體，特別是在線社區，獲取所需想法、服務或內容貢獻的實踐。它與外包（Outsourcing）的區別是，它將任務分解和分配於一個公眾的、未加定義的群體而非某一特定群體。

［9］馬素華. 加拿大房地產估價制度簡介［J］. 國土資源情報，2006（1）.

［10］匡永峰，楊虹，王順. 淺論我國房地產估價行業發展的方向和趨勢［J］. 城市建設理論研究，2012（10）.

［11］沈國冬. 關於房地產估價行業誠信建設的幾點思考［J］. 城市建設理論研究，2012（9）.

［12］肖豔. 澳大利亞房地產本科教育特色探討［J］. 高等建築教育，2014（23）.

［13］袁彩雲. 對房地產估價師職業責任保險制度建設的思考［J］. 中國房地產估價與經紀，2010（3）.

［14］袁彩雲. 我國房地產估價師職業責任保險制度建設的思考［J］. 中國城市經濟，2011（2）.

［15］張志強. 房地產估價業現狀及對策研究［D］. 長春：吉林大學碩士學位論文，2007.

［16］張協奎，陳偉清. 中外房地產估價發展綜述［J］. 河南城建高等專科學校學報，2000（2）.

［17］Australian Property Institute. API Annual Report 2012.

［18］Australian Property Institute. API Annual Report 2013.

［19］Australian Property Institute. API Annual Report 2014.

［20］Australian Securities and Investments Commission Act 2001.

［21］BOOTH, DALLAS. Tort reform：promoting the availability and affordability of liability insurance in Australia［J］. Journal of Australian and New Zealand Institute of Insurance and Finance, 2005, 28（1）.

［22］Civil Law（Wrongs）Act 2002.

［23］Civil Law（Wrongs）Regulation 2003.

［24］Corporations Act 2001.

［25］Competition and Consumer Act 2010.

［26］ENRIGHT I, JESS D. Professional indemnity insurance［J］. Australian Surveyor, 1996, 167（3）.

［27］FULLBROOK S. Professional behavior：professional indemnity insurance［J］. British Journal of Nursing, 2007, 16（3）.

［28］HAGER M A. Engagement Motivations in Professional Associations［J］. Nonprofit & Voluntary Sector Quarterly, 2013, 43（2）.

［29］INSURANCE M. Professional indemnity insurance cover?［J］. Clean Air

& Environmental Quality, 2000 (34).

[30] PIENAAR J, ADAMS N, GREENSILL C. Facilitating student progression through partnerships with industry professional associations, in A Bainbridge-Smith, ZT Qi & GS Gupta, (eds.), Proceedings of the 25th Annual Conference of the Australasian Association for Engineering Education, 8-10 December, 2014, Wellington, New Zealand, Massey University, Palmerston North, NZ.

[31] Professional Standards Act 1994.

[32] Professional Standards Regulation 2009.

[33] SNOWDON J. Legal liability and professional indemnity insurance [J]. Australian Nurses Journal Royal Australian Nursing Federation, 1987 (17).

[34] SOCIETY A P. Professional Indemnity Insurance Is Mandatory from 1 July 2010 - Are You Covered? [J]. Inpsych the Bulletin of the Australian Psychological Society Ltd, 2010, 32 (3).

[35] Treasury Legislation Amendment (Professional Standards) Act 2004.

[36] WILEY. Professional Liability and General Liability insurance - know the difference [J]. Australian Veterinary Journal, 1999, 77 (6).

4 澳大利亞房地產估價師註冊管理制度

4.1 估價師會員

在澳大利亞，估價師可以自願選擇加入或不加入某個行業學會，也可以選擇加入一個或多個行業學會。估價師的職業是評估土地、房地產、商業設施、貨物商品、個人財產、家庭用品以及藝術品的價值。估價師職業的准入條件是大學學士及以上的學位或者至少有 5 年的相關從業經驗；在某些情況下，除了正式的學位要求之外，還要求有相關的工作經驗；有些州可能還要求登記或註冊。

估價師的工作內容包括：

（1）檢查估價對象，選擇合適的估價方法；

（2）在綜合考慮市場需求、估價對象的現狀、未來市場需求及其他因素後計算估價對象的價值；

（3）提交書面的估價報告；

（4）對估價事務提出諮詢建議；

（5）可能會被要求在法律訴訟中提供證據以及參與估價相關事務的調解；

（6）可能會基於仲裁目的提供租賃證據。

估價師根據其不同的專業方向分為：工廠及機器設備估價師（Plant and Machinery Valuer）、註冊執業估價師（Certified Practising Valuer，CPV）、註冊執業商業估價師（Certified Practising Valuer-business）。

澳大利亞房地產學會下設的澳大利亞房地產學會估價師有限責任公司（Australian Property Institute Valuers Limited，APIVL）是一家特殊目的的公司，其會員僅限於從事房地產估價的 API 會員。為了保護估價師會員的利益，API 的估價師有限責任公司加入了職業標準委員會運作的「責任限額計劃」

（Capped Liability Scheme），所有加入了 API 和 APIVL 的估價師會員均可以加入此計劃。因此，表 4-1 中所列的四類 API 會員均可以加入「責任限額計劃」。

表 4-1　　　　　　API 估價師有限公司認證的會員種類

序號	會員種類	入會條件
1	終身會員（Life Fellow Member）	有 CPV 資格
2	資深會員（Fellow Member）	有 CPV 資格
3	副會員（Associate Member）	有 CPV 資格
4	臨時會員（Provisional Member）	具有 RPV（住宅物業估價師）資格

資料來源：API 官方網站。

4.2　估價師註冊登記管理制度[①]

在澳大利亞，各個州和領地對估價師的註冊登記的管理制度有所不同，並非所有的州均要求估價師登記註冊后才能執業。有些州實行嚴格的估價師執業許可制度，要求估價師登記註冊，如新南威爾士州；有些州實行消極的執業許可制度，不要求估價師登記註冊，比如南澳和維多利亞州就實行的是免註冊管理體制（見表 4-2）。其中維多利亞州雖然沒有規定估價師必須登記註冊，但是要求估價師必須是 API 機構的 CPV 會員，由 API 對會員的入會條件進行審核。目前只有新南威爾士、西澳和昆士蘭這三個州仍使用登記註冊管理體制。總體上看，新南威爾士州對估價師的執業管理相對完善和嚴格，對估價師的門檻要求也相對較高。下文以新南威州士州為例，介紹該州的估價師註冊登記法律法規。

表 4-2　　　　　　澳大利亞各轄區估價師准入管理體制

轄區	管理體制	備註
新南威爾士	登記註冊	
維多利亞	無	1994 年取消管理
昆士蘭	登記註冊	
南澳	無	消極性執業許可制度*

[①] 資料來源：http://www.fairtrading.nsw.gov.au/ftw/Property_agents_and_managers/Property_valuers/Laws_and_registration.page。

表4-2(續)

轄區	管理體制	備註
塔斯馬尼亞	無	消極性執業許可制度
西澳	頒發執照	包括行為及執業紀律規範要求
首都直轄區	無	消極性執業許可制度
北部地區	無	

＊註：消極性執業許可制度是指政府不發執業證書，但是估價師必須是 API 會員，否則不準執業。

資料來源：Review of the NSW Valuers Act 2003 Report, December 2010.

在新南威爾士州，估價師必須在《估價師法2003》（the Valuers Act 2003）以及《估價師條例2010》（the Valuers Regulation 2010）的法律框架下執業。其中《估價師條例2010》取代了之前的《估價師條例1975》以及與之相關的規定。

4.2.1 《估價師法2003》概述

本法律提出了估價師登記註冊的體系、登記註冊的程序以及新州公平貿易署的紀律處分程序。本法規中比較重要的規定有如下幾條：

（1）此法律涉及與房地產相關的特定類型的資產，如用水權（見法律第3條）。

（2）該法案提供了專門的「註冊估價師」的登記類別（見法律第3條）。

（3）註冊的有效期是3年，如果註冊估價師需要繼續以估價師的身分執業，就必須在註冊期限到期前續期（見法律第12條）。

（4）由負責註冊登記的主管來保管估價師登記簿，登記並錄入與註冊相關的細節內容，以便大眾能夠瞭解註冊估價師的相關信息（見法律第14條）。

（5）不符合註冊條件的原因包括因未償還的債務而導致破產、未能支付罰款以及有其他法律規定的犯罪或過錯行為，達到不註冊的條件（見法律第9條）。

（6）「說明理由通知」或「陳述理由令」（Show Cause Notice）可以賦予註冊登記主管給涉事估價師簽發一項通知或命令，讓他們陳述不應該對他們進行紀律處分（Disciplinary Action）的理由（見法律第23條）。當估價師被簽發了說明理由通知之後，他們必須在通知書規定的時間之內進行口頭或者書面的說明，提交給登記主管，同時他們的註冊程序可能被延緩或推遲（見法律第24條）。

（7）登記註冊部主管可以對大眾發出警告通知，提醒他們注意某一特定的註冊估價師的執業風險，或提醒與註冊估價師有業務往來的個人（非估價師）注意風險。這種提醒可以通過任何媒體廣告發出，也可以向媒體的代表發出（見法律第29條）。

（8）估價師存在註冊被延期、取消或受制於某一特定條件的情況時，他們必須在三天內通知他們的客戶（見法律第16條）。

（9）對於登記註冊主管執行的註冊或紀律懲戒決定的上訴必須由新南威爾士州民事與行政法庭（NSW Civil and Administrative Tribunal，NCAT）進行聽證。事件中權益受到侵害的一方必須用書面方式請求主管對所做出的裁決進行復核，對裁決要求復核的申請可能在隨后也要向新州民事與行政法庭提出（見法律第10條以及《行政許可與登記法（通用程序）2002》（the Licensing and Registration (Uniform Procedures) Act 2002））。

4.2.2 註冊登記的對象

《估價師法2003》要求任何人在以估價師名義執業或對外宣傳之前，必須要登記註冊。而公司要以估價師名義執業或對外宣傳，至少應有一名主管或員工是註冊估價師。在註冊估價師指導之下的學生估價員不必要求註冊登記。建築師、工程師、測量師或預算師（造價師）開展相應的工作時，如果附帶要對房產進行估價，也不需要註冊成為估價師。

4.2.3 註冊登記的費用

根據《估價師條例2010》，估價師的登記費用為三年註冊有效期內的費用。具體費用明細如表4-3所示：

表4-3　　　　　　　新南威爾士州估價師註冊登記費用明細

費用名目	普通申請費用（澳元）[*a]	網路在線申請費用（澳元）	有效期限
估價師登記費	885（包含205元手續費）	864	3年
登記證書	129	—	1年
營業執照	502	—	1年
估價師續期登記	747（包含67元手續費）	740	3年
補辦證書申請費（當證書遺失、損毀或破壞時）	44（包含44元手續費）	不提供在線申請	—

表4-3(續)

費用名目	普通申請費用（澳元）[a]	網路在線申請費用(澳元)	有效期限
恢復註冊	816（包含136元手續費）	不提供在線申請	3年
重新註冊[b]	≤872（最高費用）	不提供在線申請	—

註[a]：若註冊申請被拒絕，新州公平貿易署將從總申請費用中扣除一部分手續費。

註[b]：《估價師條例2010》(the Valuers Regulation 2010) 第9條規定，基於《估價師法2003》第15條第4部分的內容，在任何情況下，若登記主管認為恢復某位已經被取消登記註冊的估價師的註冊是有必要而且是正確的，他可以指示恢復註冊的估價師不用支付任何費用或者不用支付重新註冊的費用；若要收費，則最高費用不超過872澳元。

資料來源：澳大利亞營業執照及信息服務部門網站 https://ablis.business.gov.au/nsw/。

4.2.4 註冊登記的程序

《行政許可與登記法（通用程序）2002》適用於對估價師登記註冊的申請進行管理。本法律對新南威爾士州政府頒發的各種不同的行政許可、執照和登記採用了完全一致的申請程序。根據本法律，當申請人的請求被新州公平貿易署駁回時，申請人的部分申請費可以退回，被收取的費用將作為「手續費」，支付申請程序中的管理成本。初始登記的申請手續費相對於續期申請的手續費稍高，這是因為初始登記時審核申請人的資格證明文件以及審核無犯罪證明需要花費更高的成本。

當估價師在三年的有效註冊期截止前無法續期登記或者忘記續期登記時，登記將到期，估價師將不再被授權作為估價師來執業；但是估價師可以在三個月內申請恢復註冊。三個月之後，估價師仍然需要向新州公平貿易署提交一個新的註冊登記申請。

估價師的註冊申請需要由當事人到新州的政府官網上進行在線申請。申請人也可以從澳大利亞營業執照及信息服務部門網站（Australian Business Licence and Information Service，ABLIS）下載申請表以及註冊登記指南，填寫后提交申請。申請表必須完整填寫並附上相關的證明文件，以證明申請人達到了規定的資格要求。在提交申請表的同時，申請人必須支付相應的費用。一般而言，註冊的審批部門處理申請表的時間長達6周左右，一旦申請人提交了所有公平貿易署要求的材料，並且申請得到批准，註冊的證書將很快送達申請人。

4.2.5 估價師的工作範圍

註冊估價師可以對下列資產進行價值評估：①土地（包括土地之上的任何資產或權益）；②對於土地、建築物或部分建築物排外的佔有權；③符合《用水管理法2000》（Water Management Act 2000）的使用許可證；④基於《漁業管理法1994》（the Fisheries Management Act 1994）的股份制經營的漁場的股份、限制性漁業的商業打撈許可證、漁業經營生意或水產養殖租賃協議。

4.2.6 估價師註冊登記的條件

4.2.6.1 註冊的基本條件

申請人在註冊登記前，登記主管部門要審核申請人的資格條件和能力水平，以判斷申請人是否達到註冊的合格條件。註冊的條件包括通用的基本條件、學歷資格要求以及其他規定。其中註冊的基本條件包括：①申請人年滿18歲，身體健康且品行端正；②登記部主管認為申請人達到註冊要求的良好品性；③已經順利修完教育部承認的所有必要的課程，並且支付了規定的費用。

4.2.6.2 註冊的資質要求

估價師註冊登記申請人的學歷資格要求由登記部門的主管制定。主管可能會批准的資質要求可以參考如下條件：①完成了規定的課程/專業學習；②完成了一定期限的房地產估價實踐（訓練）；③達到了房地產估價所要求的能力標準；④登記必須在《估價師登記法1975》（Valuers Registration Act 1975）或其他相關法律的框架範圍內［見《估價師法2003》第8（3）條］。

根據《估價師法2003》第8（3）（a）條的規定，申請人只需符合以下任何一項條件就可以達到註冊要求的學歷要求：

（1）學完TAFE課程，獲得房地產服務（估價方向）高級證書（編號17690）。

（2）獲得西悉尼大學的商業和貿易（房地產方向）學士學位（編號2753）。需要完成以下課程：建築學1（編號300706）、土地法（編號200599）、房地產開發控制（編號200435）、農地估價（編號200605）、司法評估（編號200711）以及特殊物業估價（編號200604）。

（3）獲得悉尼科技大學房地產經濟學或土地經濟學學士學位。

（4）獲得新南威爾士大學房地產及開發（估價方向）碩士學位。

（5）獲得皇家墨爾本科技學院應用科學（房地產估價方向）學士學位。

（6）獲得墨爾本大學房地產估價專業研究生文憑。

以下仍是符合估價師註冊的學歷要求：

（1）學完新南威爾士州課程，獲得房地產（估價方向）高級證書（TAFE課程編號為21）。

（2）學完TAFE課程，獲得房地產（估價方向）高級證書（編號8308）。

（3）學完TAFE課程，獲得商務專業（估價方向）大專文憑（編號8577）。

（4）學完TAFE課程，獲得估價大專文憑（編號8571）。

（5）獲得悉尼科技大學應用科學（土地經濟學方向）學士學位。

（6）獲得西悉尼大學商務（土地經濟方向）學士學位。

（7）獲得西悉尼大學的商業和貿易（房地產方向）學士學位（編號2739）。需要完成以下課程：農地估價（編號200605）、土地徵用及訴訟（編號200606）以及特殊物業估價（編號200604）。

（8）獲得西悉尼大學商務（房地產經濟方向）學士學位。

（9）獲得新南威爾士大學估價專業研究生文憑。

（10）獲得新南威爾士大學房地產專業碩士文憑。

4.2.6.3 註冊的其他條件

作為估價師註冊登記還需要滿足以下的要求：

（1）在《估價師登記法1975》（Valuers Registration Act 1975）被廢止之前，註冊執業房地產估價師、非執業房地產估價師或特許菸酒店估價師，均要遵守此法規。

（2）達到相關法規規定的土地估價師要求的執業資格。

（3）制定《土地估價法（維多利亞州）1960》（the Valuation of Land Act 1960（Vic））的部長指出，在此法律規定下從事估價的人員必須達到《地方政府法（維多利亞州）1989》（the Local Government Act 1989（Vic））規定的資格要求。

（4）達到《估價師法（新西蘭）1948》（the Valuers Act 1948（NZ））規定的土地估價師的要求。

獲得註冊登記的估價師仍然需要滿足以下條件，但不局限於以下條件：①估價的對象有一定的限制範圍；②新註冊估價師只能以雇員的身分工作或者在另一位估價師的指導下工作（該估價師不受本條款的限制）；③必須在規定的一段時間內完成指定的額外課程學習；④必須在註冊登記的期限內完成規定的專業發展課程（后續教育或學習）。

4.2.7　申請人不予註冊的情形

一般而言，申請人若存在以下任何一種情況，將達不到估價師註冊登記的條件：

（1）被證實在過去 10 年內存在詐欺或不誠實的行為；

（2）為未解除債務的破產者；

（3）在過去 3 年內曾經因為債務而破產，或者曾經試圖利用一切法律手段減輕破產或債務困境，和債權人達成協議，承諾賠償債權人的利益；

（4）曾經參與過一家被勒令清算的企業的管理工作；

（5）精神上無行為能力；

（6）依據澳大利亞其他州或領地的相關法律，達不到估價師的條件要求；或者在其他州或領地作為估價師執業時曾經被地方當局吊銷資格；

（7）根據《公平貿易法（新南威爾士州）1987》（the Fair Trading Act 1987（NSW）），其持有的執照、許可或其他官方認證被吊銷；

（8）估價師和某個不符合條件的人是合作關係；

（9）根據《估價師法 2003》第三部分的規定，在申請當時被宣布取消資格或不合格；

（10）沒有支付《估價師法 2003》第三部分規定的罰款，或者沒有遵守登記部門主管人員基於本法第三部分做出的指示；

（11）違反了《估價師法 2003》或出現了《估價師條例 2010》中不符合條件的違規情況。

雖然如此，但在某些情況下，註冊審批部門主管可以利用自由裁量權，對具有減輕處罰的情節的申請人進行註冊登記（見《估價師法 2003》第 9 條）。

4.2.8　審批結果的復核

當註冊審批主管人員決定做出的批准登記、續期登記或恢復登記的決定對他人權益造成侵害時，權益受損方可以以書信的方式向登記主管反應該情況，請求對該決定進行復核。若當事人仍然不滿意復核的結果，他們可以向新南威爾士州民事與行政法庭提出申請，要求對登記主管的決定再次復核。

4.2.9 公共登記簿記錄的事項

登記主管負責保管註冊估價師登記簿，登記簿中需要記錄以下事項：
（1）估價師姓名、登記號、登記日期以及登記失效日期；
（2）登記應滿足的條件；
（3）是否曾經被拒絕登記；
（4）基於本法律曾經發生過的訴訟以及訴訟的結果；
（5）基於本法律的警告通知；
（6）基於本法律的紀律處分；
（7）基於本法律，由另一位註冊估價師所作的擔保。

4.2.10 註銷註冊及退款

估價師可以註銷註冊，將他們的註冊證書交還給登記主管，同時寫信請求註銷其註冊。若估價師在三年有效註冊期的第一年或第二年提出註銷註冊，有權要求返還部分登記費用（此退款權益在 2006 年 2 月 17 日生效）。當註冊登記在第一年註銷時，估價師有權得到登記費中固定費用部分（主要是手續費）的三分之二的退款。當註冊登記在第二年註銷時，估價師將得到登記費中固定費用部分的三分之一的退款。如果估價師在第三年註銷登記，則無權要求返還手續費。同樣地，如果估價師在註冊期間的第一年或第二年因故去世，估價師的近親屬或其資產的遺囑執行人需要寫信給新州公平貿易署，要求返還相應的款項。

4.3　澳大利亞專業學會對估價師會員的資格認證要求

在中國內地，個人要成為註冊房地產估價師，必須具有房地產估價相關專業的專科及以上學歷，具有房地產估價相關工作經驗，同時通過國家統一的房地產估價師考試。而在澳大利亞，情況則有所不同。澳大利亞政府雖然不實行統一的房地產估價師執業資格考試，但多數州建立了比較完善的執業資格認證制度，有基本的學術門檻要求。例如，新南威爾士州就已經建立了比較完善的估價師執業資格認證制度，並形成了比較系統的專業教育體系。此外，澳大利亞的 API 等專業學會在業內有較高的聲望，除了得到政府的執業許可，能夠加

入各專業學會並獲得學會的資格認證，也是估價師證明自己專業能力，並不斷提高專業水平的主要途徑。

4.3.1 API 認證的資格類型

API 頒發的專業資格證書涵蓋了房地產各個專業領域，如表 4-4 所示：

表 4-4　　　　　　　澳大利亞 API 頒發的各類認證資格證書

序號	資格種類
1	房地產從業資格證書（Certified Property Practitioners，CPP）
2	房地產經理資格證書（Certified Property Managers，CPM）
3	基金經理資格證書（Certified Funds Managers，CFM）
4	估價師資格證書（Valuers），包括： （1）執業估價師資格證書（Certified Practising Valuers），即 CPV； （2）工業廠房及機器設備估價師資格證書（Certified Practising Valuer（Plant & Machinery）），即 CPV（P&M）； （3）商業估價師資格證書（Certified Practising Valuer（Business）），即 CPV（Bus）
5	房地產開發從業資格證書（Certified Development Practitioner，CDP）
6	設備管理經理資格證書（Certified Facilities Manager，CFacM）

資料來源：http://www.api.org.au，經筆者整理。

4.3.1.1 API 對估價師會員的最低認證要求

對於估價類執業資格，API 對估價師的最低認證要求包括：①良好的性格和聲譽；②取得房地產相關學位；③兩年的合法執業經歷；④提交估價報告並成功通過專家面試。

在澳大利亞，不同的州政府對估價師執業准入的基本要求與 API 的認證要求並不完全一致。其中西澳和昆士蘭州的准入要求和 API 要求相同，均要求估價師符合以上四項條件。塔斯馬尼亞州聲明只要估價師達到 API 的認證要求便可以估價師名義執業。而南澳則規定估價師必須達到一定的學術水準或者加入專業會員組織。在新南威爾士州，估價師只要修滿 API 認證的房地產估價專業方向全部課程，獲得房地產學位，便可向新南威爾士州政府的公平貿易署（Fair Trading NSW）申請註冊登記。新州並沒有要求申請人具備估價實踐經驗，也不需要申請人提交估價報告並通過註冊審核委員會的面試，甚至不要求介紹人來證明申請人的良好性格及聲譽。因此，其准入要求在澳大利亞各州中是最低的。

4.3.1.2 API對估價師會員的學歷認證要求

API機構對其會員有多種形式的教育和培訓，其中API與教育機構的合作主要在於教育機構可以保證其會員達到最基本的學術准入要求，同時確保這些教育機構能夠持續地提供高水平的房地產估價教育。為了達到這一目的，API嚴格挑選合作院校，制定專業認證目錄及認證標準，並建立了認證院校的定期評審制度，和地方院校建立了廣泛的聯繫和合作。

API對合作院校的認證評估基於四項關鍵的標準，以確保每一所合作的大專院校達到其認證的要求。這四項標準包括：①認證專業和課程滿足估價師要求的知識領域；②滿足學生的就業能力，包括滿足畢業條件；③教師要符合教育機構的員工標準；④教師的教學水平達到規定要求。

為評估申請認證的院校是否符合條件，API組建了一個認證評估委員會，委員會由1名來自澳大利亞國家教育委員會（NEB）的學者、1名來自NEB的行業代表、1名來自API地方分支機構的行業代表以及1名教育標準管理者組成。認證委員會在審閱了教育機構的認證申請資料之后會親自到校訪問，除了檢查相關文件之外，還要對所有認證課程的任課教師進行面談。認證委員會特別注重在校生以及剛畢業學生的學習經歷以及他們對課程的看法。委員會也會同畢業生的雇主進行面談，樹立優秀典型，同時發現課程可能存在的缺陷。

API對於估價類執業資格的三類認證課程包括：大學本科學位課程、TAFE機構非學位認證課程以及大學研究生課程。也就是說，為了達到API所要求的檢定合格評估師資格（CPV），申請人必須選擇在大學階段或研究生階段完成估價相關專業學習並拿到相應學位。TAFE的畢業生無資格獲得CPV認證，但可以申請臨時會員資格。

2015年由API公布的估價類大專院校資格認證目錄包括本科、TAFE非學位認證以及研究生三個層次。全澳大利亞獲得本科課程認證的共有12所大學，19個本科專業；獲得研究生課程認證的共有11所大學，19個專業；獲得TAFE課程認證的僅悉尼學院。具體如表4-5、表4-6、表4-7所示。

表4-5　　　　　　　　2015年澳大利亞API認證本科學位一覽表

課程開設學校	學歷學位	學制	認證期間[a]	認證說明[b]
悉尼科技大學	房地產經濟學本科	3年半全日制	2014.1.1—2018.12.31	可取得CPV資格和副會員資格
悉尼科技大學	房地產經濟學本科/國際事務藝術本科	5年全日制	2014.1.1—2018.12.31	可取得CPV資格和副會員資格
西悉尼大學	商業及貿易（房地產方向）本科	3年全日制	2015.1.1—2019.12.31	可取得CPV資格和副會員資格

表4-5(續)

課程開設學校	學歷學位	學制	認證期間[*a]	認證說明[*b]
昆士蘭大學	商務管理本科（房地產和開發方向）	2年全日制（每年3學期）	2013.1.1—2017.12.31	可取得CPV資格和副會員資格
邦德大學	房地產本科	3年全日制	2014.1.1—2018.12.31	可取得CPV資格和副會員資格
陽光海岸大學	房地產經濟學和開發本科	3年全日制	2015.1.1—2019.12.31	可取得CPV資格和副會員資格
陽光海岸大學	法律本科/房地產經濟學本科	5年全日制	2015.1.1—2019.12.31	可取得CPV資格和副會員資格
昆士蘭科技大學	房地產經濟學本科	3年全日制	2014.1.1—2017.12.31	可取得CPV資格和副會員資格
中央昆士蘭大學	房地產本科（遠程教學）	3年全日制	2014.1.1—2018.12.31	可取得CPV資格和副會員資格
南澳大學	商務本科（房地產）（遠程及國際辦學）	3年全日制	2012.1.1—2016.12.31	可取得CPV資格和副會員資格
墨爾本大學	環境專業本科及房地產碩士（本碩連讀）	5年全日制	2013.1.1—2017.12.31	可取得CPV資格和副會員資格
墨爾本大學	環境專業本科	3年全日制	2013.1.1—2017.12.31	被認可為部分合格的學位
皇家墨爾本理工大學	應用科學本科（房地產和估價）榮譽學位	4年全日制	2015.1.1—2019.12.31	可取得CPV資格和副會員資格
皇家墨爾本理工大學	應用科學本科（房地產和估價）（校外合作辦學）	4年全日制	2015.1.1—2019.12.31	可取得CPV資格和副會員資格
迪肯大學	房地產及資產本科（遠程及國際辦學）	3年全日制或2年全日制（每年3學期）	2011.1.1—2015.12.31	可取得CPV資格和副會員資格
迪肯大學	房地產及資產本科和商務本科（遠程及國際辦學）	4年全日制或3年全日制（每年3學期）	2011.1.1—2015.12.31	可取得CPV資格和副會員資格
迪肯大學	房地產及資產本科和法律本科學位（遠程及國際辦學）	4年全日制或3年全日制（每年3學期）	2011.1.1—2015.12.31	可取得CPV資格和副會員資格

表4-5(續)

課程開設學校	學歷學位	學制	認證期間[*a]	認證說明[*b]
科廷大學	商務本科（房地產開發及估價）	3年全日制	2015.1.1—2019.12.31	可取得 CPV 資格和副會員資格
科廷大學	商務本科（房地產開發及估價）（校外合作辦學）	3年全日制	2015.1.1—2019.12.31	可取得副會員資格

[*a]註：API 對各大學的認證評估一般每5年進行一次調整，根據市場的變化以及對估價師能力素質要求的變化，對認證的課程體系提出新的要求。由於 API 認證的估價相關專業分佈在不同的教育機構，因此 API 對各大學的認證評估通常是輪流進行。

[*b]註：API 的 CPV 資格指的是認證執業估價師資格（Certified Practicing Valuer），根據 API 的認證說明，取得以上學歷只是達到了認證的學術條件或部分學術條件，學生需要向申請的學校諮詢相關內容，或者向 API 的全國辦公室諮詢具體的認證條件。認證條件涉及的領域包括入學要求、所學學科、覆蓋的知識領域、以前的業績或資質以及課程組合。

表4-6　　2015年澳大利亞API認證研究生學位一覽表

課程開設學校	學歷學位	學制	認證期間[*a]	認證說明[*b]
新南威爾士大學	房地產及開發碩士學位	1年半全日制	2014.1.1—2018.12.31	無權獲得CPV資格，但可獲得副會員資格
悉尼科技大學	房地產開發研究生文憑	1年全日制	2014.1.1—2018.12.31	可取得CPV資格和副會員資格
悉尼科技大學	房地產開發碩士學位	1年半全日制	2014.1.1—2018.12.31	可取得CPV資格［僅在獲得悉尼TAFE學院的房地產服務（估價方向）的高級文憑之后］和副會員資格
西悉尼大學	商務碩士（房地產投資及開發方向）	1年全日制	2015.1.1—2019.12.31	可取得CPV資格［僅在獲得悉尼TAFE學院的房地產服務（估價方向）的高級文憑之后］和副會員資格
紐卡斯爾大學	房地產碩士學位（遠程教學）	15月以上業餘制	2015.1.1—2019.12.31	無權獲得CPV資格，但可獲得副會員資格
邦德大學	房地產研究生文憑	2學期全日制	2013.1.1—2017.12.31	可取得CPV資格和副會員資格
邦德大學	房地產碩士	3學期全日制	2013.1.1—2017.12.31	可取得CPV資格和副會員資格
昆士蘭大學	房地產碩士	1年全日制+1年業餘制	2011.1.1—2015.12.31	可取得CPV資格和副會員資格
南澳大學	房地產研究生文憑（遠程教學）	1年全日制	2012.1.1—2016.12.31	可取得CPV資格和副會員資格

表4-6(續)

課程開設學校	學歷學位	學制	認證期間[a]	認證說明[b]
南澳大學	商務碩士（房地產）（遠程教學）	18個月全日制	2012.1.1—2016.12.31	可取得CPV資格和副會員資格
墨爾本大學	估價研究生文憑	1年全日制	2013.1.1—2017.12.31	可取得CPV資格和副會員資格
墨爾本大學	房地產碩士學位	2年或3年全日制	2013.1.1—2017.12.31	可取得CPV資格和副會員資格
皇家墨爾本理工大學	房地產研究生文憑	1年全日制	2015.1.1—2019.12.31	無權獲得CPV資格，但可獲得副會員資格
皇家墨爾本理工大學	房地產碩士學位	2年業餘制	2015.1.1—2019.12.31	可取得CPV資格和副會員資格
皇家墨爾本理工大學	估價研究生文憑（校外合作辦學）	1年業餘制	2015.1.1—2019.12.31	可取得CPV資格和副會員資格
皇家墨爾本理工大學	商務碩士（房地產）（校外合作辦學）	2年全日制	2015.1.1—2019.12.31	可取得CPV資格和副會員資格
迪肯大學	房地產研究生文憑（遠程教學）	1年全日制或2年業餘制	2011.1.1—2015.12.31	可取得CPV資格和副會員資格
科廷大學	房地產研究生文憑（校外合作辦學）	1年全日制	2015.1.1—2019.12.31	無權獲得CPV資格，但可獲得副會員資格
科廷大學	房地產碩士（校外合作辦學）	2年業餘制	2015.1.1—2019.12.31	可取得CPV資格和副會員資格

*a註：API對研究生文憑/學位的認證評估一般每5年進行一次調整，根據市場的變化以及對估價師能力素質要求的變化，對認證的課程體系提出新的要求。由於API認證的估價相關專業分佈在不同的教育機構，因此API對各大學的認證評估通常是輪流進行。

*b註：攻讀API認證的研究生課程並不會自動達到API副會員的學術准入要求；相反，研究生課程只是被認為是之前的本科學習的提高課程，因此它只是提供了滿足API的學術要求的一個附加資格。希望把攻讀以上研究生課程作為進入CPV的入門條件的申請者，需要向申請的學校諮詢相關內容，或者向API的全國辦公室確認所學課程是否達到了學術准入要求。

表4-7　　　　2015年澳大利亞API認證TAFE文憑一覽表

課程開設學校	學歷學位	學制	認證期間	認證說明
TAFE悉尼學院（僅限阿爾提莫校區）	房地產高級文憑（估價方向）	2年全日制	2015.1.1—2017.12.31	無權取得CPV資格，可獲得臨時會員資格[包括住宅地產估價師（RPV）資格]

註：由於TAFE是一個專注於職業技術教育的機構，相當於國內的高等職業教育，學生學習的都是基礎課程。學生在獲得TAFE學院的房地產高級文憑后不能自動獲得執業估價師的CPV資格，但是可以獲得API的臨時會員資格，也可以在房地產估價事務所就業，並且只能評估住宅類房地產項目。

值得注意的是，以上三種認證雖然都是獲得房地產估價師資格的途徑，但是其認可度和分量有所不同。其中，獲得房地產經濟學及商科相關的本科學位的畢業生由於全面且系統地學習了房地產估價的相關理論，含金量最高，因而可以獲得政府的估價執業執照。而 TAFE 和研究生課程則有所不同。在新南威爾士州，畢業生即使完成了 TAFE 課程，也只能取得 API 機構的臨時會員資格，僅能評估住宅房地產項目。研究生及碩士文憑則要複雜一些，學生完成了由 API 認證的碩士研究生課程之后，並不說明學生已經獲得了 API 機構的正式會員（Associate Membership）（包括執業估價 CPV）資格；相反，研究生課程僅僅是被認為與學生之前的學術成果或執業經驗相關的提高課程，學生還需要提供其他額外的成果及能力來證明已達到 API 的 CPV 會員要求。如果申請者希望把研究生學習作為進入 API 的跳板的話，必須取得 API 機構的指導，以明確哪些課程才能達到 API 的專業准入標準。

4.3.2　AVI 對估價師會員的資格認證要求

同樣地，AVI 也和澳大利亞的各大學和研究機構建立了合作關係，要求其會員必須達到一定的學術准入要求。從 AVI 頒布的 2015 年估價類課程/專業認證目錄來看，其認可的估價類本科課程共有 13 所大學的 16 個本科專業，10 所大學的 16 個研究生專業以及 1 個 TAFE 課程（見表 4-8、表 4-9、表 4-10）。AVI 同時指出，以上課程的申請者需要向申請的學校或 AVI 諮詢所學課程是否達到了估價師認證的學術要求。認證條件涉及的領域包括入學要求、所學學科、覆蓋的知識領域、以前的業績或資質以及課程組合。

AVI 認證的大學本科及研究生專業在數量上相比 API 略少，兩個學會在認證的大學名單上也稍有差異。

表 4-8　　2015 年澳大利亞 AVI 認證本科專業一覽表

課程開設學校	學歷學位	學制	認證期間	認證說明
悉尼科技大學	房地產經濟學本科學位	3 年半全日制	2014.1.1—2018.12.31	可取得 CPV 資格和副會員資格
悉尼科技大學	房地產經濟學本科/國際事務藝術本科	5 年全日制	2014.1.1—2018.12.31	可取得 CPV 資格和副會員資格
西悉尼大學	商業及貿易（房地產方向）本科學位	3 年全日制	2015.1.1—2019.12.31	可取得 CPV 資格和副會員資格
昆士蘭大學	商務管理本科（房地產和開發方向）	2 年全日制（每年 3 學期）	2011.1.1—2015.12.31	可取得 CPV 資格和副會員資格

表4-8(續)

課程開設學校	學歷學位	學制	認證期間	認證說明
邦德大學	房地產本科	3年全日制	2013.1.1—2017.12.31	可取得CPV資格和副會員資格
陽光海岸大學	房地產本科	3年全日制	2010.1.1—2014.12.31	可取得CPV資格和副會員資格
昆士蘭科技大學	房地產經濟學本科	3年全日制	2014.1.1—2017.12.31	可取得CPV資格和副會員資格
中央昆士蘭大學	房地產本科（遠程教學）	3年全日制	2014.1.1—2018.12.31	可取得CPV資格和副會員資格
南澳大學	商務本科（房地產）（遠程及國際辦學）	3年全日制	2012.1.1—2016.12.31	可取得CPV資格和副會員資格
墨爾本大學	環境專業本科及房地產碩士（本碩連讀）	5年全日制	2013.1.1—2017.12.31	可取得CPV資格和副會員資格
墨爾本大學	環境專業本科	3年全日制	2013.1.1—2017.12.31	被認可為部分合格的學位
皇家墨爾本理工大學	應用科學本科（房地產和估價）（校外合作辦學）	4年全日制	2010.1.1—2014.12.31	可取得CPV資格和副會員資格
迪肯大學	房地產及資產本科（遠程及國際辦學）	3年全日制或2年全日制（每年3學期）	2011.1.1—2015.12.31	可取得CPV資格和副會員資格
迪肯大學	房地產及資產本科和商務本科學位（遠程及國際辦學）	4年全日制或3年全日制（每年3學期）	2011.1.1—2015.12.31	可取得CPV資格和副會員資格
迪肯大學	房地產及資產本科和法律本科學位（遠程及國際辦學）	4年全日制或3年全日制（每年3學期）	2011.1.1—2015.12.31	可取得CPV資格和副會員資格
科廷大學	商務本科（房地產）學位	3年全日制	2010.1.1—2014.12.31	可取得CPV資格和副會員資格

表4-9　2015年澳大利亞AVI認證研究生專業一覽表

課程開設學校	學歷學位	學制	認證期間	認證說明
新南威爾士大學	房地產及開發碩士學位	1年半全日制	2014.1.1—2018.12.31	無權獲得CPV資格，但可獲得副會員資格
悉尼科技大學	房地產開發研究生文憑	1年全日制	2014.1.1—2018.12.31	可取得CPV資格和副會員資格

表4-9(續)

課程開設學校	學歷學位	學制	認證期間	認證說明
悉尼科技大學	房地產開發碩士學位	1年半全日制	2014.1.1—2018.12.31	可取得CPV資格和副會員資格
西悉尼大學	研究生文憑（房地產投資及開發方向）	9個月全日制	2010.1.1—2014.12.31	可取得CPV資格和副會員資格
西悉尼大學	商務碩士（房地產投資及開發方向）	1年全日制	2010.1.1—2014.12.31	可取得CPV資格和副會員資格
紐卡斯爾大學	房地產碩士學位（遠程教學）	15月以上業餘制	2012.1.1—2014.12.31	無權獲得CPV資格，但可獲得副會員資格
邦德大學	房地產研究生文憑	2學期全日制	2013.1.1—2017.12.31	可取得CPV資格和副會員資格
邦德大學	房地產碩士	3學期全日制	2013.1.1—2017.12.31	可取得CPV資格和副會員資格
昆士蘭大學	房地產碩士	1年全日制+1年業餘制	2011.1.1—2015.12.31	可取得CPV資格和副會員資格
南澳大學	房地產研究生文憑（遠程教學）	1年全日制	2012.1.1—2016.12.31	可取得CPV資格和副會員資格
南澳大學	商務碩士（房地產）（遠程教學）	18個月全日制	2012.1.1—2016.12.31	可取得CPV資格和副會員資格
墨爾本大學	估價研究生文憑	1年全日制	2013.1.1—2017.12.31	可取得CPV資格和副會員資格
墨爾本大學	房地產碩士學位	2年或3年全日制	2013.1.1—2017.12.31	可取得CPV資格和副會員資格
皇家墨爾本理工大學	估價研究生文憑	2年業餘制	2010.1.1—2014.12.31	可取得CPV資格和副會員資格
皇家墨爾本理工大學	商務碩士（房地產）	2年全日制	2010.1.1—2014.12.31	可取得CPV資格和副會員資格
迪肯大學	房地產研究生文憑（遠程教學）	1年全日制或2年業餘制	2011.1.1—2015.12.31	可取得CPV資格和副會員資格

＊a註：AVI對研究生文憑/學位的認證評估期限為3~5年，根據市場的變化以及對估價師能力素質要求的變化，對認證的課程體系提出新的要求。

＊b註：學生攻讀AVI認證的研究生課程並不會自動達到CPV的學術准入要求，希望把攻讀以上研究生課程作為進入CPV的入門條件的申請者，需要向申請的學校諮詢相關內容，或者向AVI確認所學課程是否達到了學術准入要求。

表 4-10　　　　　2015 年澳大利亞 AVI 認證 TAFE 非學位課程

課程開設學校	學歷學位	學制	認證期間	認證說明
TAFE 悉尼學院（僅限 Ultimo 校區）	房地產服務高級文憑（估價方向）	2 年全日制	2010.1.1—2014.12.31	可取得 CPV 資格和副會員資格

註：與 API 正好相反，AVI 認證的 TAFE 非學位課程可允許獲得此文憑的從業人員取得 CPV 資格和副會員資格。

4.4 澳大利亞估價師持續職業發展教育

4.4.1 持續職業發展教育的法律要求

中國大部分的執業資格獲得者每年均要進行一定課時的繼續教育，澳大利亞也不例外，甚至把它提到了立法的高度。根據《物業、股票和商業仲介條例 2002》（Property, Stock and Business Agents Act 2002），執照或證書的持有者若要續期，需要每年完成持續職業發展教育即 CPD 項目。2006 年年底，澳大利亞政府通過對新南威爾士州房地產服務行業的 CPD 項目進行獨立評估后，宣稱 CPD 項目需要改革。2008 年 1 月 1 日，新的 CPD 項目生效。新 CPD 項目要求執照和證書的持有者繼續通過課程學習或由培訓機構、行業專家等組織學習活動。多個執照或證書的持有者只需要每年完成 12 個學分的 CPD 活動。行業學會、培訓機構和公平貿易署共同認定了 15 個領域的 CPD 學習主題，從 2008 年 1 月 1 日起，執照和證書的持有者完成的 CPD 活動必須與表 4-11 所列的 15 個主題相關。

表 4-11　　　　　澳大利亞公平貿易署規定的 CPD 活動主題

序號	CPD 活動主題
1	信託會計原則及審計要求
2	風險管理
3	礦產和社區管理
4	農產品經營代理實務
5	法律法規
6	倫理道德和職業責任
7	商業銷售
8	商業和工業房地產實踐

表4-11(續)

序號	CPD活動主題
9	溝通技巧
10	商務實踐
11	銷售實踐
12	行銷及質量控制
13	工作場所的健康和安全
14	物業管理
15	物業交易的法律要求

資料來源：新南威爾士州公平貿易署 NSW Fair Trading. Director General's Guidelines for Continuing Professional Development, 14 October 2013.

4.4.2 持續職業發展教育的學分認定

從2013年10月14日起，政府規定執照或證書的持有者參加每一項CPD活動每小時（午餐和路途時間不計入在內）可以獲得1個或3個學分，前提是CPD活動與規定的15個CPD主題相關。執照或證書持有者每年超過12個規定學分的剩餘學分（最多11學分）可以延續到下一年，但是有一些CPD學分必須每年都完成。

(1) 每小時1學分項目

執照或證書持有者每年獲得的每小時1學分項目最多為4個CPD學分。官方對每小時1學分項目的要求有：必須和所列的15個主題相關；有明確的學習成果；交互式學習，學員必須參與學習過程；項目的形式可以是課程、工作坊、貿易會、論壇或會議，可以是在線或網路學習，也可以是面對面親身參加的活動；活動必須由機構行業內專家提供。

(2) 每小時3學分項目

此外，執照或證書持有者參加有些CPD活動每小時可獲得3學分。其要求如下：必須和所列的15個主題相關；學習的效果可以評估（學習內容是全國性的職業訓練包或某所澳大利亞大學的證書）；活動由澳大利亞的大學或註冊培訓機構（Registered Training Organisation）提供，可以是線上或線下教學；或者，活動有明確的學習成果（參與者能夠說出所學到的內容）；交互式學習，學員必須參與學習過程；項目的形式可以是課程、工作坊、貿易會、論壇或會議，可以是在線或網路學習，也可以是面對面親身參加的活動；活動必須由認可的行業學會或組織或政府機構提供。

澳大利亞公平貿易署規定的CPD學分項目如表4-12所示。

表 4-12　　　　　澳大利亞公平貿易署規定的 CPD 學分項目

項目類型	提供者
（1）每小時 1 學分項目	
研討會、工作室、會議、論壇、短期課程、在線或音頻/視頻課程	任何培訓機構或人員
（2）每小時 3 學分項目	
經過官方評估的全國性的職業訓練包或相關的澳大利亞大學的證書	澳大利亞的大學或註冊培訓機構
研討會、工作室、會議、論壇、新聞或貿易會、短期課程、在線或音頻/視頻課程	• 新南威爾士州房地產學院 • 澳大利亞畜牧業及房地產協會 • 礦權管理研究所 • 澳大利亞商業經紀人學會 • 澳大利亞房地產學會 • 房地產代理有限責任公司 • 大洋洲皇家特許測量師學會 • 澳大利亞房地產委員會 • 其他批准的行業學會或機構 • 批准的政府機構，如新南威爾士公平貿易署或新南威爾士州初級產業部

（3）CPD 日誌

為了記錄下學員參加的 CPD 活動，公平貿易署發布了 CPD 日誌模板（見表 4-13），會員必須按照此日誌的要求填寫相關記錄並保留一定年限。需要保留的 CPD 學習記錄要能夠表現該活動的性質、教育價值以及獲得的 CPD 學分。以下記錄均是 CPD 認可的，必須保留至少 3 年。

表 4-13　　　　　公平貿易署頒布的 CPD 日誌模板

年份：

姓名　　　　　　　　　　　　　　　　　　　執照或證書號碼：

活動的主題	活動名稱及課程代碼	日期/時間/地點	CPD 活動的持續時間	評估方式	活動的提供者	相關附件，如出勤記錄	獲得的 CPD 學分
					當年獲得的總學分：		
					延續到下一年度的學分：		

每小時 1 學分項目的證明：①出勤證明（須包含學員姓名、聯繫方式、證書或執照號碼；課程或活動的名稱及涵蓋的 CPD 主題；課程代碼；課程或活動的日期、時間及地點；課程或活動的持續時間；評估的方式；培訓者或培訓機構的名稱；獲得的 CPD 學分等）；②收據或其他能證明學分的記錄。對於由註冊培訓機構或澳大利亞大學提供的每小時 3 學分項目，則需要保留以下證明：①學習成果聲明；②由註冊培訓機構或澳大利亞的大學出具的證書或證明。對於由認可的行業學會或政府機構提供的每小時 3 學分項目，則需要保留以下證明：①出勤證明；②收據或其他能證明學分的記錄。

執照或證書持有者不需要把以上證據寄給公平貿易署，但是一旦他們被公平貿易署審核時，必須能夠提供他們達到了 CPD 要求的證據，否則他們將可能失去執照或證書。

4.4.3 澳大利亞專業學會對估價師職業持續發展的要求

澳大利亞公平貿易署對包括估價師在內的所有持有執照或職業證書的專業人員提出了職業持續發展的要求，而澳大利亞各專業學會也對其會員制定了相應的職業持續發展具體要求。以下分別介紹涉及估價師的兩大學會——API 和 AVI 對其估價師會員的職業持續發展的具體要求。

4.4.3.1 API 對估價師會員的持續職業發展要求

API 要求其會員每年完成 20 個 CPD 學分，比公平貿易署要求的學分高出了 8 分，體現了 API 對其會員的高水準要求。但是，並非所有的 API 會員均要達到 CPD 的學分要求，只有終身會員、正式會員、副會員和臨時會員才需要達到此要求。其餘會員如學生會員、退休會員、非執業會員和榮譽會員則不需要進行職業持續發展的學習。

自 2011 年起，API 採用了在線教育平臺，各州的 API 分會會員均可通過此平臺進行網路學習。因此，API 的網路在線教育的收入也穩步增長。2013 年，API 的在線職業持續教育（CPD）課程收入占到了總的 CPD 收入的 12%，相比 2012 年財政年度增長了 2%。除了統一的網路在線課程模塊，API 各州分會也開展了不同的 CPD 活動。2014 年，API 的網路在線平臺整合成了一個網址（elearning.api.org），專門為 API 會員提供職業持續教育項目、培訓及教育以及未來房地產專業人士項目。在線學習（Electronic-learning）這一平臺和 API 數據庫是交互模式，只要會員註冊了相關的課程，便可以被分配相應的 CPD 學分，可以在當地以及國內外獲得課程的相關信息。

目前 Electronic-learning 這一平臺上可供會員選擇的課程模塊涉及六個方

面：API 職業操守準則（API Ethics and Code of Professional Conduct）、公司房地產（Corporate Real Estate）、商業及服務稅（GST）、職業風險簡介（Introduction to Professional Risk）、租約（Leases）、空間分析（Spatial Analysis）。在此六大模塊之下，共有 23 個課程供估價師會員選擇。

4.4.3.2 AVI 對估價師會員的持續職業發展要求

所有 AVI 的執業估價師會員都需要接受持續職業發展（Continuing Professional Development，CPD）項目。CPD 被定義為「任何一種預先計劃好的程序或活動，它能夠為專業人員的能力提供附加值，提高專業人員的知識、技能以及個人素質，以便專業人員更好地執行其專業技術職務。它對於專業人員、顧客、雇主、專業學會以及整個社會都是一個終身受益的工具，在技術和職業快速變革的時期尤其重要」。AVI 希望其會員在職業生涯裡得到持續的專業發展，會員們可以有不同的學習方式和不同的學習需求，學習資源可以從一些專業機構或其他渠道獲得。但是 AVI 要求 CPD 課程應有助於保護消費者權益和維持估價行業的公正性。它應當能夠反應專業人員的知識、技能和行為；使專業人員不斷更新專業技術，通過好的管理持續經營業務，理解並有效地和客戶溝通，做出合理決策。

AVI 規定，只要其會員完成了持續職業發展課程的最低水平要求，都將獲得一個證書。這個最低水平的要求包括 20 小時的有組織課程學習以及 20 個小時的自學。每位會員都要求每年完成 20 個 CPD 學分（計算期間為 1 月 1 日至 12 月 31 日）。對於註冊執業估價師，他們還必須每三年完成一項由學會批准的風險管理課程模塊學習（長期居住在海外的會員除外）。每完成 1 小時的 CPD 活動將得到 1 個 CPD 學分。

1. CPD 學分的類型

每位會員每年必須最少完成 10 個 CPD 學分，包括參加與房地產相關的主題學習以及參與一些有組織的活動。當然，會員也可以通過申請將其他一些商務或職業相關的主題活動折算成規定的 CPD 學分。如果會員因為接受了額外的或者新的工作或任務而不得不進行在職學習（On-the-job Learning），或者會員完成了私人定制的學習（Private Planned Study），均可以被認定為 CPD 活動內容，不管是在職學習還是私人定制的學習，每個會員每年可以最多獲得 10 個 CPD 學分。會員因為準備與專業相關的公開發言，發表文章或著作、教材，或撰寫專業學會的實踐標準或指南，每一小時的付出將得到 1 個 CPD 學分。

2. 對 CPD 主題的認定

具體實施中，凡是能夠提高會員的知識、技能或開發個人潛能，並且對會

員在執業過程中的專業、技術、管理能力及行政職責有幫助的主題，都被認定為能獲得 CPD 學分的主題。會員可以根據以下標準來判斷其參與的課程或活動的主題是否符合 CPD 的要求：①必須與房地產理論有關；②與當前或潛在的房地產工作相關的其他技術類主題；③用以增強會員的管理或業務效率的個人或商務技能相關的主題。課程或活動的主題只要滿足其中一個標準，就達到了 CPD 課程或活動的主題要求。

所有會員參與的 CPD 課程或活動內容都必須滿足但不限於以下範疇：職業倫理道德及規範；職業技術知識；職業技能和技巧；業務管理；風險管理；法律法規；軟技能。

3. CPD 認可的活動形式

CPD 認可的活動形式可以是有組織的也可以是無組織的。有組織的活動是指由一個機構或個人組織某項活動並邀請代表參加，活動的主辦方決定了學習的效果以及學習過程的安排。無組織的活動形式指的是由會員自行決定學習的成果，自行安排學習過程，或者學習的成果及學習過程是臨時的、非正式的。AVI 列舉了部分有組織的和無組織的 CPD 活動形式（不限於此），如表 4-14 所示。

表 4-14　CPD 認可的有組織的和無組織的持續職業發展的活動形式

序號	活動形式	活動內容
1	有組織的活動形式	• 參加會議、研討會、工作坊以及實地考察等； • 和主講嘉賓出席早宴、午餐會、晚宴以及開幕式等； • 參加討論組或學習小組； • 獲得正規的資質認可，如獲得證明、副文憑、文憑、學位、碩士學位、研究生證書、研究生文憑、博士學位課程（包括遠程學習和函授）； • 參加遠程課程學習或自學； • 準備公開演講的文章； • 完成論文或者著作用於出版； • 完成工作手冊或指南、說明書； • 參與準備指導性文件、建議書、技術手冊或對政府提出專業建議等； • 成為會員並參加技術或專家委員會的會議（行政委員會會議除外）； • 成為會員並參加專業學會會議或者行業組織的行政委員會會議（每年可以獲得最多 2 個 CPD 學分）； • 參與基於計算機的學習包； • 參與正式的工作培訓項目

表4-14(續)

序號	活動形式	活動內容
2	無組織的活動形式	• 個人自主學習計劃，由會員提出學習的主題，並且對相關的信息（研討會論文、教材、雜誌、法律法規等）進行研究； • 接受了額外的或者新的工作或專業任務，包括但不限於：在新的機構任職或者被借調、提拔到一個新的崗位或部門；現有的工作職位發生了變化，增加了新的職責和任務；從事一項之前從來沒有涉及過的新項目或任務；引進新的事物（如開發及安裝一個新的電腦系統，開發和引進質量保證程序等）；合併、獲得或者開始一項新的業務；適應機構的變革（如學習一個新的電腦系統或質量保證程序）； • 對於位於邊遠地區的會員，CPD委員會可能會同意他們將視頻和音頻資源的學習視同為有組織的活動內容

資料來源：澳大利亞估價師學會網站（http://www.valuersinstitute.com.au）。

4. CPD認可的有組織的課程學習及自主學習

有組織的課程學習應該有一個有序的體系和明確的學習目標，用以提高會員的知識和技能。AVI列舉了部分有組織的和自主學習形式（不限於此），如表4-15所示。

表4-15　　CPD認可的有組織的課程學習和自主學習形式

序號	學習形式	活動內容
1	有組織的學習	• 由學術或教育機構，商業組織或專業團體提供或指導的高等教育類課程； • 由AVI或其他專業機構，或AVI及其他專業機構成立的技術型或研究型小組發起的課程、會議、研討會、工作室及講座等；其中技術或研究型小組應該有明確的學習目標以及結構化的操作方法，學習過程中用於技術事務的時間可以計入CPD學分，但是用於小組管理事務上的時間應該排除在外； • 研究並撰寫技術類相關論文，在會議、研討會及講座等場合上宣讀，用於估價師及其他專業人員的職業技能開發； • 由雇主提供的課程、講座或其他有組織的學習，學習內容與維持或開發估價師的專業知識、技能及相關的學習有關； • 課程可以面對面傳授，也可以通過遠程學習、電子在線學習或其他方式進行，應包括多種信息手段如視頻和音頻材料

表4-15(續)

序號	學習形式	活動內容
2	自主學習	• 閱讀專業期刊、技術公告等與估價師執業相關的資料； • 研究並撰寫技術類及相關文章，並發表在專業雜誌及同類期刊上，但是用於出版物設計、排版以及相關的出版活動上的時間排除在外； • AVI鼓勵會員通過多種學習方式來拓寬他們的知識、技能及專長，包括那些雖然不是由AVI組織的但是符合CPD政策的學習方式，會員開展持續職業發展項目的學習也是其他一些專業學會的會員入會的部分要求，前提是他們參加的學習達到了AVI規定的CPD政策的要求

資料來源：澳大利亞估價師學會網站（http://www.valuersinstitute.com.au）。

AVI提供了大量的CPD熱門課程供會員選擇，部分可選的課程名單如下：

（1）估價師指南：稅收和房地產投資（A valuers Guide to Tax and Property Investment）；

（2）工作指南：表格及新法規（Getting it Right：Forms and New Legislation）；

（3）商業及工業地產勘查程序（Inspection Processes for Commercial and Industrial Property）；

（4）住宅地產勘查程序（Inspection Processes for for Residential Property）；

（5）商業房地產簡介（Introduction to Commercial Real Estate）；

（6）創建企業：金融及法則（Setting up a New Business：Finance and Compliance）；

（7）ABC法規初步（The A-B-C of Compliance）；

（8）理解銷售合同（Understanding a Contract for Sale）；

（9）理解商業零售租約（Understanding Commercial Retail Leases）；

（10）風險管理的基本要點（The Nuts and Bolts of risk management）；

（11）用於財務報告目的的公共部門資產估價（Valuation of Public Sector Assets for Financial Reporting）；

（12）歷史建築的估價（Valuation of Historic Property）；

（13）租賃價值評估（Assessing Rental Value）；

（14）農業地產估價（Valuation of Agricultural Property）；

（15）基於市場價值之外的評估基礎（Bases Other Than Market Value）；

（16）基於擔保貸款目的的估價。

4.5 澳大利亞估價師執業風險管理

4.5.1 房地產估價風險概述

目前，關於風險的定義主要有以下幾種代表性觀點（嚴武，等，1999）：①以研究風險問題著稱的美國學者 A. H. 威雷特認為，「風險是關於不願發生的事件發生的不確定性之客觀體現」。②美國經濟學家 F. H. 奈特認為，「風險是可測定的不確定性」。③日本學者武井勛認為，「風險是在特定環境中和特定期間內自然存在的導致經濟損失的變化」。我國不少學者認為，風險是指實際結果與預期結果相背離從而產生損失的一種不確定性。

可見，風險（Risk）的基本含義是損失的不確定性（Uncertainty）（許謹良，等，2000）。這種不確定性又可分為客觀的不確定性和主觀的不確定性。客觀的不確定性是實際結果與預期結果的離差，它可以使用統計學工具加以度量。主觀的不確定性是個人對客觀風險的評估，它同個人的知識、經驗、精神和心理狀態有關，不同的人面臨相同的客觀風險會有不同的主觀的不確定性。

據此，可以這樣給房地產估價風險下一個定義：房地產價格評估風險是指由於評估機構和評估人員在房地產的評估活動中違反國家法律、法規的規定或因為客觀因素的影響導致評估結果失真，造成評估結果使用者權益受到影響，從而給評估機構和評估人員帶來的法律責任及經濟、聲譽等方面的損失的客觀可能性（或不確定性）。

估價風險通常被認為是一項資產的價值被高估後，售價卻低於價格預期所引起的財務風險。引起估價風險的因素包括數據不完善、市場不穩定、財務模型的不確定性以及估價人員錯誤的數據分析等。投資者、借貸者、金融監管者以及其他在金融市場上的相關人員均會關注估價風險。價值被高估的資產可能會給業主帶來損失和名譽風險，可能會影響其信用評級、基金損失甚至金融機構的管理結構（格雷格·N. 格雷戈里奧，2009）。

房地產估價風險範圍較廣，內容複雜，但歸納起來不外乎兩大類：外界風險和機構自身風險。外界風險是評估機構本身不能直接控制的，但又有足以導致評估結果錯誤或重大偏差的可能性。這種風險與評估人員無關，是一種外部因素影響，即取決於被評估單位的經濟性質、所處行業、規模大小、管理水平、經營前景和對評估結果的期望值、時間要求等，同時外界風險的產生還與政府部門的行政干預、相互合作的評估機構工作質量的好壞有很大關係。機構

自身風險決定於評估人員的自身素質，是指評估人員在專業結構、工作經驗、職業道德、法制觀念等方面的欠缺，導致評估結果錯誤或偏差，從而引發法律糾紛的可能性。

從不同的角度，房地產價格評估風險有不同的分類：從承擔責任的主體角度，可分為評估機構責任和評估人員責任；從處罰的方式角度，可分為民事責任風險和刑事責任風險；從風險的迴避角度，還可分為可迴避的風險和不可迴避的風險。

對房地產價格評估風險的科學合理的分類有利於評估機構和評估人員正確地鑑別風險，作好風險防範和責任落實工作。筆者認為房地產價格評估中的風險根據其產生的原因具體可分為四類：①外界風險；②評估操作風險；③評估專業風險；④職業道德風險。

外界風險是對所有評估項目均產生影響、評估機構無法控制的風險。它主要表現為由於委託方提供的法律文件真偽鑑定不準、委託方有意詐欺作不實證據、惡意設置的專業評估陷阱、地區經濟較大的動盪和不可抗力等導致不可避免的法律訴訟及影響評估機構聲譽的風險。

評估操作風險主要是指不按評估專業操作規程、專業指導以及其他相關的評估項目管理制度對委估房地產進行有效鑑定，資料信息收集不充分，證據雜亂或無證據收集過程，計算錯誤，隨意省略必要的操作步驟及評估各復核程序不嚴而導致的評估法律訴訟和聲譽損失風險。

評估專業風險主要是指複雜程度較高難以有效鑑別的資產評估價格和市場價格的實際偏差、評估方法和評估結論的偏差和錯誤、評估專業語言陳述不清和不執行房地產估價規範的要求、評估報告的無意誤導（包括評估報告中沒有向委託方和應用方進行有效的風險提示和風險分析）、評估專業知識和認知的欠缺而導致的形象、信譽和執業水平損失及訴訟風險。

職業道德風險主要是指評估人員玩忽職守、違約、懶惰、收受委託方賄賂和向委託方索要好處、有利害關係的業務委託、有意高估或低估、向委託方提示和同謀偽造有關關鍵資料、有意偏袒一方或在報告中故意誤導、評估人員的不誠實和洩密以及允許他人運用自己的執業資格而導致的法律訴訟以及違反法律的重大責任風險。

4.5.2　澳大利亞估價師的執業風險

4.5.2.1　澳大利亞估價師執業風險產生的原因

即使澳大利亞和中國的國情不同，在房地產估價領域採用的估價方法、估

價規範及要求、相關的法律法規等也有較大的不同，但兩國估價師面臨的執業風險有共通之處。一方面，從理論上講，澳大利亞估價師在執業過程中也會面臨外界風險、評估操作風險、評估專業風險和職業道德風險；另一方面，澳大利亞估價師的管理體制存在差異以及自動估價及桌面估價軟件等在澳大利亞的廣泛使用，因而在估價風險及風險管理上呈現出一定的特色和不同之處。API和AVI等專業學會的會員每年均會收到來自顧客的投訴和索賠要求，估價師面臨被訴訟的風險較大。

1. 交易環節鏈較長，各交易主體間數據不一致

估價風險關係到交易過程以及投資管理鏈上的每一個環節，從前期準備到后期管理、分銷、資產管理以及諮詢服務。這對於那些有較低流動性或者不易變現的資產來說，影響尤其大。然而，估價風險影響的事務往往超出了估價企業的範圍。在整個交易過程和算法交易中，數據和估價在不同的參與者之間應該進行協調和統一。一級經紀機構、託管銀行、基金管理機構、交易代理和審計機構之間共享電子數據，並且試圖實現此過程的自動化，從而提高了與數據管理和估價相關的潛在風險。為了降低估價風險，比較重要的一點是提高市場的透明度，並且保證估價報告中的數據、模型和程序的準確性和一致性。

2. 估價本身具有不確定性且估價工作時間緊迫

雖然由各專業學會管轄的企業和會員提供的大部分專業服務都存在風險，但估價的風險非常特別，因為估價帶來的潛在風險可能會是估價服務費的幾百甚至上千倍。而對於一些機構借貸者，他們甚至存在一種看法，認為估價本身就是一種保障，因為估價為借貸機構提供了用以彌補未來可能損失的機會。事實上，估價只是在某一特定時間點的專業觀點。估價存在一定程度的不確定性，這種不確定性不可能通過一個簡單的現場數字揭示出來。而且，長期以來人們已經達成一種共識，也就是不同的專業人員觀點是可以共存的，不能被看作是職業疏忽。此外，估價工作通常是在非常緊迫的時間限制下進行的，特別是在住宅估價領域，要在估價前進行大量的、昂貴的研究幾乎是不可能的。

3. 金融機構通過合同將風險轉嫁給估價人員

估價的不確定性及估價師發生錯誤的風險其實隱含在所有的估價項目中，但是不同的項目風險有所不同。事實上，估價可以看作是廣義的評價借貸風險並做出借貸決定的部分內容。如果人們希望估價師能夠保證估價結果在無論什麼情況下都正確，那麼估價的費用會高出很多。近年來，澳大利亞估價業界已經出現了一種趨勢：借貸金融機構通過將越來越苛刻的法律條款強加給估價師這種方式來逐步將風險轉移到估價師身上。無論是商業房地產還是住宅房地產項目，大部分的金融機構會事先擬好估價服務合同，然后再委派估價師評估，

估價師修改合同條款的空間並不大。一些銀行會要求估價服務合同的條款均由他們制定；其他一些銀行則會在一定程度上同意估價公司參與合同制定，前提是估價公司的條款不和銀行的合同條款衝突。很明顯，估價師的估價行為在很大程度上被借貸機構的合同條款所「綁架」，而且那些合同的設計主要是為了保護借貸機構及其利益相關者的利益。一方面，金融機構控制著專業服務的合同和價格，另一方面，金融機構又要求估價師承擔估價報告的質量和風險責任。估價公司和估價師要麼選擇接受合同條款，要麼選擇不接受估價業務。

4. 估價收費和所承擔的風險不匹配

估價總是會引來一定程度的風險，但是這一風險並非一定會反應到估價的費用中。在過去，無論是理論還是實踐上，人們都是寄希望於市場的力量，希望通過估價專業服務費用的價格競爭來解決估價的問題。通過競爭，那些無力在競爭中獲勝的企業將退出市場，最終估價的費用能穩定到一個可以反應成本和風險的水平上，而借貸機構也只會以他們願意支付的價格來支付達到質量要求的專業服務。正如目前在住宅估價領域，估價已經被商業化了。然而，這只是一個完美運作的長期市場的假設而已。因為在估價服務市場中，如果當前的專業服務費用僅能夠支付當前提供的服務，而當前的成本僅能夠支付過去和現在提供的服務時，那麼對客戶而言就存在風險，因為估價企業沒有多餘的資金去償付客戶的損失。此外，短期的市場調整可能會對專業服務的成本和可獲得性產生不可預料的、不能接受的長期后果。

另外，估價的長期風險通常沒有被銀行或估價師們完全地理解或者量化，因此，長期風險通常沒有被考慮到估價費用中去。比如估價機構在2006年的估價收費裡並不會考慮2007年以後的索賠數額可能會遠高於2006年的水平，也沒有考慮處理索賠過程中所花的成本。從承接估價業務到可能提起索賠請求的期限最高可長達6年，對於這一點，也很少有估價師將它考慮到估價費用裡去。

長期來看，市場的力量必須使估價的費用調整到能夠反應其成本和潛在風險的水平。然而，在實踐中，短期來看，市場的結構性缺陷可能會使得競爭減少，而顧客的選擇餘地也將減小。如果估價的風險被完全反應到估價費用中去，這將會降低估價師的財務風險，反過來又會使估價費用下降到當前的市場水平，而不是使估價費用高到能夠抵消當前的真實風險水平。

4.5.2.2 澳大利亞估價師執業風險防範措施

1. 風險應對措施之一——分析估價合同的條款

估價行業認為目前的估價服務合同對估價師不利，其原因主要是借貸機構在市場上的壟斷地位的影響，這種影響已經波及住宅和商業房地產估價市場。

目前估價合同中的主要風險表現在：①賠償責任限額。許多合同中要麼沒有約定估價師的賠償責任限額，要麼雖然有約定限額，但是在實踐中，遇到索賠事件時，它並不會實際限定估價師的賠償額。②賠償範圍。當估價師被證明有過錯時，通常需要對借貸機構的直接損失負責。然而，除非在合同中約定除外責任，否則他們還可能被索賠其他的間接損失，如利潤損失等。③對第三方的責任。借貸機構會在合同中加入一些條件，允許他們將受益於估價報告保護的這種權益分配給購買貸款的第三方，這種現象也越來越普遍。④估價師個人責任。在大部分情況下，估價師僅僅是雇員身分。在這種情況下，由於和公司存在雇傭關係，估價師不應對客戶承擔任何的直接責任，雖然這一點並非會在估價合同中明確說明。⑤爭議的解決。大部分的合同關於估價爭議問題並未提出明確的解決方案。通常情況下，當估價師收到律師的索賠初步通知時，才首次得知客戶對估價報告有質疑。由此可見，估價服務合同條款的發展並沒有跟上替代爭議解決方案（Alternative Dispute Resolution，ADR①）總體的發展，沒有起到為交易雙方節約時間和成本的作用。以上所列的風險在市場表現強勁時可能不會引發相應的問題，但是在市場衰退時則會引發相關問題。長期來看，這些問題可能會導致市場競爭的降低，不利於大眾利益。當前的市場運動表明，由於金融機構在市場中占據主導地位，估價服務以及圍繞估價服務的條款和條件、新的市場進入者的機會等都將被越來越少的機構控制。

　　針對以上估價合同風險，專業學會可以在以下方面幫助估價師和估價企業防範風險：①估價專業學會應該開展進一步的研究，並且諮詢其會員和關鍵的利益相關者，包括保險公司，也要去研究新的保險替代產品，研究其對市場、估價師和消費者權益保護的影響。②為了充分地理解並應對可能的市場失靈，專業學會應該通過論壇等方式和借貸機構及其他利益相關機構進行對話和溝通。③專業學會應該確保估價的市場實踐能夠被完全地理解，也能夠被其他的利益相關者如政府、金融和專業監管機構以及消費者完全接受，可以通過委派代表的方式來建立一個利益相關者參與機制。④專業學會應該著手對一些索賠案例中的法律規範的倫理道德進行調查，同時和相關利益群體一起研究一定金額範圍（比如金額在100萬澳元以上的）的估價索賠的替代爭議解決方案。⑤專業學會對其管理的公司和會員提供指導，幫助他們和保險機構及客戶對當前的估價合同條款進行重新審核，以便所有相關利益方都能夠理解估價的風險水平及回報。⑥專業學會應該和市場監管機構以及政府部門進行協商，以明確當前的市場是否存在供需的不平衡，這種不平衡在長期是否會因為競爭力的下

---

① ADR指的是在澳大利亞等國家發展起來的一種外部爭議解決方案，現已引申為對世界各國普遍存在著的、民事訴訟制度以外的非訴訟糾紛解決程序或機制的總稱。

降而影響到大眾的利益。⑦涉及借貸機構發放貸款或擔保貸款時估價師對第三方的責任限額問題，需要進一步研究。

2. 風險應對措施之二——估價質量保證

由於對估價師的索賠主要集中在估價師的專業能力或者可能的過失上，因此整個估價行業必須在估價實踐中保持較高的水準，持續提高估價項目的質量水平，改進估價的程序。

目前估價行業已經採取了一些措施，比如監管制度和干預制度等，贏回了部分的市場信任。質量保證體系是估價程序中非常重要的組成部分。比如 API 對會員入會的較高學術門檻要求、估價師會員的分級管理、每年的職業發展教育等，都有助於不斷提高估價師會員的執業水平。再如 RICS 在整個估價行業範圍內引入估價師登記計劃（the Valuer Registration Scheme，VRS），只有那些達到從事估價所必需的技能和經驗的 RICS 才能加入。這一計劃背後的支持是更為強大的監管和干預體制，以支持和審核從業人員是否達到了專業和技術標準。

專業學會的監督機構和專業團隊可以為估價實踐提供指導，同時開發出一些新的工具和手段促進估價實踐水平的提高，比如同行評議、估價報告的獨立審核等。專業學會通過向客戶展示估價行業持續的發展，有助於增強客戶信心。

估價企業除了提高估價師個人的執業水準，也有必要關注企業的估價管理程序。許多估價企業已經開始實行質量管理體系，這對於從事估價的公司來說，是一個有效地保證估價工作質量的手段。估價企業可以制定一些具體的規範要求，如明確規定每一個項目的可比較實例房地產的數量和質量，建立一個同行評議體系，或者在估價報告送達客戶之前進行再次審核等。此外，定期對公司的文件檔案進行國際審計也是保持企業較高專業水準的一種重要手段。同樣地，住宅房地產估價領域引進的基於最新科技的風險管理工具也能起到同樣的作用。所有這些手段，無論是已經在企業中長期使用的，還是相對較新的，都和估價的操作及審核有關，可以用來防禦將來的法律訴訟，但是不能夠完全避免這些訴訟。此外，為了保證估價的質量，人們可以考慮在估價中引入第二意見或補充性意見。比如在澳大利亞，人們曾經展開過調查，發現在某些情形下，人們對同一估價項目做出兩個估價意見，採納其中一個估值較低的估價意見，這種方法是可行的。

對於估價學會來說，它們應該給會員提供一些非常規性的專業指導，幫助估價師更好地保證估價質量。同時，專業學會還需要和金融借貸機構討論協商，確定可以加強估價項目質量的不同的方法。例如，估價結果超過約定的臨

界值的估價項目，或者一些高風險的估價項目，將由第二家估價公司進行審核。對於澳大利亞目前一些企業使用的一些好的估價質量控制方法，專業學會可以進行跟蹤調查，以確定是否有值得推廣的經驗。

3. 風險應對措施之三——防止貸款詐騙

抵押貸款詐騙目前已經成為澳大利亞第二大普遍的詐騙形式，僅次於保險詐騙。房地產領域的詐騙風險會波及與之相關的專業人士及仲介機構，很明顯會對保險產品的定價及可獲得性產生影響。調查發現，許多金融借貸機構將第三方機構或個人如律師、經紀人、估價師等看作是抵押貸款詐騙風險的根源。在過去的幾年內，借貸機構和相關專業人員的關係已經有了相當大的改善，特別是和律師的關係。但是，借貸機構在如何更好地維護和專業人員的關係方面，還有顯著的提升空間。

估價專業學會要提醒和監督會員遵守規定的行為準則和職業道德標準，指導、監督會員的行為，並在必要的時候啓動紀律處分程序。以上這些手段可以向顧客、大眾以及利益相關人保證註冊估價師在執業過程中能夠嚴格自律，遵守法律規定。專業學會也會和一些法律及監管當局開展合作，持續開展執業風險調查及風險相關的情報收集工作。

估價的風險與職業過失或估價的不確定性有相當大的關係。大部分的項目估價都存在不確定性因素，然而，調查顯示，估價師不太願意在報告中揭示這種不確定性，並且不知道如何向客戶闡述這種不確定性。這種現象對商業和住宅房地產估價項目均有影響，但是對住宅房地產估價項目的影響更大，這是因為住宅估價報告的標準格式模板使得估價師不可能有揭示不確定性風險的空間。但是長期以來，澳大利亞的不成文法均達成共識，若專業諮詢人員給客戶提供的專業意見存在職業過失，那麼該專業人員就可能會對因為此過失給客戶造成的損失承擔相應的責任。在估價領域，澳大利亞大量的法律案例也支持這一觀點。但是，除去人為的過失因素，大部分的估價中都客觀地存在不確定性的因素。在某些估價項目中，這種不確定性的水平是相當高的。

很顯然，估價師具備在估價報告中向客戶闡釋估價中的不確定性的能力及機會是非常重要的。《澳大利亞及新西蘭估價和房地產標準》（Australia and New Zealand Valuation and Property Standards）第3.3.2條「敏感性分析」明確指出：需要鼓勵估價師會員在估價報告中進行敏感性分析，以確保報告的使用人知曉估價中不確定性的程序。並且這一分析必須指出會影響估價結果的關鍵性風險因素。同樣，在RICS的新版估價準則（紅皮書）中，也對估價師如何識別不確定性並且在報告中揭示出來提供了指導。但是，由於住宅抵押估價報告的固定格式模板不利於估價師闡述不確定性，再加上許多客戶對於估價中的

不確定性缺乏瞭解，因此估價師仍然需要更多的技術工具和指導，以便能夠更清楚地將估價中的不確定性傳達給客戶，這對於客戶來說更有意義，也有助於減少估價師被客戶投訴的風險。

在未來，一方面，專業學會必須向會員強調房地產估價規範學習的重要性，同時開展研究，為估價師和估價服務的客戶提供關於不確定性分析的額外的建議和指導。另一方面，專業學會需要進一步地研究過去關於估價師「瀆職」的案例，從中找到證據，以證明某些估價風險並非是由估價師失職引起的，而是由估價內在的不確定性風險引起的。

4. 風險應對措施之四——職業責任險

專業房地產估價師承接的估價項目眾多，不同的估價項目有不同的估價目的和用途。估價師受到客戶的質疑或者產生估價失誤也是比較常見的。在經濟形勢不好的時候，客戶可能會因為對房地產價值存在不同意見而對估價師提起索賠；估價師給客戶提出的專業意見不夠清晰或者沒有很好地和客戶溝通，也可能會引起索賠。相對於住宅房地產估價師而言，商業房地產估價師的估價風險更高，因而面臨被索賠的風險更大。估價師執業中曾經出現過的可能引起索賠的主要事項包括以下十項：①不利的經濟形勢；②不清楚的指示或者溝通；③沒有對估價對象進行詳細的調查或分析；④錯誤的估價方法或計算；⑤利益衝突；⑥違反合同條款；⑦沒有對估價對象進行充分的調查或勘測；⑧沒有正確地選擇合適的可比較銷售案例；⑨沒有對估價對象的相關信息進行充分的諮詢；⑩承接的估價項目超過了自己的風險承受能力。例如，某估價師因為沒有對客戶擁有的估價對象房地產所在區域的發展和變化進行詳細調查，導致估價對象價值被低估，達不到銀行貸款的條件，造成了 8 萬澳元的損失，最終該客戶對估價師提出了索賠。

根據英國皇家測量師學會的調查，在過去 10 年間，願意給 RICS 管理的公司提供職業賠償險的保險公司穩定在 30~35 家。然而，它們中僅有很小一部分願意給估價企業提供保險。按照 RICS 的最低要求，英國市場上職業賠償險保險每年大概為 4,500 萬英鎊。一些公司可以在 RICS 的最低要求之外，基於其經營規模和範圍再購買額外的保險。但是關於估價服務的保險，RICS 沒有單獨統計。雖然無法對估價服務保險進行精確的定量統計，但是英國市場上保險索賠的金額遠超過總的職業賠償保險費，而且大部分的索賠都和估價有關。此外，估價服務的業務量減少而客戶對於過去的估價服務的投訴增加，導致保險公司的年保險費收入呈現下降的趨勢。換句話說，一方面，估價服務的業務減少使得保險費用的支出減少，但另一方面，更多的客戶索賠使得保險費更加昂貴。對於專業人士來說，他們不得不用越來越少的收入來支付越來越貴的保

險費用。而澳大利亞也存在類似的情況。

客戶對過去的估價服務的投訴增加導致保險公司提高了對估價專業服務的風險評價等級。對於那些有著不良的客戶索賠記錄的公司來說，保險費尤其高，無論索賠是關於職業過失還是關於客戶的損失。在英國曾經出現過估價企業提出的賠償請求被拒絕的少數案例。針對不斷上漲的保險費用，估價企業通過增加業務量或者在某些情況下自願減少某些類型的估價服務來應對。RICS 指定的風險分配池（Assigned Risks Pool）名單（指那些無法在市場上獲得保險的公司）在 2010 年和 2011 年有所下降。截至 2011 年 7 月 1 日，RICS 管理的近 1 萬家公司裡，進入風險分配池的企業僅 8 家。澳大利亞職業責任險市場也存在同樣的問題，當前的保險模式已經不再支持市場和保護消費者、大眾以及公司的利益。這個問題影響到商業和住宅房地產市場。澳大利亞房地產估價師學會不得不親自出面，通過和澳大利亞新線保險公司（Newline Australia Insurance）以及 Eagle Insurance 這兩家大的保險公司協商，才解決了大約 110 個估價師會員的職業賠償保險問題，並為他們爭取到了保險費折扣。

估價行業可以借鑑其他行業關於職業責任險的一些方法和經驗，特別是法律行業（律師）的操作方法。目前估價師職業責任險主要的問題是職業責任保險費用過高，儘管一些專業學會如 RICS 等研究過估價師自我擔保和保險公司提供統括保單或總保險單（A Master Policy[①]）的形式，但最終都失敗了，其原因主要是估價行業支付的保險費遠超過傳統的保險市場收費。

作為政府或者專業學會，當保險市場失靈時有必要介入職業責任保險事務。相對總保險單合同安排而言，一個更為開放的市場保險策略可以為估價師會員和公司節約相當一筆費用。同時，保險公司應該明確並區別不同保險產品購買者的需要，比如要區別個人消費者和商務消費者如金融借貸機構的不同保險需求，並適當降低對商務保險購買者的最低職業賠償險要求。專業學會應該把這些要求反饋到保險合同安排中去，否則金融借貸機構會一直尋求通過估價師職業責任險來彌補金融機構的損失，而很多情況下金融機構的損失實際要低於賠償金額。

職業賠償保險主要為估價師提供必要的財務保障，以彌補不同估價目的的估價服務和估價相關的服務中可能產生的執業失誤和遺漏給客戶帶來的損失。但是估價師會員必須注意到職業責任賠償險政策中與污染、玷污或特定的污染物有關的除外情況，因為有一些保險政策並不覆蓋與上述污染有關的情形。例如，許多保險政策排除了核輻射引起的索賠責任。此外，在某些情況下，如果

[①] 總保險單通常是由雇主或專業學會等機構提供給其員工或會員的保險形式，為了節約管理成本，通常由總保險單持有人代表其會員管理保險文書。

會員不能證明他/她達到了應有的專業能力和水平，也不能得到保險賠償。因此，會員需要對此諮詢他們的職業賠償保險經紀人。

基於「責任限額計劃」（the Capped Liability Scheme）和澳大利亞房地產學會的估價師有限責任公司（APIV）職業賠償保險政策（Professional Indemnity Insurance Policy）的要求，估價師要特別注意保險條款中關於估價報告的限定性要求，如果估價師沒有在估價報告中做出通用性的聲明——本估價結果在估價時點的當天做出，受宏觀市場走勢以及某些房地產的特定影響因素的影響，估價結果可能在相對較短的時期內發生顯著的、出人意料的變動，因上述原因導致的價值變動損失，或在估價日期之後由此估價報告而引起的損失，估價師將一概不負責——職業賠償保險政策將不會對估價師會員任何有關房地產估價的索賠進行賠償。如果涉及抵押貸款估價，估價師還必須在估價報告中做出如下聲明：「本次估價是基於以下假設進行的：估價報告中提到的貸款人可能會將本次估價結果用於抵押貸款目的，並且貸款人必須遵守自身的貸款規則以及審慎的金融業貸款實踐，還要考慮到所有潛在的借款人可能的信貸風險，包括借款人為此抵押貸款提供服務以及償還貸款的能力。此外，本次估價另一個假設條件是貸款方提供抵押貸款融資時，確定的貸款價值比率是保守、審慎的。」

5. 風險應對措施之五——加強估價師執業風險教育

提高估價師的專業水準有利於改善所有估價師會員的職業責任賠償保險的市場條件。因此，澳大利亞房地產學會 API 針對所有的執業估價師開發了一個強制的風險管理課程模塊（Risk Management Module，RMM），作為估價師專業繼續教育項目的內容之一。風險管理模塊的主題包括最佳行業實踐、優秀的溝通方式、客戶篩選、估價的程序、法律原則、API 頒布的行為法則和道德規則、執業紀律和法律框架以及辦公程序和保險事務。風險管理課程模塊的主要目的是阻止職業責任賠償保險市場進一步惡化，比如阻止迅速上漲的保險費、不斷增長的免賠額和越來越苛刻的保障條款。

風險管理模塊的學習對所有當前正從事澳大利亞房地產評估的會員都是強制性的，無論是從事知識產權還是房地產、租賃物業、工廠和機器設備等的評估人員，均要學習職業風險管理相關知識。新入會的會員以及即將入會的會員，他們需要學習的是風險管理的基礎知識。

對於當前正在執業的估價師，API 提供了針對不同估價對象的風險管理課程。具體如表 4-16 所示。

表 4-16　　　　2015 年 API 的估價師風險管理模塊培訓內容

序號	培訓主題	培訓內容
1	風險管理模塊：基礎知識	本模塊為標準風險管理模塊，主要講述風險管理基礎知識。對於所有之前沒有學習過本模塊的會員以及參加未來房地產專業人員項目的會員是必修課程
2	風險管理模塊：住宅房地產	本模塊涉及風險管理的基礎知識，但重點內容集中在為金融借貸機構提供簡易格式估價（快速估價）報告的執業估價師相關的問題，如自動估價、桌面估價、簡易格式估價、小組經理以及數據專家的角色、和顧客簽訂的聘用合同、常見風險領域、澳大利亞審慎監管局（Australian Prudential Regulation Authority，APRA）頒發的相關法律法規、其他與估價職業相關的問題
3	風險管理模塊：商業地產、專家及決策工作	本模塊涉及風險管理的基礎知識，但重點內容集中在與商業抵押貸款和專家工作相關的問題。這一模塊專門為估價資產總額在 300 萬澳元以上的估價師服務，估價範圍包括優質住宅物業、租金定價、專家工作、財務報告和銀行聯合貸款等
4	風險管理模塊：政府	本模塊涉及風險管理的基礎知識，但重點內容集中在稅收估價、市政當局立法、專家見證工作和一些關鍵項目。本培訓項目主要針對市政當局的估價師和為私營部門的顧客提供關於稅收事務以及強制徵收問題諮詢服務的公司
5	風險管理模塊：工廠和機器設備	本模塊涉及風險管理的基礎知識，但重點內容集中在工廠和機器設備估價師工作相關的問題

資料來源：澳大利亞房地產學會網站。

澳大利亞估價師學會 AVI 也制定了專門的風險管理指南（Australian Valuers' Institute Risk Management Guidelines），向所有的 AVI 會員概述涉及實踐操作中的風險管理的相關問題，目的是為了增加和強化估價師會員的風險管理意識。雖然此風險管理指南對 AVI 會員並不是強制性的要求，但是希望向會員提供各個估價實踐領域的「最佳實踐」標準。AVI 的風險管理指南基本內容如表 4-17 所示。

表 4-17　　　　AVI 的風險管理指南基本內容

序號	主題	具體內容
1	簽訂估價服務協議時的注意事項以及致委託方函	簽訂估價協議和洽談估價具體事項是風險管理的關鍵程序：首先要仔細篩選客戶，其次要注意控制合同條款中估價師的責任風險

表4-17(續)

序號	主題	具體內容
2	估價師免責聲明和估價的限制條件	免責聲明、限制條件及一些定義或說明是用來確保估價師和客戶之間更加清晰地溝通，良好的溝通會減少客戶訴訟的可能性。此外，估價師要注意區分免責聲明和估價的限制條件的區別
3	估價的目的和用途	估價目的會影響到估價方法的選擇。因此，估價師通過和客戶溝通，瞭解其估價目的，可以有效地控制風險；估價師還必須在估價報告中明確報告的使用限制條件。好的風險管理要求估價師在估價報告中至少考慮兩種不同的估價方法
4	賠償責任及限制	本模塊主要介紹了估價師可以限制自身責任的情形和不能免責的情形
5	保險	估價師必須理解職業賠償保險政策的相關內容
6	訴訟及爭議解決	本部分主要介紹解決爭議的法律程序以及客戶對AVI會員的投訴程序
7	租金計算	由於租金計算相關事務中估價師面臨的風險更高，更易受到出租人和承租人的投訴，所以估價師需要瞭解租約相關內容，自身的專業領域和能力能否承接項目，以及租金估價的程序

資料來源：澳大利亞房地產估價師學會風險管理指南（Australian Valuers' Institute Risk Management Guidelines）。

4.6 估價師職業道德管理

《估價師法2003》主要規定了估價師的註冊管理，同時列出了估價師執業準則的要求。根據本法律第7部分內容，除非估價企業聘請的估價人員是註冊估價師，否則不允許以估價師的名義對外宣傳或從事估價業務。同時，法律還規定估價報告必須由主管或者企業的註冊估價師簽字，否則該房地產估價企業不得提供任何類型的房地產估價服務；註冊估價師必須根據客戶的要求提供一份他/她的註冊登記證書的複印件；若估價師的註冊被暫停或取消，或存在被暫停或取消的情形，估價師必須在得知此消息的三天內以書面形式告知客戶。

4.6.1 API規定的估價師行為準則

《估價師條例2010》（the Valuers Regulation 2010）中對估價師的行為準則

進行了詳細的規定，指出了顧客所期望的估價師的職業和倫理道理標準，主要涉及以下內容：估價師在實踐中的技巧應用、謹慎性和努力程度；對機密信息的披露；估價師會員或專業學會的利益與客戶利益衝突；利誘；虛假或誤導的廣告宣傳及信息等。凡是違反了行為準則的估價師，均會依據《估價師法2003》接受紀律處分。

此外，API 制定的《API 職業行為準則》（API Code of Professional Conduct）也對包括估價師會員在內的所有會員提出了紀律要求，以確保估價企業和估價師個人達到較高的行業水準。《API 職業行為準則》中關於會員的行為準則要求主要包括如下內容：如何處理和客戶的關係；估價師會員或專業學會的利益與客戶利益衝突；公正性；會員和專業學會的關係；版權或知識產權；房地產估價的相關要求；學生會員和臨時會員的相關要求；違約行為。

4.6.2　AVI 規定的估價師職業道德規範和行為準則

4.6.2.1　AVI 的職業道德規範

AVI 制定的《AVI 職業道德規範》（AVI Code of Ethics）對其會員所要遵守的原則、價值標準和行為進行了界定，主要包括以下幾個方面的內容：

（1）AVI 的會員必須始終遵守本學會的《職業道德規範》《行為準則》（the Rules of Conduct）以及《執業標準和指南》（the Practice Standards and Guidance Notes）；

（2）會員的職業責任：會員必須對其雇主和客戶忠誠，體現職業的誠信、榮譽感和專業化，客觀、公正地提供專業服務，不損害社會公眾利益；

（3）執業能力：會員不得承接超過其執業能力、技能和經驗的估價項目；

（4）利益衝突：會員在執業過程中，應該能夠識別實際的或潛在的利益衝突，若有其他會員或利益相關方明確指出項目中存在利益衝突，則會員應主動迴避，除非所有利益相關方一致同意該會員可以繼續該項目；

（5）保密性：所有會員在處理涉及客戶及外界的事務時，均要遵守保密性規定；

（6）行業形象和聲譽：會員應當維護估價行業的良好形象、尊嚴和聲譽，遵守學會的行為準則。

4.6.2.2　AVI 的行為準則

AVI 將《職業道德規範》的要求進一步細化，形成了會員的《行為準則》（Rules of Conduct），這一行為準則共包括七個方面的內容，對所有的會員均是強制性要求。

（1）準則一：職業行為和個人行為。本條規則共包括 21 條詳細的規定，主要強調了估價師在執業過程中的誠信、公正和公平，指出了估價師在執業中的禁止行為、估價收費的原則、估價中應注意的事項。

（2）準則二：關於利益衝突。估價師會員不得承接與之有利益衝突的客戶的項目，當存在利益衝突時，估價師應披露相關事宜並妥善處理后續事宜。

（3）準則三：客戶關係。未經客戶允許，估價師會員不得披露與客戶有關的信息；估價師不得做出有損行業學會或客戶利益的不良行為；估價師應讓客戶知曉項目的進展情況；估價師不得承接與客戶有利益衝突的另一個客戶的項目。

（4）準則四：廣告宣傳。會員所做的任何廣告都不得有悖於專業學會或其會員的職業操守；廣告中不得有誇大或者虛假的成分。

（5）準則五：涉及學會的言辭。任何會員不經過學會的授權不得以學會的名義發表觀點；未經學會授權，估價師不得公開與學會或其會員有關的言論。

（6）準則六：業務獲取。會員獲取業務的方式必須符合相應的規定，任何會員不得通過現金或其他好處給他人施加影響或壓力以獲得業務，也不得通過第三方向他人施加影響而獲取業務並承諾第三方好處費或回報。

（7）準則七：違反規定的情形。若會員認為有正當的理由不遵守本準則所列的條款，則需要在報告中做出聲明並說明理由，以及由此可能給估價報告的內容產生的影響。

4.6.3　估價師受到紀律處分的情形

澳大利亞各州針對估價師等專業人員違反職業道德或行為準則的行為，也規定了相應的處罰措施。以新南威爾士州為例，當註冊估價師存在以下情形時，註冊登記部主管有權對其採取相應的紀律處分：①估價師違反了《估價師法2003》或《估價師條例2010》，包括《行為準則》；②違反了註冊的條件；③業務營運中存在違法、不公正或不稱職的情形；④不再滿足註冊估價師職責中的「合適的和恰當的」條件；⑤沒有履行對登記部主管的承諾，或沒有執行由登記部主管發出的指令；⑥沒有繳納登記部主管基於紀律處分做出的罰款。

登記部主管可以對以上違法行為做出以下不同的紀律處分決定：
①警告或訓誡：發布書面的警告，告知當事人的行為違反了估價師法，可能會受到進一步的紀律處分。②保證或擔保：要求當事人同意遵守相應的規

範。③指示或指令：在特定的時間內採取特定的行動。④罰款：個人罰款不超過 11,000 澳元，公司罰款不超過 22,000 元。⑤設置估價師註冊的限制條件，例如，通過設置限制條件禁止估價師執行某些職能。⑥暫停估價師的註冊登記，暫停的期限不超過註冊的剩餘有限期限。⑦取消估價師的註冊登記。⑧取消估價師的執照或證書資質，可以是永久性的也可以是暫時性的。⑨宣布當事人的註冊登記不合格。⑩公開警告：在緊急情況下，為了避免消費者遭受重大的損失或傷害，註冊部主管可以採取緊急行動，通過發布公開警告提醒消費者注意特定估價師的風險。

4.6.4 估價師紀律處分的程序

任何個人均可以針對估價師違反法律法規的情形向註冊部主管投訴。當然，各州的公平貿易署也可對估價師的行為展開調查，無論該估價師是否被他人投訴，只要調查發現估價師存在違法行為，公平貿易署均可以對其採取紀律處罰。

4.6.4.1 處罰通知

若公平貿易署有證據發現當事人違反了估價師法，達到了罰款的條件，則可以向當事人發布處罰通知。被處罰的當事人若不願意通過法律程序解決此事，則需要在處罰通知規定的時間內支付罰款。但是繳納罰款並不意味著估價師承認自己有責任，或者估價師可以免受進一步的紀律處罰（在有過錯的情況下），也不會對相關的任何民事權利請求產生影響。

處罰通知的目的是鼓勵估價師通過改變自身的行為而達到法律的要求。如果估價師存在多次冒犯行為或故意違法行為，或者其行為給客戶帶來了較大的損害，則公平貿易署需要採取更為嚴厲的紀律處罰措施。

4.6.4.2 陳述理由通知

當登記部主管認為有充分理由需要對當事人採取紀律處罰時，可以向當事人發出「陳述理由通知」或「陳述理由令」（Show Cause notices）。陳述理由通知以書面形式發出，上面明確註明了當事人的不合法行為以及可能受到的紀律處罰。收到此通知的當事人必須在 14 天以內以口頭或書面陳述的方式向登記部主管回覆。陳述理由通知給了當事人向登記部主管辯解的機會，以證明他們不應當受到紀律處罰。同時，收到陳述理由通知的當事人在提交申訴材料的過程中有權尋求獨立的法律幫助和建議。

陳述理由通知的發布通常是進行下一步紀律處罰的前奏，收到通知的當事人的註冊可能會被延緩或取消，或者喪失註冊登記的資格。在存在嚴重風險隱

患的情況下，登記部主管可以在發布陳述理由通知的同時延緩當事人的註冊。

4.6.4.3 上訴

受到登記部主管紀律處罰的當事人可以申請對該處罰決定進行復核，但是當事人必須以書面的形式向登記部主管提出復核申請。若當事人仍然對復核的決定不滿意，他們可以向新南威爾士州民事與行政法庭（NSW Civil and Administrative Tribunal）申請，要求對登記部主管的紀律處罰決定進行復審。

4.6.5 中國房地產估價師的職業道德要求以及澳大利亞經驗對我國的啟示

澳大利亞以及英美等國家，以及我國的港臺地區，均對估價師的職業道德有比較詳細的、可操作性的規定。

目前我國現行法律法規涉及對房地產估價師的處罰有刑事處罰、民事處罰和行政處罰。①刑事處罰。刑事處罰是指估價機構和個人由於故意或過失出具估價報告情節嚴重造成嚴重后果的，由司法機關給予刑事上的處罰。刑事處罰的后果是最嚴重的，不僅會被剝奪估價師的人身自由，而且估價師的職業前途也將受到極大的影響。《中華人民共和國刑法》第二百二十九條，針對房地產估價師執業規定了兩個相關罪名，分別是「仲介組織人員提供虛假證明文件罪」和「仲介組織人員出具證明文件重大失實罪」。②民事賠償責任。民事賠償是指估價師由於估價失誤給當事人造成經濟損失而必須承擔的后果，不僅相關的法律法規有這方面的規定，而且一般在當事人雙方簽訂的《估價委託合同》中也會有相關的約定。對當事人的賠償，一般由聘用單位進行賠償，然后由單位對估價師追償。《註冊房地產估價師管理辦法》第二十二條中有明確的規定：「在房地產估價過程中給當事人造成經濟損失，聘用單位依法應當承擔賠償責任的，可依法向負有過錯的註冊房地產估價師追償。」③行政處罰。行政處罰是指估價師故意做不實估價報告或因工作失誤而造成重大損失，由主管部門根據相關規定給予機構和估價師本人行政上的處罰。這種處罰比民事賠償后果嚴重，它直接由主管部門做出，嚴重的可以吊銷估價師「執業資格證書」和「房地產估價師註冊證」，影響估價師的職業前途。此外，《房地產估價機構管理辦法》第五十二條規定，房地產估價機構出具不實估價報告的，由縣級以上人民政府房地產行政主管部門給予警告，責令限期改正，並處1萬元以上3萬元以下的罰款。《註冊房地產估價師管理辦法》第三十八條規定，註冊房地產估價師如故意做不實估價報告或因工作失誤而造成重大損失的，由縣級以上地方人民政府建設（房地產）主管部門給予警告，責令其改正，沒

有違法所得的，處以1萬元以下罰款；有違法所得的，處以違法所得3倍以下且不超過3萬元的罰款。

2015年4月8日，中華人民共和國住房和城鄉建設部第797號公告發布了新的《房地產估價規範》（新編號為GB/T 50291-2015），原《房地產估價規範》（GB/T 50291-1999）同時廢止，新規範自2015年12月1日起實施。其中新規範的第八部分對估價師的執業道德進行了規定，可以概括為以下七個方面：①獨立、客觀、公正；②專業勝任能力；③誠實守信；④勤勉盡責；⑤保守秘密；⑥公平競爭；⑦社會責任。具體如下：

（1）應當保持估價的獨立性，當與估價委託人、估價利害關係人有利害關係或者與估價對象有利益關係的，應當主動迴避相應的估價業務。

（2）不應從事自己的專業能力所不能勝任的業務。對於某項估價業務，如果感到自己的專業知識和經驗所限而難以評估出客觀合理的價值的，就不應承接。對於非主觀意願所承接的自己的專業能力所不能勝任的業務，應當主動聘請具有專業勝任能力的房地產估價師或者有關專家提供專業幫助。

（3）應當誠實正直、公正執業，不做任何虛假的估價。

（4）應當盡心盡力地按照相關估價技術標準做好每個環節的估價工作，包括對估價委託人提供的有關情況和資料進行必要的關注，對估價對象進行全面、細緻的實地查看。

（5）應當保守估價活動中知曉的國家秘密、商業秘密、個人隱私，妥善保管估價委託人提供的資料，除法律、法規和有關制度另有規定外，未經估價委託人同意，不得將商業秘密、個人隱私對外公開或者提供、洩露給他人。

（6）應當執行政府規定的估價收費標準，不得以惡意壓低收費等方式進行不正當競爭，也不得以不正當理由或者名目收取額外的費用。

（7）不得以估價者的身分在非自己估價的估價報告上簽名或者蓋章，不得將房地產估價師註冊證書借給他人使用或者允許他人使用自己的名義。

（8）不得損害其他房地產估價師和房地產估價機構的利益，應當維護房地產估價師、房地產估價機構及房地產估價行業的良好形象、尊嚴和聲譽。

與澳大利亞對估價師職業道德管理的經驗相比較，我國的房地產估價師職業道德建築比較薄弱，僅從估價原則、估價能力、保密、檔案保存、收費、估價資格證書使用等方面對估價師的職業道德做出了規定，但並沒有關於同業責任的規定，對違反職業規範的行為也沒有相應的處罰措施，只是在其他相關管理文件中有分散的、不系統的規定。這一現狀使得違規估價事件很難避免，估價師違規成本極低，嚴重影響著估價師職業道德水平的提高。考慮到我國的實際情況，再結合澳大利亞聯邦政府和行業學會在房地產估價師職業道德管理方

面的經驗，我們可以通過「四個平臺——體制建設平臺、技術平臺、風險管理平臺、激勵平臺」的一個完整體系來加強我國的房地產估價師職業道德建設（見圖 4-1）。

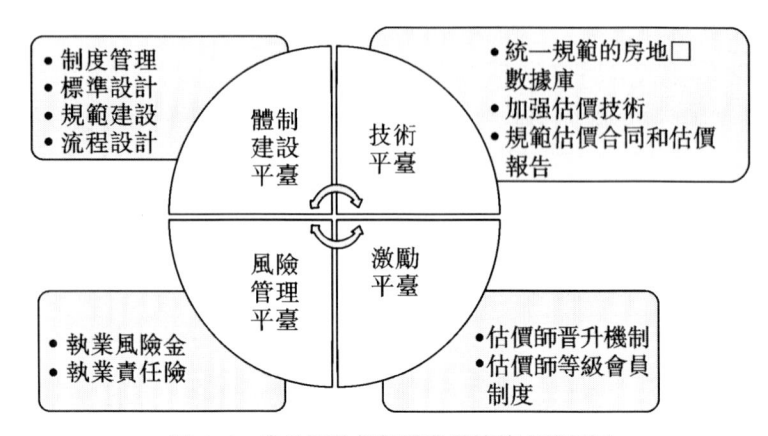

圖 4-1　房地產估價師職業道德管理體系圖

4.6.5.1　體制建設平臺

（1）建立健全房地產估價師職業道德管理體制平臺

房地產估價師職業道德管理是一個系統工程，需要政府及相關部門、行業協會、估價企業和估價師的共同努力。首先，政府及房地產相關管理部門應加強房地產市場的建設和規範，杜絕房地產估價中無理由的行政干預，打破地區壟斷，通過經濟和法律手段，對不正當競爭採取積極有效的措施加以制止，為房地產估價師職業道德管理創造良好的職業環境。其次，行業學會應加大職業道德宣傳力度，大力開展誠信建設，提高社會公眾對它的瞭解和認識，使得房地產估價師能樹立起自豪感、自信感和責任感。行業學會應大力開展形式多樣的行業宣傳活動，充分利用媒體對職業道德教育的傳播力和影響力，積極推進職業道德建設。最后，相關部門應建立健全房地產估價師職業道德體制，包括估價師職業道德的管理制度及規範、標準，以及對估價師違反職業道德情形的處理流程等。流程設計者可參考澳大利亞經驗，針對估價師出現違反職業道德的情形，建立「客戶投訴—受理—調查—申訴—復查—處理」的全流程的設計機制，在組織設計上可以考慮由房地產估價師學會來主導或者由行業學會組建專門的專家委員會或裁判委員會。

（2）加強房地產估價師的職業道德教育

提高房地產估價師職業道德素質應從職業品德教育和專業知識技能教育兩大方面著手。房地產估價師個人也要通過學習估價專業技能提高自身專業水平，樹立執業風險意識，這樣才能使職業道德建設落到實處，起到實效。首

先，房地產估價師應不斷提高自身的道德水平，通過學習，房地產估價師應以誠信勤勉的精神，培養自己良好的敬業精神，樹立對社會公眾負責的意識和執業風險意識。其次，房地產估價師應不斷提高自身的專業技能，保持專業勝任能力。估價師應積極參加有益的專業技能培訓，學習最新房地產估價理論知識，瞭解國內外最新行業發展動態。估價師之間應加強溝通聯繫，積極交流工作經驗，加強合作，從而提高整個行業的執業人員的專業勝任能力。

4.6.5.2 技術平臺

(1) 建立統一規範的房地產數據平臺

目前我國還沒有形成全國統一的房地產交易平臺數據庫，估價機構在獲取估價數據時往往各自為政，不同的機構和不同的估價師之間在收集房地產估價數據的渠道、方法、時效等方面各有差異，為將來產生估價風險埋下了隱患。統一規範的房地產數據服務平臺不僅可以大大提高估價師的工作效率，還可以在很大程度上降低估價師職業道德風險，這是因為統一、權威的房地產數據庫可以從源頭上減少估價師因為估價數據失真引起的估值不準和客戶投訴風險。

(2) 加強估價規範、估價技術的學習

我國的房地產估價師每年均要完成一定課時的后續教育，估價師學會在制定年度后續教育課程內容時，除了將持續學習最新的估價規範和估價技術方法列入，還可以將估價師職業道德及執業風險作為必修課程列入，強制要求所有執業估價師均參與學習。此外，估價師要學習有關的民法、經濟法及合同法等民事法律知識，這也是估價師防範執業風險的一項基本措施。

(3) 提高估價委託合同和估價報告的質量

第一，估價委託合同是進行估價的依據之一，它明確了委託方和估價方的權利和義務以及相應應承擔的責任。因此，估價方受託進行估價時必須規範、完整填寫委託合同，特別要註明應由委託方承擔的責任和義務。估價機構要警惕澳大利亞、英國等國家湧現的估價委託合同對估價機構和估價師不利的情形，特別是一些金融貸款機構惡意將估價風險轉嫁給估價機構的現象。

第二，估價師要注重提交估價報告的質量，並合理有效利用估價報告中的「假設與限制條件」。在實踐中，估價報告中的「假設與限制條件」對某些難以確定的事項作了必要的假設，同時限制了估價結果應用的條件，從一定程度上起到了降低估價風險、保護估價師的作用。

第三，估價企業內部需建立和完善估價機構質量保證體系。建立和完善估價機構質量保證體系，就是企業在估價機構內部為減少機構和估價師面臨的風險而設置的一系列保證估價質量的組織模式。澳大利亞等一些國家已經採用了網路在線估價業務管理系統，從獲取估價任務、選擇估價師直到項目完成，以

及向用戶提供估價報告的全過程，客戶均可以實行在線即時跟蹤。我國的房地產估價機構也可參考國外的做法，採用企業內部採取一系列的檢驗、核查、驗證等措施或方法，保證估價的真實、可靠、科學和公正，並及時和客戶進行溝通，減少由於溝通環節不善引起的風險。這需要企業建立適宜的組織體系，並根據體系建設進行必要的職責劃分，互相約束、互相促進，做到職責分明、利益明確，從而保證估價機構內部和估價師的風險最低化。

4.6.5.3 風險管理平臺

澳大利亞等國家已經形成了比較完善的房地產估價師專業責任賠償保險產品及市場，極大地分散了估價風險，為估價師解決了后顧之憂。目前我國還沒有專業的估價師職業責任保險產品，隨著保險市場的發展以及估價機構和估價師對職業責任的重視程度的提高，職業責任保險產品也應該會適時出現。

現階段估價機構可以在企業內部建立估價師風險金制度，由估價機構從機構收入和估價師個人收入中共同提取一定比例的金額作為風險金，以應對出現賠償時的損失準備。

4.6.5.4 激勵平臺

估價師作為專業技術人員，影響其職業道德的因素除了經濟因素之外，還有職業發展因素。凡是把估價工作作為終身職業的人員，必定會非常珍惜職業榮譽和職業道德。因此，不管是估價機構還是行業學會、政府，都需要提供一個有利於估價師終身職業規劃和發展的通道。

首先，企業要建立估價師在企業內部的晉升激勵機制，包括以下幾個方面的實施策略：①營造良好的組織文化。組織文化主要體現在組織和社會內部共同的信仰、倫理和行為規範。聲譽激勵是隱性激勵的替代方式，是對組織和社會和個人的內在激勵方式。若估價師做出一些機會主義的事情，危害到行業組織在社會中的聲譽和利益時，他會受到行業內其他成員的鄙視，從而形成了基於組織和社會文化層面構建的道德層面的壓力來約束估價師行業。②構建穩定的報酬機制。房地產估價師的經濟能力是保證房地產估價師不侵害利益方的一個基礎。企業必須構建一個有效的、穩定的報酬機制，使房地產估價師對不僅對未來聲譽的提升充滿信心，而且最基本的生活需求也能夠得到充分的保障。相反，如果房地產估價師對未來的最基本需求的滿足可能性都失去信心，短視行為與機會主義就會發生。因此，構建完善、有效的報酬機制是使房地產估價師對將來充滿希望的基礎，是保證成員之間有效合作的基礎。③建立職業晉升通道。要保護有志於從事估價行業的年輕估價師的工作積極性，企業可嘗試建立從估價師助理—估價師—項目經理—資深估價師—企業股東的晉升通道，將估價師的個人發展與企業發展相結合，培養其職業忠誠度。

其次，我國的房地產估價師行業學會也可借鑑國外的估價師等級會員制度，設立包括學生會員、臨時會員、正式會員、資深會員和終身會員等不同級別的會員類別，培養估價師會員的職業榮譽感以及他們在行業內發展的長期通道。

參考文獻

［1］房地產估價機構管理辦法. 中華人民共和國住房城鄉建設部令第14號修正. 2013.

［2］中華人民共和國住房城鄉建設部. 房地產估價規範［M］. 北京：中國建築工業出版社出版，2015.

［3］黃日強，李凱晨. 以行業為主導：澳大利亞 tafe 學院職業教育的特徵［J］. 河南科技學院學報：社會科學版，2011（4）.

［4］彭江. 澳大利亞高等教育課程政府認證制度及其特點分析［J］. 復旦教育論壇，2015（3）.

［5］舒海紅. 淺談房地產估價師執業風險與防範［J］. 科技情報開發與經濟，2015，17（21）.

［6］王東，吳英斯，吳曉豔. 基於聲譽的房地產估價師激勵機制與策略研究［J］. 現代商業，2010（20）.

［7］肖豔. 我國抵押房地產價格評估風險及風險管理［D］. 重慶：重慶大學碩士論文，2002.

［8］嚴武，程振源，李海東. 風險統計與決策分析［M］. 北京：經濟管理出版社，1999.

［9］許謹良，等. 企業風險管理［M］. 上海：上海財經大學出版社，2000.

［10］許露，莊亞明. 澳大利亞職業教育課程質量標準體系及啟示［J］. 職教論壇，2011（12）.

［11］註冊房地產估價師管理辦法. 中華人民共和國建設部令第151號. 2006.

［12］朱雅莉. 房地產估價師職業道德問題及對策［J］. 山西財經大學學報，2010（s2）.

［13］Australian Property Institute. Tertiary Institution Accreditation and Endorsement 2015 | Valuation.

［14］Australian Securities and Investments Commission – Complaints resolution schemes. Asic. gov. au. Retrieved on 2013-07-14.

[15] FRENCH N, GABRIELLI L. The uncertainty of valuation [J]. Journal of Property Investment & Finance, 2004, 22 (6).

[16] GREG N, GREGORIOU. Operational Risk Toward Basel III: Best Practices and Issues in modeling [J]. management and regulation, 2009.

[17] LYNCH J. ADR and Beyond: A Systems Approach to Conflict Management [J]. Negotiation Journal, 2001, 17 (3).

[18] NEWELL G. The Valuation Profession in Australia [J]. Journal of Property Valuation & Investment, 1991 (4).

[19] NOCCO B W, STULZ R M. Enterprise risk management: theory and practice [J]. Working Paper, 2006, 18 (4).

[20] TERRY BOYD. Current valuation practice in Australia: A survey of valuers [J]. Journal of Property Valuation and Investment, 1995, 13 (3).

5　澳大利亞房地產估價方法

5.1　國內外房地產估價方法理論和實踐綜述

5.1.1　國外房地產估價方法研究現狀

現代房地產估價的發源地英國，早在 1884 年便出版了房地產估價的專著詳細論述了收益法，其后近百年間，該方法幾乎沒有太大的變化，為以后各代的估價師所沿用。自 20 世紀 20 年代以來，西方一些發達國家的經濟得以快速發展，房地產業也出現了前所未有的繁榮景象。與此同時，房地產估價的理論研究也獲得了較大的發展。大致可以分為以下三個階段：

第一階段是土地經濟學派的興起，該學派奠定了土地價值論的基礎。代表人物是弗雷德里克·巴比科克（Frederick M Boboek）、理查德·赫德（Richard Hurd）、耶魯大學教授艾爾文·費雪兒（Irving Fisher）。其中費希爾在 1923 年發表著作《房地產原理》。巴比科克也於 1924 年出版《房地產估價》，在該書中，他首次將房地產估價方法分為市場比較法、收益法與成本法，為房地產估價理論的正式化和合理化奠定了基礎。

第二階段是國外房地產價值理論的發展時期，代表人物有阿瑟·默茨克（Arthur J Mertzke）。他於 1927 年發表了《房地產估價過程》這一在房地產估價界具有劃時代意義的著作。在該書中，作者首次將價值理論和評估理論緊密結合起來，指出在完全競爭的市場條件下，資本效益價值和長期成本、正常價值之間可互為等值，他提出的三種價值（即正常價值、長期成本和資本收益價值）在本質上是相同的。正是這一思想的存在使得房地產估價中不同估價方法有了相互驗證的理論基礎，也為今天的房地產估價做出了突出的貢獻。

第三階段是國外房地產估價理論的完善與發展時期。這一時期是房地產估價市場上三大方法（市場法、收益法、成本法）得以迅速發展及推廣的時期。

代表人物有利昂·埃爾伍德（Leon Ellwood）和理查德·拉特克里夫（Richard Ratcliff）。利昂·埃爾伍德提出了收益法中資本化率確定的新思路。他還設計了「埃爾伍德表格」，這個表格假定既定的權益股收益和抵押條件一定、持有期一定以及資本增值和貶值速度一定，並假設現金流量是可以累進的。該方法成了估計一個較長時間內利率上限的標準方法，而且直到今天在某些情形下仍然得以沿用。理查德·拉特克里夫在他的《現代房地產估價》著作中進一步闡述了利用收益法求取估價對象的收益價格時，不能人為地將房地產收益拆分為土地收益及建築物收益兩部分來單獨討論。

每個國家的國情不同，有關房地產估價理論涉及的估價方法也有所不同。英國的房地產估價方法主要有五種：市場比較法、剩余法（假設開發法）、利潤法、投資法（收益法）和成本法。早在1890年，阿爾弗雷德·馬歇爾（Alfred Marshall）就首次明確提出了收益法，他把利率作為連接價值與收益的紐帶，並給出公式：價值＝收益÷利率，此后收益法逐漸成為房地產估價的三大基本方法之一。直到20世紀60年代，房地產投資的外部經濟環境從持續平穩發展轉變為通貨膨脹率大幅提高，業內人士才開始反省資本化率與投資收益率之間的關係，提出了全風險收益率和收益率逆差的概念。美國的估價方法主要有三種：市場法、成本法和收益法。美國一般將房產和地產共同評估，尤其是早期對於課稅標準價格的評定，先后擬定了各種路線價法則，如四三二一法則（4-3-2-1 Rule）、霍夫曼法則（Hoffman Rule，又稱為克利夫蘭法則）、尼爾法則（Neil Rule）、蘇慕斯法則（Somers Rule）等，對城市房地產課稅估價建立了最有效的估價方法，並沿用至今。德國的不動產估價方法主要有比較法、收益法和成本法，主要服務於市場流通價值與課稅標準估價。加拿大房地產估價方法也是三種：直接比較法、成本法和收益法。日本的房地產估價方法也主要有三種：成本法、市場比較法和收益法。韓國也建立了「土地評價師」制度，土地評價師的主要業務包括土地補償評估、基準地價評估等。中國香港的房地產估價方法承襲於英國，主要採用五種方法：比較法、投資法（即收益法）、承建商法（即成本法）、利潤法和剩余法。臺灣主要使用四種方法：比較法、收益還原法、成本法和土地估價的路線價法。

總之，由於各個國家或地區的情況不同，房地產估價方法的發展與應用也不同。國際上房地產估價方法可以分為兩大類，一類是以英國為代表的英聯邦國家，採用五種基本方法：市場比較法、收益法、成本法、利潤法、剩余法。其中成本法主要適用於諸如圖書館、警察局、醫院、教堂等沒有銷售記錄並且沒有歷史比較數據的房地產估價中。估價師在進行房地產估價時，注重經驗與市場信息。他們認為在市場發達情況下，直接根據市場信息估價更為準確。另

一類是以美國為代表的北美、日本等國家，採用三種基本方法：市場比較法、收益法、成本法。估價師在進行房地產估價時，注重技術、計量和數學模型。他們認為利用數學模型來評估更能使估價結果趨於公平合理。

5.1.2 國內房地產估價方法研究現狀

早在20世紀30年代，我國就有學者開始進行房地產估價的研究。這一時期國內學者主要是吸收學習國外房地產估價的理論，對我國的房地產估價進行初步的研究，並主要圍繞土地和房地產的價格進行研究和論述，其中最具有代表性的是復旦大學章植教授的《土地經濟學》。全書分為土地經濟問題、土地經濟學與經濟學原理、土地特點及其分類、農地利用、市地利用等幾個部分，該書緊緊抓住中國的現實土地經濟問題，並寫出了中國特色，是一部優秀的土地經濟學教科書。此後，學者張輝和王炳勛分別發表了《上海市地價研究》和《天津市地價概括》，還有張丕介的《土地經濟學導論》、王季深《上海之房地產》等一系列著作也在1940年出版，這些著作主要是關於地方地價和課稅的研究。

但是，由於各種原因，新中國成立后中國內地的房地產估價學術研究基本停滯，直到1978年之後才復甦。中共十一屆三中全會後，由於房地產行業興起，伴隨著城鎮住房制度以及土地制度的深化改革，尤其是1980年，鄧小平同志作了住房要改革的批示，房地產價值理論研究與實踐探討開始出現新局面，我國房地產估價理論也應運而生。尤其是1980年，我國成立了中國土地學會，並召開了許多學術討論會，探討社會主義地租地價問題，極大地推動了房地產價值評估的研究。

隨著學術討論的展開，相關規章制度也陸續頒布。1984年，原城鄉建設環境保護部發布了《經租房屋清產估價原則》，這是新中國第一個關於房地產估價的部門規章。《經租房屋清產估價原則》規定房屋估價方法為：房屋現值（淨值）＝房屋重置完全價值×新舊程度，或房屋現值＝房屋重置完全價值－房屋折舊。該部同年還發布了《房屋完損等級評定標準》，對於房屋新舊程度進行評定。到了1987年，我國逐漸開展了城鎮土地定級評估工作，1989年提出了鋪面租金剝離的評定方法，到了1990年又提出房價和地價相互分離評估的設想，又創新了地價評估的方法，提出房屋契價評估法、聯合建房地價評估法、歷史趨勢地價評估法以及最適應我國國情的土地估價方法——以土地分等定級為基礎，以土地收益為依據，以土地市場交易價格為參考的基準地價法，最終探索出適合我國國情的基準地價評估方法。此后隨著土地市場發展的不斷

完善，以及充分市場交易實例的累積，地價評估逐漸轉向直接採用市場交易資料對地價進行評估，即以市場比較法、收益法、路線價法作為主要評估方法，其他評估方法則起一定輔助作用。

我國的房地產估價方法受英國體系的影響較大，一般注重經驗與藝術，較少考慮人為因素對估價結果的影響。近幾年有關房地產估價定量分析的方法研究不斷增多，學者們也在不斷探尋適合我國房地產市場發育水平的評估理論與方法，尤其是嘗試通過引入數學模型進行定量的分析評估。如模糊數學，通過建立二元對比排序法對房地產進行估價，比較直觀地反應了市場交易價格的水平。層次分析法則將與決策關聯度非常顯著的因素分解成目標、準則、方案等不同的層次，然後採用定性和定量相結合的方法進行決策分析。迴歸分析法主要是將房地產價值和影響該價值的因素建立起迴歸關係。此外還有灰色預測、人工神經網路等方法。但一方面，這些方法並未得到評估行業的充分重視，未能得到廣泛應用，仍然需要進行系統深入的研究分析；另一方面，這些方法的可操作性有待進一步檢驗。另外，我們在使用新方法的時候，還需要結合中國的土地制度，在房地產估價時需要充分考慮土地剩餘使用年限對房地產價值的影響。

目前，我國採用了六種房地產估價的方法，分別是市場比較法、成本法、收益法、假設開發法、路線價法和長期趨勢法。1991年，建設部政策研究中心、中國城市住宅問題研究會房地產估價委員會組織的課題「房地產價格評估方法與應用」完成，第一次比較全面地介紹了國外的房地產估價方法。1995年，我國舉辦了第一次全國房地產估價師的執業資格考試，並出版了四本權威的指定輔導教材，其中在教材《房地產估價理論與方法》中正式推介了這六種估價方法。1999年為了統一估價程序和方法，做到估價結果客觀、公正、合理，根據《中華人民共和國城市房地產管理法》《中華人民共和國土地管理法》等法律、法規的有關規定，我國政府頒布了《中華人民共和國國家標準房地產估價規範（GB/T50291-1999）》，強調成本法、收益法和市場比較法是我國的傳統房地產評估方法，並正式規定了各種方法的適用條件。

總的來說，和國際上其他國家一樣，市場比較法、收益法與成本法仍是我國最為常用的方法。

5.1.3　大數據時代國內外房地產估價方法的發展綜述

在過去的十年裡，如果說選出一個給商業領域帶來最大變化的技術，肯定是以數據挖掘為代表的大數據技術。最近幾年，大數據已經廣泛應用於行銷、

人力資源、電子商務等商業領域，行業涵蓋互聯網、金融、房地產、電信營運、物流、零售業等傳統行業和新興行業，產生了巨大的社會價值和產業空間。同時，從管理學的角度應用大數據技術以支持商業分析和決策，也成為商學院的教育熱點。

隨著大數據時代的到來，傳統的房地產估價操作、業務服務方式和內容已經無法滿足客戶多元化的需求，整個房地產估價行業與大數據進行深度結合已成為需求，目前已經出現了基於大數據技術的新的估價方法，在數據來源和方法應用上呈現出新的特徵。

首先，不同於傳統的房地產估價的主要數據來源於政府信息和專業機構付費信息，大數據時代的數據來源多種多樣，也更為全面和立體。這些信息既包括在多年的實踐過程中房地產企業、估價機構、地產仲介機構、政府部門累積的地產交易和租賃相關數據，還包括交易現場採集的信息、網路交易信息、銀行評估信息和規劃數據，構成了多渠道的來源數據。創立於 2006 年的美國著名的在線房地產公司齊洛（Zillow）主要的業務就是向網民提供各類房地產信息和查詢服務。Zillow 公司開發了自有的澤斯提馬特（Zestimate）系統，可以自動對客戶選定的房產進行估價，Zestimate 的信息來源於美國許多地區的房地仲介業者公用的買賣數據庫（Multiple Listing System，MLS）。同時，房主為了將房屋賣出一個較好的價格，還會主動將房產的相關信息提供給網站，Zillow 公司還有專門的人員通過線上、線下等方式去收集房產所在社區的相關信息。此外，銀行、保險、地產仲介、社區規劃的信息也被包括到這個系統裡。根據以上多元立體的數據並結合歷史和即時交易的價格變動，Zestimate 能自動去評估房產當前的價格。Zestimate 目前可以為超過 1 億套以上的美國房地產提供房地產估價信息，更重要的是，這些信息不僅可以往上追溯 15 年，還可以給出房地產未來 12 年的預測價格。除了這些地產相關的信息之外，大數據時代還會將原本看起來和估價不相關的信息納入估價模型中來，美國的 E2E（End To End）房產電商雷德芬（Redfin）在設計自己的在線估價系統的時候，除了考慮到諸如房屋喜好、地理位置等信息，還將潛在購買者的瀏覽記錄、搜索歷史納入估價系統，房地產仲介根據交易雙方的談判過程、融資、保險情況，給出最終的交易價格。隨著大數據的發展，更多的信息將被納入估價系統中，美國有一款名為「城市地圖」（Citymap）的應用軟件（App），允許使用者製作自己專屬的社區「地圖」，使用者可以標記自己喜歡的地方，如喜歡的咖啡館、喜歡的餐廳、經常散步的公園、經常去健身的健身房，這些信息最終會被匯總，生成相關的客戶報告，並自動匹配最適合使用者的社區和房產，最終提高在雙方交易時的估價準確性。傳統的房地產估價方法一般都是根據房產的具體

信息，估價師根據自身經驗和歷史數據給出房產的具體估價。

大數據時代，自動估價和批量估價成為最主要的趨勢。在美國，聯邦政府免費提供50多萬種數據給私有部門和社會。在這些數據的基礎上，國際稅收評估人員協會（International Association Of Assessing Officers，IAAO）就通過整合公開數據和累積的歷史數據，提出了一種房產批量評估標準，並開始在美國部分地區試行。創立於2004年的美國大數據公司帕蘭提爾（Palantir），將海量數據甚至是不相干的數據收集、整合在一起，幫助非科技用戶發現關鍵聯繫，依託算法自行生成相關的結果。Palantir旗下的帕蘭提爾·哥譚（Palantir Gotham）產品最初用於國防領域，后來Palantir開發出應用於金融領域的帕蘭提爾·大都會（Palantir Metropolis），其中關於問題房產估價的解決方案被美國的銀行、對沖基金等機構用戶廣泛採用，Palantir Metropolis可以根據客戶習慣將其可能感興趣的數據有序地排列在使用者面前，這些信息可能包括銀行轉帳記錄、當地經濟信息，甚至是當地的降雨量等不相干信息，更重要的是Palantir Metropolis可以通過自身的算法，找到這些數據之間的聯繫，批量給出當地的地產估價，尤其是問題房產的估價。

隨著科技的發展，我國企業基於大數據的房地產估價也有了較大的發展。在數據平臺方面，相關的企業牽頭組建了「互聯網+估價機構」大數據平臺，將全國範圍內500余家估價機構的數據進行整合，未來銀行、房地產企業以及其他相關單位可通過「雲估價」平臺的大數據進行價值挖掘。在估價方法和系統上，我國也有多套在線評估系統上線。但總體來說，由於我國政府數據還沒有完全公開，某些數據如報稅數據和銀行房屋貸款數據也很難拿到，我國估價企業的相關自動估價和批量估價系統的開發受到限制，和國外尤其是歐美等發達國家有較大的差距。

5.2　澳大利亞房地產估價機構及市場概述

5.2.1　澳大利亞估價機構及其管理特色

5.2.1.1　澳大利亞房地產估價管理機構

澳大利亞作為全球較為成熟的房地產市場，目前有多家全球性的房地產學會在澳大利亞設有分支機構，如歐洲房地產學會（European Real Estate Society，ERES）、環太平洋房地產學會（Pacific Rim Real Estate Society、PRRES）、美國房地產學會（American Real Estate Society，ARES）等，從事房地產估價的教育

和研究工作。但在澳大利亞影響最大的還是澳大利亞房地產協會（The Australian Property Institute，API），也是該國唯一真正的專業評估團體。

澳大利亞房地產協會作為房地產估價師聯邦組織的歷史可以追溯到1926年，其前身是澳大利亞估價師和土地經濟學家學會，1998年改為現在的名字，是澳大利亞產權、資產、物業評價估價的行業自律性機構。協會是國際評估準則理事會（The International Valuation Standards Council，IVSC）和世界評估組織聯合會（World Association of Valuation Organizations，WAVO）的成員組織，也是國際機器設備評估大會（International Conference on the Valuation of Plant, Machinery and Equipment，ICVPME）的籌委會成員組織之一。

根據章程，該協會的主要目的是為會員和房地產行業制定並維護專業實踐、教育、道德和職業行為的最高標準。其職責具體分為五個大的方面：①制定和頒布統一的資產評估準則；②考核和培訓會員；③承擔資產評估爭議的仲裁；④負責出版評估期刊和專業書籍；⑤為會員提供一些福利及專業知識指導，如酒店優惠、與其他協會有效溝通等。協會設有國家委員會，國家委員會下設8個機構：國家教育委員會、國家金融委員會、國家市場委員會、澳大利亞評估和金融準則委員會、國際委員會、編輯委員會、環境和可持續發展常務委員會以及國家專職小組等。除了位於堪培拉的總部辦公室外，還有七個駐外的辦公室，分別位於澳大利亞首都地區、新南威爾士、昆士蘭、南澳大利亞、塔斯馬尼亞、維多利亞、及西澳大利亞州，其主要職責是負責執行全國總會政策、落實總會戰略計劃、發展會員以及進行一般教育和后續教育等。但是，由於澳大利亞是實行聯邦制的國家，法令由各州自行制定，估價師的資格認證也由各州政府決定，因此，協會的會員都是個人而沒有團體機構，協會的管理範圍和權限受到了較大限制。

協會提供一系列的資質證書，這些資質證書同樣適用於那些準會員及其他成員。協會資質證書包括以下幾個方面：房地產從業資格證書（CPP）、房地產經理資格證書（PM）、基金經理資格證書（CFM）、執業估價師資格證書（CPV）、廠房及機器設備估價師資格證書（CPVPM）、商業估價師資格證書（CPVBUS）、房地產開發執業資格證書（CDP）、設備管理經理資格證書（CFACM）等。

此外，澳大利亞聯邦政府還設有總估價師辦公室，是政府的職能部門。各州還設有本州的總估價師辦公室，經費由政府財政劃撥，由各州的州議會主席任命，並對該州州長負責。總估價師辦公室的主要職責是為物業納稅提供稅基價值評估、基於納稅的目的對國有資產尤其是農牧業資產進行審核和定價、為政府提供估價服務，但基本都是對國有資產的評估。

5.2.1.2 澳大利亞房地產估價企業概況

澳大利亞的房產估價機構一般都是綜合的地產服務公司的一部分，這些公司除了從事房地產諮詢和仲介、物業管理業務，還設有專門的地產估價部門，主要從事房地產的抵押貸款和物業出租、出售估價服務。只有一部分公司專門從事地產估價，而且在規模和營業額上也遠低於上述的綜合地產服務公司。

目前，經過多年的發展，澳大利亞房地產估價企業已經建立了比較完善的客戶服務系統和項目進度追蹤系統，可以完成從客戶諮詢、項目受理、項目全過程跟蹤、估價報告提交及交費等全過程的管理。客戶在完成詢價後，正式委託評估公司開展評估業務。評估公司在公司系統內部建立資產評估項目，同時生成評估報告信息文件，並通過信息系統將業務指令發送給公司內部最為匹配的估價師，估價師通過在系統內部查找相關的資產信息，如類似的物業歷史銷售價格（在評估公司內部都有大量的案例可供參考），並參考外部市場信息，分析比較價格。一般來說市場調查、物業市場現狀和資產回報率是估價師一定要研究的三個問題。值得一提的是，在澳大利亞的評估市場，現場調查和評估十分重要，澳大利亞房地產協會的相關準則甚至規定，如果估價師沒有經過現場的評估，其評估結果是無效的。有的公司現場勘查的內容甚至達到上百項，這些內容需要估價師在評估現場一一填寫，並且需要在評估報告中體現出來。通過上述方法和程序，估價師確定客戶委託的物業的價值，生成相應的評估報告，這份報告在公司內部再由專門的人員進行復核，最終形成提供給客戶的評估報告。

澳大利亞房地產估價企業出具的評估報告的結果完全由估價師和估價企業負責，而不需要經過政府和其他管理部門的確認，唯一需要遵循的就是澳大利亞房地產協會所規定的評估程序和評估要素。但各個房地產估價公司可以在協會規定的基礎上，結合自身所在市場的情況、企業自身特點進行微調，並落實到實際的工作中去。比如，按照協會的規定，一份有效的評估報告必須包含物業所在地的資料、所在土地建築物狀況、所有人和使用人概況、物業財務數據、物業的整體狀況、物業所在市場情況、物業的市場分析和總體評價。除了這些物業本身的狀況外，評估報告中還應該包括本次評估所遵循的基本原則、本次評估報告的使用假設條件等。作為比較成熟的市場，澳大利亞的房產評估一般也使用收益法、市場法、成本法，其中市場法和收益法用得最多。一般的評估使用其中一種方法，使用另外的一種方法進行驗證，但在評估報告中，對兩種方法的估價結果都要進行披露。在評估報告提交給客戶，客戶完成剩餘費用的繳納后，有的公司還會就本次評估的全過程給予評價，最後本次評估結束。

如果估價機構的客戶是政府單位，對象是國有資產，遵循的程序和規則則會略有不同。在澳大利亞，政府部門往往掌管著港口、道路等國有資產，同時還有大量的物業和地產，為了使得這些國有資產的使用效率和投資回報最大化，政府機構往往會尋求專業機構的諮詢意見來為自己的決策提供依據。澳大利亞各級政府在出售和轉讓國有資產的時候，首先將相關信息公開供社會各界進行查詢，然後再選取一家估價企業進行評估並出具報告作為報價的基礎。與給私人出具的報告不同，這個結果要經過相關的物業機構進行審核和確認，並報備政府機構備案，政府機構通過抽查的方式來保證評估報告的質量。另一個不同的是，估價機構在對政府物業進行估價的時候，除了考慮投資和利潤最大化外，社會效益也是需要重點考慮的指標，這對估價結果有一定的影響。

5.2.2　澳大利亞房地產估價市場特色

5.2.2.1　土地制度

作為英國前殖民地和英聯邦國家，澳大利亞的土地制度受英國影響很大。早期的澳大利亞土地除了少數是原住民保留地外，其餘的都歸英國女王所有，即國有的王室土地。國家將土地通過各種方式租給居民。從 1800 年開始，為了發展經濟，政府鼓勵定居者開發土地，才逐漸形成了目前的澳大利亞的土地制度。

澳大利亞的土地保有類型分為私有土地和王室土地（國有土地）兩大類。國有土地分為州有租賃土地（Leasehold）和保留地（Reserves）。州有租賃土地大多租賃給私人用於放牧、農業、住宅、商業等，其中放牧和農業所占比例最大，承租人需要繳納一定的租金給州政府。期限一般分為有限租賃（1~100年）和永久租賃（100年以上）。保留地則是政府為了公共利益保留的部分土地，用於公共場所的建設，如公園、運動場、公墓等，還有部分作為國家公園和森林用地，用於動植物的保護。私有土地是政府為了發展經濟而鼓勵私人開發的土地，私人在履行了開發義務后取得完全土地所有權，私有土地的所有人可以是個人也可以是政府，醫院、警察局等用地就是政府的私人土地，政府有權進行出售、出租等。此外，澳大利亞還有土地不僅不屬於任何人，也沒有納入土地登記，被稱為「未分配州有土地」（Unallocated State Land），這些土地一般為空閒地。

在澳大利亞，購房者如果想置辦房產，必須首先取得地皮，或者向政府購買，或者向個人購買私有土地，在取得土地證之后才能進行房地產的開發。因此，和我國不同的是，澳大利亞的開發商實際上是建築商，主要負責房屋的設

計和施工。

5.2.2.2 土地相關司法制度

澳大利亞承襲了英美法律制度和體系,同時,作為一個聯邦制國家,澳大利亞土地管理的責任由聯邦政府和各州分擔,聯邦政府只能根據澳大利亞憲法所賦予的權利制定相應的法律,和各州一起約束自身的政府機關。此外,除了各州以外,首都地區和澳大利亞北部地區也獲得了地方自治的權利。因此,澳大利亞在土地管理方面形成了1個聯邦政府、6個州、2個地區共9個法律體系。澳大利亞雖然有9個法律體系,但立法的框架基本相似,一般包括土地徵收立法、配套法規、土著地權法,此外還有諸如土地裁判所立法、估價師立法等輔助性立法。

其中最主要的是土地徵收法(Lands Acquisition Act),對土地徵收程序、徵收權力、補償數額進行了詳細的規定,因此也比較冗長。如1989年的《澳大利亞聯邦土地徵收法》(Lands Acquisition Act 1898)就有12部分、140條之多。配套法規一般稱為土地徵收條例(Lands Acquisition Regulations),是對土地徵收法在細節上的補充,一般條文不多。土著地權法(Native Title Act)是澳大利亞政府和土著族群尋求民族和解的產物,第一部誕生於1976年,這類地權法的內容一般是關於土著地權的確定、權能、消滅的。雖然聯邦、州、地區的這些土地法律在細節上有所不同,但基本原理和組成基本一致,在各自的管轄範圍內被獨立運用。

另外,作為英美法體系國家,判例在澳大利亞土地管理中也起著較為重要的作用,很多徵收補償和地價評估的原則都是從判例發展出來的。

5.2.2.3 估價市場准入

澳大利亞目前每年大約有15萬左右的大學畢業生。個人如果想申請註冊成為估價師,必須是房地產估價專業的本科畢業生,並且擁有兩年的相關工作經驗,而非房地產估價專業的畢業生,則需要完成估價專業的研究生並從事兩年估價工作才能申請。

澳大利亞目前有13所大學提供房地產本科和研究生教育項目,這些大學都和澳大利亞房地產協會和英國皇家特許測量師學會(Royal Institution of Chartered Surveyor, RICS)有緊密的合作關係,澳大利亞房地產協會和英國皇家特許測量師學會授權這些學校開設資產評估相關的課程,學生取得的相關學位成為畢業后進入估價領域的必備條件之一。如西悉尼大學(Western Sydney University)的房地產投資與開發課程(Master of Commerce, Property Investment and Development)至今已經有將近30年的歷史,是房地產投資及開發領域的前沿課程,課程講授的內容包括房地產環境、房地產投資分析、房地產金融和稅

法、房地產組合分析、房地產開發以及評估等方面。

澳大利亞房地產協會規定估價師在取得從業資格後，每年必須完成20學分的后續教育，以提高專業水平和技能，協會會按照5%的比例進行抽查，對於一年達不到要求的估價師進行通報批評，連續兩年達不到要求的臨時吊銷執照，連續三年達不到要求的則永久吊銷資格。

5.2.2.4 估價行業的專業協會管理

澳大利亞的估價行業所出具的結果不受政府的審核，也不接受政府的撥款。整個行業在管理上以行業自律為主，而澳大利亞房地產協會則是行業自律的主要管理結構。協會和新西蘭房地產協會（The New Zealand Property Institute，PINZ）共同制定了《澳大利亞和新西蘭評估準則》（Australia And New Zealand Valuation And Property Standards，API & PINZ）作為兩國共同認可的準則、各自獨有的準則以及國際評估準則，支持澳大利亞資產估價企業、金融部門及社會公眾依靠這些準則的應用來支持借貸及風險管理戰略。同時協會還制定了《投訴應對和自律程序》對違反準則的會員進行自律管理，加強了這些會員對必須遵守的職業和技術準則的實施。職業道德準則包括遵守準則的要求、職業責任、能力、利益衝突、保密、專業。這些自律程序的實施，不僅可以提高估價師的職業素養，還起到保護企業及普通公眾的作用，協會也一直提倡通過提高職業素質來保護消費者（Protecting consumers by improving professional standards）。

協會的另一主要職責是推進澳大利亞的房地產教育。協會認為高等教育背景是評估知識和理解評估的基礎，因此為了確保估價師具備的知識和經驗足以提供獨立和客觀的評估，澳大利亞資產協會要求會員有大學學歷。同時，協會還協助各個大學提高房地產教育水平，協會下設的全國教育委員會（National Education Board，NEB）會指導各個大學進行課程的設置，並且每五年對通過認證的大學的房地產教育開展檢查和審核，內容包括對教師的教學水平進行測評，對畢業生和在校生進行大規模的訪談調研，並提出課程和教學建議。協會還通過贊助學生路費、協調仲介機構和評估事務所等方式協助大學實踐課程教學，並設立獎學金和各種培訓項目對有志於從事房地產事業的優秀學生進行獎勵。

5.2.2.5 估價師會員制度

根據澳大利亞房地產協會的年報，截至2014年年底，協會在澳大利亞本土和海外有7,965名會員，會員中房地產估價師所占的比例最大，還包括住宅、商業和機器設備估價師、物業諮詢師、財產分析師和基金經理、物業管理人、資產管理者、開發商、財產律師、銷售及收購從業者、物業研究者和學者

等。協會自己創辦的專業期刊《澳大利亞及新西蘭房地產期刊》(The Australia and New Zealand Property Journal, ANZPJ) 是澳大利亞讀者最多的商業雜誌之一，協會的全球會員每季度都會收到該期刊。

在澳大利亞，估價師必須成為協會會員，因為包括銀行、保險公司在內的客戶都會要求估價師是協會的會員。協會的會員根據申請人的資格和經驗確定，分為學生、大學畢業生、臨時會員、聯繫會員、資深會員、正式會員和技術聯繫會員七大類。

學生會員：正在學習協會認證課程的學生，協會為其提供年度免費會員資格，並為其提供訂閱澳大利亞和新西蘭相關地產雜誌的服務。

大學畢業生會員：完成協會認證的課程，但工作經驗不滿兩年的會員。

臨時會員：完成協會認證的大學課程或技術和繼續教育（Technical and Further Education, TAFE）課程但工作經驗不滿兩年的會員。

聯繫會員：已經完成一門協會認證課程且在相關資產行業工作經驗滿兩年的會員。

資深會員：在行業中受到尊重，擔任協會領導並為協會提供服務的會員。

正式會員：至少有十年工作經驗，且對本職工作做出貢獻的會員。

技術聯繫會員：持有專門資格的學位證書，或者在相關行業領域有估價師執業經驗的會員。

5.2.2.6 估價師個人執業情況

在過去二十年裡，隨著澳大利亞利率的下降，澳大利亞各大主要城市的房地產水平一直處在穩定的增長狀態，估價師也成為就業率比較高的高薪職業。估價師（Valuers）一般分為廠房及機器估價師（Plant and Machinery Valuer）、物業估價師（Property Valuer）、房地產估計師（Real Estate Valuer）三大類。其主要職責包括為土地和房地產提供估價建議、從事商業土地和房產開發、銷售或租賃、進行政府固定資產估價和社會保障性資產測評等。

5.3 澳大利亞房地產估價方法研究

5.3.1 澳大利亞傳統的房地產估價方法及實踐

澳大利亞常用的房地產估價方法與國內並無多大差異，常用的估價方法如表5-1所示。

表 5-1 澳大利亞房地產估價常用方法

中文名稱	英文名稱
市場比較法/直接比較法/比較法	Direct Comparison Method/Comparative Method
資本化法/投資技術	Capitalisation Method/ Investment Method
收入法	Income Approach
積算法/承包人估算法/成本法	Summation Method/ Contractor's method/ Cost Approach
假設開發法/餘值法	Hypothetical Method/Residual Method
會計帳目法/收益法	Accounts Method/Profits Method
現金流量折現法	Discounted Cash Flow Method（DCF method）

資料來源：根據澳大利亞西悉尼大學納爾遜‧陳的「房地產估價原理」一課的課件整理而來。

根據畢馬威澳大利亞分公司（KPMG Australia）發布的《2015年澳大利亞估價實踐調查》（Australian Valuation Practice Survey 2015），成本法和市場法是房地產估價最常用的方法，而在商業地產估價時最常用的方法則是資本化法，排名第二的是現金流量折現法。資本化法是澳大利亞商業地產估價時最常用的方法，超過70%的估價師都使用過這種方法進行商業地產的評估，排名第二的是現金流量折現法，估價師使用的比例超過50%。

5.3.1.1 市場比較法

市場比較法（Sales Comparison Approach）在澳大利亞也被叫作直接比較法（Direct Comparison Method），和大多數國家一樣，這種方法也是澳大利亞房地產估價的首選方法，在《澳大利亞和新西蘭評估準則》中推薦的用於房地產估價方法中位列第一，但這種方法一般用於住宅的估價，而且幾乎沒有被單獨使用，都是和其他方法結合使用的。

市場比較法是指估價師在對一宗房地產進行估價的時候，將需要估價的房地產與類似的房地產在近期的成交價格進行比較，並進行適當的修正，最終得出需要估價的地產的最終價格。市場比較法的基本原理是經濟學中的替代原理，在一個完全競爭的市場上，如果存在兩個或者兩個以上具有相同功效的商品，那麼這些商品間就會進行競爭，經過充分競爭後，其價格也會趨於相同。而在澳大利亞房地產市場，競爭比較充分，且案例較多，因此無論在實踐中還是理論教學中，該種方法都被認為是澳大利亞估價市場的最佳方法。

《澳大利亞和新西蘭評估準則》強調市場比較法主要應用於交易性的房地產和資產，如住宅、寫字樓和商品、廠房等。市場比較法的使用還需要滿足一系列的條件，首先要有充分的參考對象，通常情況下，交易的案例越多，就越能反應交易市場的真實水平，準確性也更高。而且在實際的評估中，還需要通

過多個類似的案例進行比較以保證評估結果的客觀。因此，在澳大利亞，各大房地產估價企業都十分注重案例庫的建設，澳大利亞聯邦政府和各州政府也會定期在官方網站上更新本地土地和房地產的相關交易信息。其次，選取的房地產交易的案例應該是在近期發生的，在澳大利亞，一般選取一年以內的交易案例作為評估基準。最后，選取的參照必須具有較好的可比性，即「Like To Like」原則。

市場比較法的應用步驟一般分為四步。第一步是對最近的市場交易進行研究，主要是通過各種方式收集大量的交易實例。此外，這一階段估價師還會進行現場勘查，澳大利亞的房地產估價十分注重現場勘查，有的估價機構要求估價師進行勘查的指標甚至多達100項。第二步是對前期收集的案例和當前的市場進行分析，如地產的位置、房產交易的時間、房產的價格和用途等，制成相應的表格，如果發現虛假信息要及時剔除。第三步是統一可比的基礎，選取的案例即使再相似，也會有不同的地方，不可能做到完全一樣，因此需要對其中的不同進行調整，如交易日期修正、房產狀況修正、區域因素修正、付款方式修正等。最后是確定房產的最終價格，將修正后的各個可比案例以統一的折算方式計算出待估房產的價格，在澳大利亞，常用的方法一般包括算術平均法、加權平均法、中位數法等。公式如下：

$$V = V' \times A \times B \times C$$

其中 V' 為可比實例價格，A、B、C 為修正系數。

但市場比較法也有主觀性強、因素修正簡單等缺陷，影響最終評估結果的準確性。

5.3.1.2 成本法

成本法（Cost Approach）是澳大利亞最常用的估價方法之一，又被稱為原價法、成本逼近法，在《澳大利亞和新西蘭評估準則》中推薦的用於房地產估價方法中位列第二，在澳大利亞的地產估價實踐中，該種方法一般是在需要評估的房產沒有可參照對象的情況下使用。準則建議該方法還適用於政府建築、醫院、教堂公園等公共建築和公共設置及沒有建築物的新開發的土地，幾乎不用於商業地產的估價。

成本法的理論依據是勞動價值理論和成本費用價值理論，即商品的價格是基於生產該種商品的成本決定的，推廣到房地產領域，即地產的價格由該地產所要花費的價格決定。在估價的時候，估價師通過一定的方法求出該地產的成本並最終得到該地產的市場價格。具體方法是估價師通過求出地產在評估時點的重置價格或者重建價格，並扣除折舊，就得到地產的價格。成本法具有以下特點：第一，以累加為途徑，因此該種方法還被叫作累加法（Summation Method）；第二，在計算的時候以評估時候的數據為準；第三，評估結果必須包含開發者合理的利潤，但利潤的判斷一般比較主觀，基本依靠估價師在經驗的基礎上進行主觀判斷。成本法最基本的公式為：

資產評估價值＝資產重置成本－折舊

根據評估對象的不同，成本法可以分為三大類：新建地產估價、舊建築物評估、土地評估。在澳大利亞，新建房地產的價值一般包括土地成本、開發成本、需繳納稅費、利息、開發利潤等。舊建築物的價值為扣除建築物折舊的建築物重置成本（Depreciated Construction Cost）。土地的價值則包括土地成本、開發成本、管理費用、需繳納稅費、利息、開發利潤、土地增值收入等。成本法的使用一般分為三個步驟。首先是估價師收集有關房產的開發建設的各項成本，包括本地的稅費情況、土地成本、原材料成本、利潤等；其次是根據上述資料進行建築物重置成本的計算；最後，進行折舊的計算，得出房產的價格。

在澳大利亞，估價師使用成本法計算房產價格的時候，有兩處需要注意的地方，即建築物重置成本和建築物的折舊。建築物重置成本即採用估計時點的建築材料、建築設備、建築技術，並按照估計時點的價格水平，重新建造與評估對象具有同樣使用效用的新建築的成本。而折舊則是指建築在使用過程中由於各種原因造成的價值損失。常用的計算方法主要有直線折舊法、餘額遞減法、償債基金法等。公式如下：

直線折舊法：

$$D_i = \frac{C-S}{N} = \frac{C(1-R)}{N}$$

餘額遞減法：

$$D_i = C(1-d)^{i-1}; \quad d = 1 - \sqrt[N]{\frac{S}{C}} = 1 - \sqrt[N]{R}$$

償債基金法：

$$D_i = \frac{r}{(1+r)^N - 1}(C-S)$$

其中，D_i為第i年的折舊額，C為重新建造價值，N為使用年限，S為殘值，R為殘值率，r為年利率，d為平均折舊率。

5.3.1.3 資本化法

在澳大利亞，對於商業地產的估價，超過70%的估價師都會選取資本化法（Capitalization Method）。資本化法又分為兩大類：收益法（Income Approach）和投資法（Investment Method）。

收益法的基本原理是找到具有收益性的房地產的價值和其未來收入潛力存

在的特定關係，客戶購買該類地產的動機是未來在持有期內獲得有競爭力的收益率。因此，收益法以預期原理為基礎，即決定房地產當前價值的不是基於歷史價格和成本等過去的市場狀況，而是基於未來的收益。因此房產的價值首先取決於未來淨收益的大小，未來淨收益越大，房產的現值就會越高；其次是未來淨收益期的長短，未來能夠獲得收益的期限越長，房地產的價值就會越高；最后是獲得淨收益的穩定性，獲得淨收益的穩定性越高，房產的價格就會越高。公式如下：

$$V = \sum_{i=1}^{n} \frac{R_i}{(1+r)^n}$$

公式中，R_i 為未來第 i 年歸屬房地產的收益，n 為房地產的收益年限。在澳大利亞，收益法一般用於非出租房地產而不是自己進行經營活動獲得收益的房產。對於用於承租的房地產，由於可出租的房子種類較多，地產之間的價格差距比較大，一般使用投資法。投資法的公式如下：

$$V = \frac{A}{r} = AK$$

其中，A 為房地產的年租金收入，r 為資本化率，K 為房地產售價與租金收入的比率。

估價師使用資本化法進行估價一般分為四個步驟：首先，通過收集公司內部和外部的關於需要評估房產的未來預期收益相關數據；其次，通過數學模型評估估價對象的未來收益；再次，計算出資本化率；最后，通過不同的公式來計算房產的未來收益數值。

收益法和投資法都有一定的假設條件，即房地產的純收益每年不變，資本化率每年不變且大於零，年限無期。但實際的房地產市場情況，一般不符合計算公式的假設，因此，澳大利亞各個估價機構還有很多自己的修正后的公式。但這些公式都涉及收益率這個重要的數據的計算，受到估價師主觀和經驗的影響加大，同時，收益率作為一種資本投資收益率，受到投資風險的影響，並不固定。因此，在澳大利亞，無論是澳大利亞房地產協會還是各個估價機構都十分注重投資風險的防範，並強調評估對象的收益率應緊密結合該處房產的投資風險狀況。

根據歷史數據，在過去的 40 年間，澳大利亞的房價平均每年升值 10%。而在最近幾年來，由於澳大利亞實行比較寬鬆的貨幣政策，市場利率較低，同時商鋪也因為其投資收益穩定、保值增值的特性成為澳大利亞投資保值的主要途徑之一，資本化法的應用也成為房地產估價使用的主要方法之一。

5.3.1.4 假設開發法

假設開發法（Hypothetical Development Method），又稱為市場倒算法

（Market-based Forest Value Method）或剩余法（Residual Method）。這種方法是將待估價的房地產的預期開發價格，扣除預計的正常費用、稅金、利潤后，得出待估價房地產的價格。這種方法廣泛地應用於澳大利亞待開發土地或者需要拆除原有建築重新進行開發的土地的估價。其原理與資本化法中的收益法類似，即經濟學中的預期原理，而更深層次的理論依據則來自18世紀英國古典經濟學派的地租原理。

在澳大利亞，估價師使用假設開發法有幾個前提：首先必須假設待評估的土地和地產的用途、使用強度、建築物的設計都是最佳的開發利用方式。其次是在項目的開發過程中各項成本投入的速度是不變的，及均勻投入和分段均勻投入。最后，開發商具有一定的風險承受能力，並且其利潤水平和開發成本處在現有的市場條件下的社會正常平均水平。

這種方法實施思路是綜合考慮被評估的土地的位置、面積、環境等因素，根據最高和最優使用的原則，假設對該塊土地進行開發，扣除相應的開發成本，預測開發完成後土地和建築物的售價或者租賃獲得的潛在收益（Latent Value），如果被評估的對象需要拆除原先的建築進行重新開發，還需要扣除原有建築的拆遷和基礎設施建設成本。其基本公式為：

$$土地價值 = 總開發價值 - 開發成本$$

在澳大利亞，開發成本包括建築本身成本、建築師費用、施工費用、施工技術員費用、廣告費和法律費用、貸款利息、土地持有成本。

這種方法雖然在澳大利亞待開發土地和地產估價中經常被運用，但仍存在一系列的因素影響最終評估結果的準確性。首先是待開發的地產價值的估價是否合理，一般估價師在估計預期價格的時候會選取類似的地塊或者地產進行參考，但在實踐中，往往會缺乏此類的參考。因此，在澳大利亞的評估實踐中，使用這種方法，在最終出具的報告中，一般機構都會要求估價師詳細列出前提假設和其他估價師做出評估的依據。其次就是項目本身成本的計算是否合理，如企業的建設費用的預估是否和市場水平相吻合，人工的價格、材料的稀缺性是否影響建築的最終成本等。

5.3.1.5 現金流量折現法

現金流量折現法（Discounted Cash Flow Method，DCF）是一種通過求房地產未來淨收益，並利用適當的報酬率將其折算到估價時點現值累加來求估價對象價值的方法，一般用於大型房地產項目開發的估價中。

在澳大利亞，現金流量折現法又分為淨現值法（Net Present Value，NPV）和內部收益率法（Internal Rate of Return，IRR）。淨現值是指在本地產項目的週期內，投資這個項目各年淨現金流量的和，換句話說，就是在項目的週期內

淨現金的流量和投資額的現值之間的差額。而投資收益率則是在項目的週期內，已經投入的資金額所獲得的報酬率，是項目週期內現金流量的現值正好等於投資額現值的假設下所求出的折現率。在一般的情況下，使用兩種方法進行估價的結果是一致的。現金流量折現法的公式如下：

$$V = \sum_{i=1}^{m} [R_i \times (1+r)^{-i}] + \sum_{m+1}^{n} [R_{m+1} \times (1+r)^{m+1}]$$

其中，i 是預測的分期，R_i 為第 i 年淨現金流，r 是折現率，m 和 n 則是詳細預測的期數。使用該方法的關鍵一是需要準確地預測項目未來各個年度的現金流量，二是需要找到合理的折現率，折現率一般和未來現金流的風險掛勾，如果項目的風險越大，則要求的折現率就越高，反之亦然。

5.3.1.6 會計帳目法

會計帳目法（Accounts Method）又叫利潤法（Profits Method），是一種通過計算待估地產未來數年經營利潤，經某種資本化率折算為估價的現值，並通過求和來確定房產價格的方法。其公式如下：

$$V = \sum_{i=1}^{n} \frac{P_i}{(1+r)^2}$$

其中，P_i 為待估地產第 i 年的經營利潤，r 為投資者要求的內部利潤率，n 為待估地產的經營使用年限。

在澳大利亞，這種方法主要適用的評估房地產一般具有壟斷性質，壟斷性包括法律壟斷和事實壟斷。法律壟斷的情形很多，如某項地產在某地特許經營。而事實壟斷則是指法律以外的因素造成的壟斷。這些地產一般包括酒店、醫院、電影院、劇院、加油站等。

這種方法在操作上和其他方法有較大不同。在對利潤的計算上，對於已經正常經營了多年的地產，估價師對該地產最近幾年（一般是最近 3 年）的實際經營業績進行查實，確定該地產的經營收入水平和各項費用的成本水平，並確保委託人提供的各類財務數據真實有效，最終從中求得用於估算的利潤，並預測房地產獲利的發展趨勢，這也是為什麼這種方法叫作帳目法。而對於新建的地產項目或者經營年限較短的項目，才通過預估的方法估算利潤。通常這類房地產處於壟斷地位，其經營的毛利率有一個正常的範圍。

5.3.1.7 其他方法

除了上述常見方法外，估價師可能還會用到其他一些方法，如迴歸分析法（Regression Analysis）、蒙特卡洛模擬法（Monte Carlo Simulation Method）、層次分析法（Analytic Hierarchy Process）、神經網路分析（Neural Network Analysis）等。

（1）迴歸分析法

這種方法是通過建立房地產交易價格和交易價格的影響因素如所在土地的地形、位置、規模、樓層、房齡、行政區劃等因素的迴歸模型，來確定被評估地產的市場價格。這種模型的典型公式為：

$$Y=\beta_0+\beta_1X_1+\cdots+\beta_kX_k+\varepsilon$$

其中，變量 Y 為預估地產的交易價格，$X_1\cdots X_k$ 為影響交易價格的影響因素，β_0，$\beta_1\cdots\beta_k$ 為固定系數，ε 為誤差項。

早在20世紀六七十年代，就有學者對迴歸分析法在地產估價中的應用進行了研究，美國不動產評估協會（The American Institute Of Real Estate Appraisal，AIREA）在1978年還對該方法進行了系統化和標準化的工作，並進行大力推廣。近年來，在信息技術和統計分析軟件的支持和推動下，迴歸分析法的精度和準確度都大大提升，在澳大利亞的評估市場中也有較多的應用。

（2）蒙特卡洛模擬法

蒙特卡洛模擬法是現代工程管理中常用的一種方法，其基本原理是通過建立一個隨機過程模型，對每一隨機變量進行抽樣來計算所求參數的統計特徵並最終給出所求解的近似值。這種方法的步驟一般為：首先是建立數學模型，在澳大利亞的地產估價中，一般選取的模型為淨現值模型（NPV）和內部收益率模型（IRR）；其次是確定輸入變量及其概率分佈，變量主要包括市場情況、管理概率、項目進度和財務風險等，具體可以細分為房屋售價、土地費用、建設費用、各項稅費等；再次是進行模擬實驗，確定變量的分佈並進行隨機抽樣；最后通過抽樣后得到多組隨機數值，帶入模擬函數關係中，並確定輸出函數的概率分佈。

（3）層次分析法

層次分析法是用於處理有限個方案的多目標決策方法，其基本原理是把複雜問題分解為多個層次，從最低層次開始進行兩兩比較得出各個因素的權重，通過由低到高層層分析，最后計算出各方案的權重，權重最高的方案為最優方案。在澳大利亞，這種方法一般和市場比較法結合起來使用，解決估價師對區域因素和個別因素因為缺乏客觀標準而導致估價帶有很大主觀性和隨意性的難題。區域因素一般包括地產位置、基礎設施、交通便捷程度、城市規劃限制等，個別因素則包括土地形狀、土地使用年限、工程質量、建築結構等。

這種方法的步驟是：首先，建立影響地產價格的區域因素和個人因素指標體系，構造判斷矩陣，並確定指標的分值計算辦法和評分標準；其次，計算各因素的權重值；再次，對權重計算的判斷矩陣作相容性檢驗；最后，計算出待估房地產和交易實例房地產的因素影響綜合分值，進行層次總排序。

（4）神經網路分析

神經網路是生理學上的真實人腦神經網路的結構和若干基於某些原理抽象簡化和模擬構成的信息處理系統，能夠很好地解決模糊的複雜非線性問題。地產價值和影響因素之間的關係是不確定的，不僅各因素的重要性無法量化，權重也不好確定，但由於存在一定量的已知樣本，並且這些樣本的價格和影響因素的量化值是已知的，因此，我們可以通過神經網路模型將樣本價格影響因素作為輸入，將樣本價格作為輸出，並通過相應的軟件如矩陣實驗室（Matlab）對網路進行初始化、訓練和仿真，建立價格和影響因素的非線性關係，在預測樣本的價格的時候，只要輸入樣本的價格影響因素，就可以得出該樣本的價格。

神經網路由三個部分構成：①輸入層，影響地產交易價格的因素作為自變量。②輸出層，預測值即地產的價格。③隱含層，即動態處理過程，這個過程是「黑箱」，對於使用者不可見。

5.3.2 澳大利亞新型估價方法

5.3.2.1 澳大利亞新型估價方法概述

作為一個比較成熟的房地產市場，除了傳統的房地產估價方法外，澳大利亞很早就在理論和實踐中進行新型方法的探索。這些新型方法以自動估價和批量估價為代表，澳大利亞是世界上最早利用自動估價模型（Automated Valuation Model，AVM）技術實施房地產的稅基批量評估業務的國家，也是世界上最早將AVM用於抵押貸款的國家。現在澳大利亞已經建立了比較完善的自動估價模型，還有大量公司在推行基於估價師與AVM系統相結合的桌面評估系統（Desktop Appraisal），使得房地產估價這個行業變得更加高效，同時為房地產估價企業和投資者節省了大量的中間費用。

隨著不斷地深入研究，自動估價模型的技術也在不斷地成熟，應用範圍也越來越廣。目前在澳大利亞，自動估價模型已經不僅僅局限於最初的在財產類從價稅稅基評估中的應用，隨著自動估價技術的不斷成熟，自動估價模型目前已廣泛應用於房地產估價及管理的其他領域。包括自動估價模型在內的新型估價技術在諸多領域實現其自身的獨特優勢，可以預見的是，隨著計算機技術和信息技術的進步，以及人們對自動估價技術的深入研究，自動估價模型會更加成熟，應用範圍也會逐漸拓寬。

在房地產管理領域，除了傳統的資產估價企業以外，還有一批包括核心邏輯快速數據公司（CoreLogic RP Data）、澳大利亞引用價值公司［Quotable

Value（Australia Pty Ltd.）] 等公司在內的從事房地產投資諮詢、房地產估價服務、房地產仲介服務等服務的新型公司，為政府、金融機構、估價師、個人用戶提供相關服務。

5.3.2.2 大數據背景下房地產估價數據的收集

房地產估價行業無論是使用新技術，還是優化以往的估價方法，建立龐大的不動產信息數據庫是極其必要的。這個數據庫需要包括不動產的地理位置、交通狀況、環境情況、建築面積、結構、質量等數據；同時需要不斷地優化數據的質量和結構，提高數據的可靠性和完整性、即時性。這是提高評估公正性和準確性的關鍵和基礎。

房地產估價行業有著很顯著的大數據特徵。從大數據定義上來看，房地產估價所面對的數據總量實際上已經完全符合大數據的內涵，並且在估價專業的研究機理上，房地產估價正是要從龐大的市場資料中分析處理形成並確定委估對象的價格，也與大數據的結果導向高度一致。有學者對大數據的特徵與房地產估價進行了對比，得出了房地產估價行業與大數據有較高的相關性的結論，如表 5-2 所示。

表 5-2　　　　　　大數據的特徵與房地產估價的對比

特徵	大數據	房地產估價	相似程度
體量	體量大，PB級別起	粗略估計 2012 年全國城鎮家庭的住房套數為 2.3 億套，每天都有大量各種房地產數據產生	高
種類	多種類的非結構化數據	除了基本信息的一些結構化數據外，還有大量的圖紙、照片，甚至視頻	較高
速度	按秒級處理	尚未達到秒級需求，但是在批量評估等特定需求中對完成的時間要求比較高，並且還在不斷提升	一般
價值	價值密度低，商業價值高	對房地產市場的數據深化分析，可能提煉出具有較高價值的各種成果數據，依附房地產的高價值量可以帶來極高的商業價值	高

資料來源：許軍、朱承頡的《擁抱大數據，促進估價行業的創新驅動、轉型發展》。

澳大利亞評估新技術尤其是批量評估技術的發展也離不開強大的數據庫支持。澳大利亞國內有眾多的房地產信息服務和桌面評估產品提供商，這些機構既包括官方機構，也包括非官方的機構。

（1）CoreLogic RP Data

核心邏輯快速數據公司（CoreLogic RP Data）是澳大利亞最權威的房產數據分析網站，其大股東是美國房地產數據分析公司 CoreLogic（核心邏輯，紐約證券交易所上市公司，代號 CLGX）。CoreLogic RP Data 公司有超過 500 名員工，分佈在澳大利亞和新西蘭的 10 個不同區域。同時，它也是在澳大利亞和

新西蘭提供消費者服務、金融及房地產信息、商業統計分析以及政府服務的領先機構。該機構集合公共信息、捐獻數據以及專有數據，開發出有預見性的決策分析方法，用以提供動態的和有洞悉力的商業服務，同時提高市場的透明度。

通過 CoreLogic RP Data 公司的服務及設施，超過 5 億的數據決策點可用於幫助全澳大利亞及新西蘭的客戶進行多信息的以及可靠的決策。這一數據集是目前南半球同類數據中規模最大的，並且以 20% 的年增長率增長。為了支持這一關鍵資產，CoreLogic RP Data 公司每年投資超過 1,500 萬美元。

CoreLogic RP Data 公司源源不斷地從 300 多個渠道收集、管理並處理基於房地產的數據及影像資料，這些資料來源於全澳大利亞的政府機構、媒體夥伴以及各行業的專業人員。作為澳大利亞最大的房地產信息、分析及風險管理服務供應商，CoreLogic RP Data 公司擁有一個超過 2.39 億條房地產數據記錄的數據庫，幾乎涵蓋了澳大利亞 98% 的房地產。CoreLogic RP Data 公司服務的客戶包括房地產經紀人、銀行客戶、抵押貸款經紀人、理財顧問及政府機構等，通過提供有競爭力的市場比較評估報告（Comparative Market Appraisal，CMA），幫助超過 10 萬個終端用戶（其中有大約 45,000 個房地產經紀人）獲取了更多的商業機會。

CoreLogic RP Data 公司也是媒體引用最多的房地產信息來源。CoreLogic RP Data 公司還開發了全球唯一的 CoreLogic RP Data 房價指數（CoreLogic RP Data Daily Index），該套指數提供了三大類住房每日的資本增長計算值，包括獨棟住宅、公寓以及組合住宅在內。這些指標值每天在悉尼、墨爾本、布里斯班（包括黃金海岸）、阿德萊德、珀斯以及其他各地區發布，這些指數可以在澳大利亞證券交易所（Australian Stock Exchang，ASX）、彭博資訊（Bloomberg L. P.）、路透社（Reuters Holdings Plc. RTR）以及 CoreLogic RP Dataa 公司的網站獲取，過去的歷史數據也可以通過訂閱獲得。

同時，該公司還是澳大利亞領先的移動房地產信息提供商，每月有超過 5,000 萬部移動設備使用其數據服務。平均每天有超過 10 萬來自房地產、金融及政府部門的用戶使用 CoreLogic RP Data，使用次數日均 3 萬次。CoreLogic RP Data 公司的服務對象包括：住宅房地產經紀人、商業房地產經理人、估價師、金融經紀人、住房服務提供商、會計及法律服務人士、金融規劃師等房地產專業人士，金融機構（貸款人）、保險公司、公司企業、政府機構、房地產開發商等。會員可以免費下載房地產區域分析報告、個別房產的歷史交易及租金報告、房地產市場研究報告、市場比較分析報告、最新的房地產新聞信息等。

快速數據公司—利斯馬克（RP Data-Rismark）每日房價指數是 CoreLogic RP Data 公司和利斯馬克國際公司（Rismark）開發的住宅市場指數的一部分，自從該指數在 2007 年發布以來，CoreLogic RP Data 公司和 Rismark 公司便為準確測評澳大利亞住宅市場的價值變動建立了新的里程碑。

RP Data-Rismark 每日房價指數旨在測量澳大利亞住宅市場每日的價值變動趨勢。這一指數基於特徵價格方法，不僅僅依賴房產銷售價格數據來評判住宅市場情況，而且基於交易中的房地產的屬性來進行分析。該指數考慮了一些房價影響因素如臥室和浴室的數量、土地面積以及該房產所在的地理環境，有利於更加精確地分析特定住房市場的真實價值變動。

此外，人們通過 CoreLogic RP Data 公司的網站可以查詢房產所有權的詳細信息、最近銷售案例、在售物業、物業照片、銷售歷史及其他信息。CoreLogic RP Data 公司的網站共有超過 5,800 萬條歷史銷售記錄，覆蓋 1,400 萬澳大利亞和新西蘭的房地產，這涵蓋了 90% 以上在紙質及網路媒體上登載廣告的房地產。

（2）估價交流平臺

估價交流平臺（Valuation Exchange）是 CoreLogic RP Data 公司的合作夥伴之一，公司開發的這一平臺為住宅抵押貸款行業提供完整的估價以及估價師評審小組管理策略。但是它本身並不是一個估價公司，也不出具任何估價報告，而是將估價業務分發給有估價資質的公司的估價小組，並且代表貸款公司和商業銀行對估價過程進行全面管理。

該公司開發了估價狀態在線查詢系統（ValEx），它由該公司的信息技術（IT）部門研發而成，可以幫助客戶查詢通過估價交流平臺（Valuation Exchange）提交的估價訂單的最新狀態。ValEx 的獨特之處在於它專注於住宅估價，因此它是特別為住宅物業估價師開發的，足以應對抵押貸款行業中客戶的需要。

ValEx 是一個管理工具，它能夠和估價公司項目組正在開展的估價業務保持一致性，並對其進行質量監控。其另一個特色在於圍繞 ValEx 系統的一套人力資源管理系統。

（3）新南威爾士州土地及房地產信息中心（LPI）

新南威爾士州土地及房地產信息中心（New South Wales Land and Property Information，LPI）主要提供房地產銷售信息用於土地納稅目的的評估。通過 LPI 的網站，人們可以獲取免費的銷售評估報告，以便更好地理解他們土地的價值。該評估報告將會列出所查詢地塊的房地產銷售情況，用作稅收目的的土地價值的參考。免費的銷售評估報告可以在網上獲得，包括土地面積、合同日

期、購買價格以及完成此項評估項目的估價師對房地產進行分析之後的調整值。

通過 LPI 的在線商店（Online Shop），人們可以獲取一系列房地產信息。人們可以購買針對某一特定房產、街道或社區的房地產銷售信息報告，也可以購買某一特定房地產的完整的數據包的房地產報告，包括最新銷售記錄、航拍照片、規劃圖、土地估價以及產權信息等。

LPI 的房地產銷售信息可以通過其授權的分銷商及網站對房地產信息進行分析、包裝並銷售給那些對房地產信息感興趣的企業和個人，包括房地產和商業房地產估價領域。LPI 的分銷商將原始的銷售數據與其他數據整合後提供增值服務，以幫助人們分析銷售數據，包括房產拍賣信息以及建築物的屬性（臥室、浴室、建築特色及條件等）。

（4）新南威爾士住房部

新南威爾士住房部（New South Wales Department of Housing）會發布房地產銷售中位數及租賃市場信息報告。人們可以從住房部的網站免費下載該報告。

（5）澳大利亞統計局

澳大利亞統計局（Australian Bureau of Statistics，ABS）會發布統計報告，對一些住房及相關信息進行定量和定性的分析。人們也可以從澳大利亞統計局網站免費下載此統計報告。

（6）其他

澳大利亞還有一些網站如悉尼晨鋒報（Sydney Morning Heralo）所屬的多曼網站（Domain），每日電訊報（The Yelegraph）旗下的澳大利亞房地產網站（Realestate.com.au）、免費房屋網站（onthehouse.com.au）等，可提供免費房地產信息查詢，也可出具簡單的房地產估價報告。

5.3.2.3 批量評估技術及其應用

國際稅收評估人員協會（International Association of Assessing Officers，IAAO）對批量評估（Mass Appraisal，MA）的定義是：批量評估是指評估人員在給定時間，使用標準方法，採用共同的數據，並考慮統計檢驗，對一系列的房地產進行評估的過程。因此，房地產價格批量評估技術是在給定時間，使用統一的標準方法對大批量房地產價值進行評估，並對評估結果進行統計檢驗以保證評估結果公正性的一種技術。該技術具有規範性、快速、準確、低成本等特點，能夠在較短的時間內快速評估大批量房產價值。

西方自 20 世紀 70 年代以後才逐步開始批量評估的實踐，早期的批量評估技術都是通過手工操作完成的，當時估價師通過採用多元迴歸分析（Multiple

Regression Analysis）進行農業的用地評估，通常需要兩三個估價師花費一個月的時間。20世紀80年代以後，學者們對基本價值評估方法在統計和數學環境中的具體應用進行了大量研究，尤其對非線性迴歸（Nonlinear Regression Analysis）、適應估計（Adaptive Estimation Procedure）、人工神經網路（Artificial Neural Network）等技術在批量評估的應用方面進行了研究和探討，同時隨著計算機技術的發展，批量評估技術得到了快速發展。1983年，國際估價師協會頒布了關於三種基本價值評估方法（成本法、銷售比較法、收益法）在批量評估中的應用準則，推動了歐美國家的房地產稅類的稅基評估、其他公共管理中的價值評估以及商務活動中對批量估價方法的應用。目前在美國、英國、加拿大、西班牙、荷蘭、德國、澳大利亞等國家，批量評估技術除了普遍用於財產稅基批量評估系統的公共領域外，還廣泛應用於與不動產估價及管理相聯繫的私人領域，包括抵押貸款的不動產評估、房產投資決策等。一些發展中國家如立陶宛、泰國和非洲國家也開始在房地產稅基評估實務中推行批量評估技術。日本、羅馬尼亞、新加坡、韓國等國家開始嘗試將批量評估技術用於抵押不動產估價。

但批量評估技術在中國並沒有引起足夠重視，一是房地產估價機構對物業稅的實施時間、細則，以及稅基評估主體要求、技術要求及應用前景等缺乏明確的預期；二是我國房地產估價機構普遍存在專業技術力量薄弱、人才儲備不足、信息化水平低、管理方法落后，這些不足客觀上制約了新技術的推廣和應用。但仍然有一些學者和房地產估價機構開始關注並發展批量評估技術。如賈生華、紀益成、郭文華、王誠軍、虞曉芬等都對國外的批量評估技術及其應用進行過研究，呼籲我國引進批量評估技術。此外，深圳、浙江一些一級資質的房地產評估機構在批量評估技術的應用方面已經成功地邁出了第一步。而且，越來越多的房地產估價機構開始嘗試將批量評估技術應用於免費在線評估業務，雖然這些批量評估技術還不夠成熟，但它已經逐步為人們所重視，並且會逐步影響評估機構的商業模式。

隨著技術研究的不斷深入，特別是在目前國家逐步擴大房產稅試點範圍以及大量城市開發房地產的背景下，傳統的單宗房地產項目評估無法滿足短時間內人們對大批量房地產進行快速、準確、低成本評估的要求，因此我們亟須瞭解和掌握最新的批量評估技術和研究方法，並將該技術應用於我國房產稅基評估、土地徵用及拆遷補償估價、抵押貸款評估及房產投資決策等領域，以提高評估技術水平，為城市經濟發展做出貢獻。

批量評估主要涉及自動評估模型（Automated Valuation Model，AVM）、計算機輔助批量評估（Computer-Assisted Mass Appraisal，CAMA）、特徵價格模

型（Hedonic Price Method, HPM）、地理信息系統（Geographic Information System, GIS）等技術。其中尤以 CAMA 和 AVM 技術應用最為廣泛。

AVM 和 CAMA 都是通過設定好的程序進行數據採集，這些數據組成了一個具有邏輯關係的系統，然后系統對採集到的數據進行驗證和分析，根據分析的結果確定最后的估價。但兩者有一個較大的區別就是 CAMA 的設計是用來進行房地產的批量估價，而 AVM 的設計初衷則是對單個房地產進行準確估價。對於 CAMA 系統來說，如果所評估的大多數地產的誤差都在一個可以接受的範圍內，那麼這個系統就是可以接受的。而對於 AVM 來說，在實踐中，單個地產的房地產的價值從來不是由一個模型決定的，而是通過兩個以上模型進行試算（目前 AVM 已經利用包括多元迴歸分析、神經網路分析、迴歸技術在內的多種自動評估模型），然后再找出一個誤差較小的模型並進行評估而得到的。因此，從理論上說，設計良好的 AVM 的準確性會更高。

目前，澳大利亞房地產行業已經普遍運用批量評估技術，從最開始的農業用地評估到以徵稅為目的的財產評估，再到房地產的抵押貸款和公共事業、企業的資產評估都已運用批量評估技術。如用計算機輔助批量評估（CAMA）和地理信息系統（GIS）來確定住宅、土地的價值；將 AVM 嵌入 CAMA 系統中，用於不動產稅基的批量評估，用於決定住宅財產的稅負。特別是在澳大利亞的大城市中，依託 CAMA 和 GIS 的批量評估方法體系更是不可或缺。而在房地產的交易中，AVM 更是嵌入不同金融機構、地產估價企業的系統中，實現包括抵押貸款評估等在內的多種目的。因此，就原理和技術本質來說，用於 CAMA 系統中的 AVM 和用於房地產交易的 AVM 並無太大區別。只是在澳大利亞的房地產估價實踐中，用 CAMA 來指代用於稅基評估的批量評估系統，而用 AVM 來指代房地產交易等私人部門的自動化批量評估。

1. 在稅收估價中的應用

AVM 作為批量評估的關鍵技術，在國外的房地產交易實踐中已經有了幾十年的應用歷史。AVM 最先應用到財產類從價稅稅基的評估上。在美國，早在 20 世紀 50 年代，稅務部門就在財產稅稅基批量評估中納入計算機技術，但由於技術的原因，並沒有大規模地應用該技術。到了 20 世紀 80 年代，隨著技術的進步，美國的財產稅評估部門已經廣泛應用計算機系統，極大地促進了 AVM 在財產稅稅基評估中的應用，也使 AVM 逐漸拓展到房產稅抵押價值評估領域。如今，以 AVM 為核心技術的計算機輔助批量系統評估和地理信息系統是美國不動產稅基價值評估的技術支撐，在各地方政府的不動產評估實務中得到廣泛的應用。

和美國不同，澳大利亞採用分稅制，實行聯邦、州和地方三級課稅制度。

在澳大利亞，不動產的以價計稅是地方政府重要的而且穩定的財政收入，據《房產協會澳大利亞住宅開發前景2015》（Property Council of Australia：Australia Residential Development Outlook 2015）對房產稅的分析，在2015年，澳大利亞房產稅占各州稅收的比例在28%~41%。州政府去年徵收了超過260億澳元的房產稅。其中徵收印花稅、土地稅和其他相關收入最多的是新南威爾士州，房屋稅比例為37%，共達94.29億澳元。

目前，除了北領地（Northern Territory），澳大利亞的各個州都需要徵收土地稅，以土地的價值作為計稅依據，土地稅由土地擁有者支付。但在首都堪培拉，土地稅由租客承擔。土地稅的徵收對象是未開發建設的土地。每個州的土地稅稅率不一樣，維多利亞州最高，為5%，首都堪培拉最低，為1.5%。在一些州，土地稅可以申請減免，但這主要看土地的用途。總的來說，用作下列用途的土地可以免除土地稅：非營利性的社會團體使用的土地、宗教機構使用的土地、慈善機構使用的土地。

澳大利亞聯邦到各州下設的不同層級的總估價師辦公室，是澳大利亞稅基評估的具體實施部門。澳大利亞聯邦總估價師辦公室負責徵收和評估管理工作，各州政府下設評估辦公室負責對徵稅對象的審核及稅基評估，其總估價師由州議會主席任命，對州長負責。大多數州規定估價師必須在公平的市場交易前提下對土地進行估價。以新南威爾士州為例，新南威爾士州採用土地的價值作為課稅基礎計算地價稅，土地的應稅價值是由土地在當前這一稅收年度中的價值和其前兩年的價值平均而得出的。土地價值估價機構會對新南威爾士的所有土地進行評估。在每年7月1日定下來的估價可以作為將來一年的稅收徵收標準。這種估價不同於當地政府每三年為徵收市政稅而進行的簡約估價。澳大利亞的土地稅徵收範圍廣、稅基寬。為了加強地方政府對土地資源使用情況的監管力度，充分發揮州政府對土地市場的宏觀調控作用，新南威爾士州現行的稅法規定，土地稅的徵收範圍包括州內的所有地區。閒置的土地（包括農村的閒置地），居住、商業和工業用地以及從州或政府租來的土地都是土地稅的徵收對象。納稅人不僅包括土地的所有人，還包括委託的代理人和受益人。此外，不同層級總估價師辦公室不僅要根據市場上同類型的數據確定待估房地產的應稅價值，還要時刻關注本州的房產交易情況，對數據庫定期更新，確保評估結果的準確性和公正性。

澳大利亞已經普遍在稅收估價中應用批量技術，最典型的是將AVM嵌入CAMA系統中，並結合地理信息系統（GIS）用於不動產的稅基的批量評估，用於決定住宅財產的稅負。AVM、CAMA的基本原理前文已述，地理信息系統則是在計算機軟硬件系統的支持下，對地球表層空間中的有關地理數據的位

置、形態、分佈等各種信息進行採集、存儲、分析、管理、顯示和描述的技術系統和決策支持系統，該系統應具備數據獲取、空間數據分析、空間信息推導、結果表示等基本功能。地理信息系統的功能廣泛、信息敏感，甚至關係到國家安全，一般由政府部門負責建設，在澳大利亞各州都有地理信息系統主管部門，在地理信息工作中具有較強的權威性。比如在新南威爾士州，地理信息主管部門牽頭成立了政府部門之間的地理空間信息協調委員會，協調航空航天遙感影像購買和使用。其他相關部門如道路交通部門、森林防火部門、環境部門只要涉及地理信息測量都有該委員會的成員，聯邦政府也會在該委員會派駐代表。該委員會還協調各個政府部門簽訂數據交換協議，保證信息共享和數據的統一性和權威性。

　　計算機輔助批量系統可以和地理信息系統共享數據庫。澳大利亞的地理信息系統信息十分豐富，以新南威爾士州的地理信息系統為例，主要包括四個方面的內容：一是包括數字地形圖在內的技術數據，二是定位信息，三是包括水、電、煤氣、通信、建築、地下管道、隧道等在內的基礎設施信息，四是其他相關的經濟信息。這個數據庫包括近400個數據類、9,000多個數據層、8,500萬個要素。與房產相關的數據也相當詳細，如比較重要的建築的內部構造和不同角度的照片、公共設施如水管的直徑、各個消防隊的管轄範圍等，並且能夠做到信息的即時更新，基礎圖件每3個月更新一次，遇到暴雨洪水等自然災害，網上地圖甚至能顯示居民的房屋是否漏雨，信息每15分鐘更新一次。計算機輔助批量系統和地理信息系統的結合也保證了評估過程更加透明和公開，同時也大大提高了評估的準確性。

　　澳大利亞是聯邦制國際，各州的評估過程略有不同，但其評估過程總體上分為以下步驟：

　　（1）依託 GIS 與其他方式收集相關數據。評估結果的可信度很大程度上要依賴所收集數據的精確程度。雖然在估價的過程中所使用的數據是來自政府機構主導的 GIS 數據庫和其他政府機構或受政府委託收集數據的部門提供的數據，但是估價師必須在使用前對這些數據的可靠性進行檢驗。如 GIS 能通過計算機統計軟件使正常樣本與異常樣本通過不同的顏色在計算機屏幕中得到顯示，從而使估價師找到那些不合理的數據並進行處理。專業估價師還會對所評估地區房地產價格的基本情況進行事前的研究。而且如果使用成本法，並且第三方提供了成本的表格，估價師有責任根據當地市場的情況，對此表格進行校準，來提供成本法的有效價值指示。

　　（2）建立 AVM（包括模型設立和模型校準），得出 AVM 的輸出結果。AVM 在理論層面上主要是通過房地產的特徵因素來追蹤房地產價格的，目前

在澳大利亞稅基評估中,最常使用的方法仍然以成本法、市場比較法、資本化法為主。同時,由於房地產的價格會隨著特徵不同而有所起伏,AVM中應用最為廣泛的是直接市場法。反應房地產的異質性與房地產價格之間的變動關係的特徵價格模型也被廣泛應用於房產稅稅基的批量評估當中,這種模型利用房產特徵變量與房產市場價值間存在的因果關係而建立,並假設在公平、公正、公開的環境中,房地產價格具有客觀性,從某種程度上說影響房地產價格的因素及影響程度也應是客觀的。

(3) 對AVM的輸出結果進行復核、調整和比較研究后得出CAMA報告。在模型使用的過程中,一般先假定函數的基本形式,然後不斷地進行校準和修正,直至函數關係能滿足統計分析和假設檢驗的要求。通常情況下,模型的校準並不是一兩次就可以完成的,通常需要反覆校準和計算。模型只有經過校準之後才可以對分區內的房地產進行評估,同時模型的校準會一直貫穿於整個評估過程之中。

(4) 稅值的復議制度與訴訟程序。按照澳大利亞聯邦和各州政府的規定,在各州評估房地產的價值后,要在規定的時間告知納稅人房地產的納稅價值。若納稅人不同意此納稅價值,可以向評稅機構提出重新核定的要求。稅基評估中所發生爭議的處理是稅基評估中一個十分重要的問題。澳大利亞北領地對稅基評估中所發生的爭議,規定了詳細的復議制度與訴訟程序。如果稅基評估的當事方對稅基價值評估的結果持有異議,首先由負責稅基評估的地產估價師對當事方進行解釋與答覆,對當事方提出的評估結果異議,負責稅基評估的地產估價師可部分或全部接受其意見,或對此異議予以否決。若當事方不滿意地產估價師的答覆,可向由北領地政府任命的評估委員會提出復議。如果當事方對地區評估委員會所做出的復議裁決仍不滿意,可向地區專事不動產評估訴訟的特別法庭提出訴訟,最後解決爭議。

總之,在澳大利亞,GIS與CAMA系統的融合已經成為不可阻擋的趨勢,並且已經在稅基批量評估中得到了廣泛的應用,其中較為著名的是成立於2000年的澳大利亞引用價值公司。稅基批量評估技術的利用不僅大大節約了稅基評估成本,還提升了批量評估系統的效率,取得了良好的效果。

2. 在抵押貸款估價中的應用

澳大利亞是世界上住宅自有化率最高的國家之一,在20世紀40年代就達到了50%,20世紀70年代以後,就一直穩定在70%左右,2014年澳大利亞住房自有化率為69%。尤其是近年來,全球經濟增速放緩導致國際大宗商品價格持續低迷,也直接影響了澳大利亞的礦業出口,導致澳大利亞經濟增速放緩,房地產產業則被視為經濟增長的動力之一,尤其是海外移民的進入進一步推動

了房市的發展。

　　在澳大利亞，以房地產等不動產作為抵押物的貸款形式在20世紀就已成為抵押貸款中的利潤最高也最為穩定的優質項目，也是貸款機構［在澳大利亞除了銀行之外，還有很多其他的貸款機構，也就是非銀行類借貸機構（Non-bank Lender），具有放貸的權限］信貸業務的主流。隨著澳大利亞房地產產業的發展，房地產抵押貸款在澳大利亞各大銀行和貸款機構所占的比例也不斷提升。

　　但房市持續火熱也使各大貸款機構意識到了其中蘊含的風險，在澳大利亞，貸款機構為了規避風險，一般都採用房地產擔保抵押的貸款形式。因此，客觀合理的抵押地產的市值，成為規避和控制抵押貸款風險的主要因素。在澳大利亞，購房貸款的一般流程為：①選定房子；②聯繫貸款機構；③遞交申請；④評估；⑤交換合同達成共識；⑥入住。這和我國進行抵押貸款的基本程序是一樣的，只是在具體的操作程序上存在差別。貸款機構的評估工作主要在第四個階段完成，但傳統的評估方式很大程度上取決於估價師的經驗和主觀判斷，往往存在低值高估的情況。根據調查顯示，抵押資產評估價值的變現清償率並不是太理想，這給貸款機構帶來一定的風險。採用傳統的方法，貸款機構還需要花費大量的成本，增加了抵押業務的中間環節和費用。

　　同時，巴塞爾委員會於2004年6月公布了《新巴塞爾協議》（The New Basel Capital Accord／Basel II Accord），相對於1988年的舊資本協議來說，該協議加大了對銀行風險認識的重視程度，該協議認為控制銀行風險最根本的方法不是外界的監管，而在於提高銀行自身的風險自擔能力。具體到不動產抵押方面，協議認為應該對不動產抵押品的價值進行經常性重估，監測其價值的變動情況，目的是將金融風險的事后化解轉為事前防範。尤其是當市場狀況發生重大變化或者有明確的跡象表明抵押品的價值已經下降時，銀行存在風險的可能性會大大增加，銀行就會聘請專業人員對不動產抵押品的價值進行重新評估。因此在協議的第6條就明確規定，「作為銀行控制風險的進一步安全措施，在抵押貸款到期時，或者至少每3年要求銀行對抵押品的市場價值和貸款價值重新估算；如果市場狀況發生重大變化，在一年內市場總體價值下跌超過10%時也需要進行重新估算。」因此按照協議，金融機構應該對抵押品的價值進行即時的監控和定期的評估，但傳統的評估方法由於費用和自身的局限，已經很難適應當前貸款機構風險管理的需求了。因此，隨著計算機技術、地理信息系統技術的進步，尤其是進入21世紀以來，基於自動估價模型（AVM）的批量估價在澳大利亞抵押貸款估價中得到廣泛應用。不僅在澳大利亞的市場上有多個AVM服務商，而且銀行內部也普遍應用三個不同服務商提供的模型，

以快速、低成本、客觀地實現房地產的批量估價。

在澳大利亞，AVM 建立的流程大致類似，一般包括資產用途假設、數據收集、數據驗證和處理、模型的設定和校準、模型檢測、模型應用。其中，模型設定、校準、檢測是最重要的三項工作。在澳大利亞，模型設定仍然以傳統的成本法、市場比較法、資本化法為基本原理設定公式，值得注意的是，由於澳大利亞擁有較為成熟的房地產市場，累積了大量交易數據，市場比較法在 AVM 的模型設定中使用得最多。AVM 模型的校準一般使用人工神經網路、多元迴歸分析和時間序列分析等方法對模型中的變量進行市場分析和調節，並進行反覆的設定和校準，以達到提高模型準確性的目的。AVM 模型的檢測則是要通過驗證樣本（Validation Sample，也叫保留樣本 Holdout Sample）的檢測，驗證樣本是和訓練樣本（Training Sample）相對應的概念，並不參與建模，而只是單獨保留用於檢測。檢測人員經過反覆的檢測和調整，最終得到符合標準的模型。

貸款機構在購買了模型后將其內部的系統結合。一般來說，貸款機構都會購買多個不同的 AVM 模型，貸款機構根據所需要評估的地產的數據質量和數量來決定是否使用多個模型，因為每個模型都有自己的優缺點，搭配使用才能得到最優的結果。貸款機構把多個 AVM 通過有序的方法組合，得到一個「級聯式 AVM」（Cascading AVMs），這樣既能夠提高使用 AVM 進行估價房地產的比例，也能增加估計的準確率。在過去的 20 多年裡，「級聯式 AVM」在澳大利亞被越來越多的貸款機構所接受和使用。貸款機構在確定使用的模型和方式后，便可用於不同類型地產的批量評估，評估結果經過審查后便可得出評估報告。在澳大利亞的一些貸款機構裡，他們會設置自己的工作流程工具「規則引擎」（Rule Engine），並通過風險的高低作為需要抵押的地產是否使用 AVM 估價的依據。如果某個地產符合併只符合這些機構的關鍵風險指標（不同的機構會設置不同的指標，如地產位置、年限、貸款額度等），那麼這些貸款機構就會直接採用自動估價報告，而不是估價師出具的評估報告。

AVM 還有一個顯著的特點是需要不斷地進行測試和調整，不斷地優化整個模型。這既和《新巴塞爾協議》的監管要求有關，也和不動產動態評估和管理的要求有關。在美國，著名的房地產大數據公司 Corelogic Inc（CLGX）為銀行等貸款機構提供一個名為「地理自動評估模型級聯套件」（GeoAVM Cascade Suite）的「級聯式 AVM」，Corelogic 公司每天都會用這個 AVM 對全國所有的房地產進行自動估價，並在每個季度都對 GeoAVM Cascade Suite 內部的模型進行調整和排序。前文提到的 Corelogic 公司在澳大利亞的子公司（也是澳大利亞最權威房產數據分析網站）CoreLogic RP Data 公司也有類似的服務，

人們在 CoreLogic RP Data 公司的網站上不僅可以查詢房產所有權的詳細信息、最近銷售案例、銷售物業、物業照片、銷售歷史及其他信息，還保留了超過5,800萬條歷史銷售記錄，覆蓋了1,400萬澳大利亞和新西蘭的房地產，這涵蓋了90%以上在紙質及網路媒體上登載廣告的房地產。通過這些數據 CoreLogic RP Data 公司開發了反應澳大利亞每日房價的 CoreLogic RP Data Daily Index（CoreLogic RP Data 每日房價指數），該公司還開發了自身的抵押貸款平臺，這個平臺覆蓋了澳大利亞90%以上的抵押貸款活動，超過70%的房地產經紀人依賴 CoreLogic RP Data 公司的網站的數據庫。該公司通過其自動評估模型每週對每一套住宅房地產進行估價，其結果也支持 CoreLogic RP Data 每日房價指數，平均每月發布超過3,000萬份批量自動估價報告。

澳大利亞的抵押貸款市場中存在著大量規模較小的貸款機構，這些機構因為還在使用傳統的估價方式，從而與大銀行相比成本大大提升。於是 AVM 還被貸款機構尤其是中小貸款機構廣泛應用於「組合估價」，貸款機構通過 AVM 來評估自身帳面上的抵押貸款的所有房產的價值，來降低營運成本。還有一些金融機構利用 AVM 來對目前市場上已經產生的不動產抵押貸款進行評估，包括這些貸款的清償能力、風險、預期效益等，從而決定是否在二級市場上對這些貸款進行投資。

自動批量評估除了前文論述的可以對地產進行動態評估，降低貸款機構風險，還能大大降低貸款機構的成本，並使工作效率大大提升。一旦數據庫搭建完成，模型設定好之後，評估工作可以在幾秒內完成，還能按照設定的格式自動生成報告；而傳統的方式則需要幾天時間，而且需要聘請大量的專業人員。雖然自動評估系統在系統搭建和后期的維護上成本較高，但由於營運的成本較低，對於貸款機構還是比較經濟的。因此，越來越多的貸款機構引入了 AVM 系統進行自動批量評估。在澳大利亞，通過 AVM 生成的報告的成本一般是傳統方式的10%，最低可以達到1%。

但自動批量評估在抵押貸款應用領域的缺點也比較明顯。首先是精確度需要進一步提高。澳大利亞作為成熟的房地產市場，房地產的成交數據尤其是二手房的成交數據比較客觀，為自動批量評估創造了良好環境，但相對而言，由於近年來澳大利亞房地產市場的大發展，且房地產市場變化較快，許多一手房的成交並沒有太多的可參考數據，因此自動批量評估對一手房的抵押貸款的準確性和參考性都有所下降，大部分需要通過多種方法來確定抵押貸款的額度和風險。另外，由於澳大利亞是一個聯邦制國家，不同的州的法律存在著差別，而且各地的貸款機構所面臨的監管政策也不同，因此，因歷史原因和澳大利亞各州不同的環境條件，自動批量評估在抵押貸款領用在各州的應用差異也很

大，也會造成一定程度的混亂。

3. 其他應用

（1）為政府提供服務

房地產在澳大利亞是極其重要的產業，根據澳大利亞房地產理事會的最新調查數據顯示，房地產超過採礦業和金融服務業，成為澳大利亞國內生產總值（GDP）的最主要的貢獻者。據估計，在2015年，澳大利亞的房地產業貢獻了11.5%的GDP，這個比例在全球來說是最高的，同時，澳大利亞還有超過110萬的房地產從業人員，每年給州、國家和當地政府上繳721億澳元的房地產稅。因此澳大利亞政府十分重視對房地產行業的監控和管理。

前文提到的CoreLogic RP Data公司的自動估價模型可以每週對澳大利亞的每一套住宅房地產進行估價，這個估價結果被用於各大金融機構的地產抵押評估中。人們通過簡單的相加，就能得出澳大利亞全國房地產的總價值，這個估價由於準確性較高並且更新速度比較快，已經被澳大利亞各級政府所接受。同時，澳大利亞的經濟學家和房地產相關專業的學者也廣泛使用這個數據，對澳大利亞房地產市場進行相關的研究，這個數據成為政府監管政策和經濟政策的制定依據。除了全國房地產的總價格外，這個估價模型還可以給出全國各個細分區域和細分市場的房地產價格，成為政府監測房地產市場的主要手段之一。

更為重要的是，由於CoreLogic RP Data公司的自動估價模型會定期發布全國的房地產價格，通過一定時間的累積，就可以得到澳大利亞全國和細分地區、細分市場的房地產價格走勢，這對政策的制定者來說極其重要。同時，人們通過對CoreLogic RP Data每日房價指數的簡單分析，還能瞭解澳大利亞房地產市場的存量水平、房地產價格水平、掛牌價格和新房預售量等關鍵指標，這些也是政府制定政策的重要依據。比如，澳大利亞聯邦儲備銀行（Reserve Bank of Australia）就曾以CoreLogic RP Data每日房價指數所反應出來的澳大利亞房地產信息來預測房地產市場走勢，並制定相關的政策。反過來，金融機構也會根據這個指數來判斷澳大利亞聯邦儲備銀行未來的貨幣政策，並作為投資的依據。

（2）為房地產估價提供服務

一方面，毫無疑問，批量評估技術是對傳統的估價行業的強大挑戰，對估價師的地位也形成了挑戰，也促進了整個房地產估價行業的變革。但另一方面，批量評估技術和傳統的房地產估價業並不衝突。

在澳大利亞，包括AVM在內的批量評估技術越來越受到估計師的青睞，越來越多的估價師將批量評估技術引入自己的評估報告中作為驗證。在目前的澳大利亞地產估價業，估價報告中所使用的可以比較的實例都會通過批量評估

模型的驗證。在傳統的估價報告中，由於成本和時間等限制因素，估價師一般選取3~5個可比實例，而估價機構引入批量評估模型後，CAMA模型會將同一區域內的所有模型都納入比較，而AVM則可以對可比實例進行自動分類並和所需評估的地產進行自動匹配，進而進行試算。而無論是CAMA還是AVM，可比的實例通常都會大於30個，是傳統估價方式的10倍，這也大大提高了地產估價報告的準確性。同時，估價師給出的估價結果也需要通過批量估價模型的驗證。通過兩個方面的反覆驗證，客戶得到的估價結果更有說服力。

（3）為房地產投資提供服務

批量評估可以提供地產的價格走勢，並通過模型預測未來的價格，甚至能夠通過模型和數據累積，對整個地產市場的未來狀況給出專業的分析和預測，因此除了為政府和房地產估價機構提供服務外，AVM提供商還提供房地產諮詢服務。如CoreLogic RP Data公司就為澳大利亞包括基金公司、銀行、資產管理公司在內的金融機構提供包括地產風險評估和管理、地產動態估價、地產投資分析在內的地產諮詢服務。

此外，批量評估的結果也會提供給房地產經紀人，幫助他們來優化所出售地產的掛牌價格。在澳大利亞，房地廠經紀公司會給客戶提供免費的估價服務，某些房地產網站也會給用戶提供在線的免費房地產估價服務，而隨著信息技術的進步，個人用戶也可以通過各類網站快速地得知自己地產現價、未來的價值以及投資回報率等關鍵數據，並以此作為自己投資的依據。而這些能夠實現都是以批量評估模型作為技術支撐的。

5.3.2.4 其他新型評估技術

澳大利亞使用的新型評估技術還有估價師與AVM系統相結合的桌面評估系統（Desktop Appraisal）。目前，澳大利亞使用的桌面評估軟件通常只限於住宅物業的初步評估，如銀行或估價機構、諮詢機構針對客戶的諮詢進行的一個初步的回應。許多大公司如CoreLogic RP Data公司還有一些在線估價軟件都可以做此類評估，給出的報告內容基本相同。CoreLogic RP Data公司市場佔有率較大，客戶購買其數據庫後，可以查到任何房產的交易信息，包括房產主、房產圖、成交價格等，客戶也可以基於此數據庫出具初步的估價報告。

CoreLogic RP Data公司的電子估價師報告（EVR）是澳大利亞領先的桌面評估報告軟件，由經銀行認可的估價師遵循系統的、成熟的、既定的方法完成評估報告。相對傳統的完整評估報告而言，它具有低風險、低成本的特點，最低僅需100澳元，經得起可靠性評估，其準確度可以和完整的評估報告相媲美。下文以RP CoreLogic RP Data公司的桌面評估軟件EVR（網址：http://www.corelogic.com.au/products/evr）為例介紹澳大利亞的桌面評估報告。

EVR除了詳細介紹估價對象的基本信息、房屋圖片、評估結果和風險分析之外，還羅列了可比實例的基本信息及圖片，估價對象的航拍圖、地塊圖及街道地圖。EVR通常還包括以下內容：銀行的基本說明、貸款信息、房地產數據、可視房地產信息、客戶電話、估價師風險分析、可比銷售案例、銀行除外責任、對房產的物理勘察、估價師簽名、估價師評論、EVR評估報告、EVR評估價、估價師建議售價、房地產經紀人建議售價、工作日誌、圖片、地圖、銀行報告、審計報告等。

EVR的用戶包括銀行和金融專業人士、估價師、抵押貸款保險公司、消費者等。客戶可以通過網路、企業內部或第三方估價管理系統獲得EVR，報告以每套房產為基準進行定價。人們可以在全澳大利亞的大都市及新西蘭五個主要的城市區域獲得EVR。

但是，EVR強調其房產的評估價是評估日期當天的價值，評估報告依據的信息主要由委託方、委託方的提名代理人（接洽人）提供，依賴於委託方的指示以及一些外部資源。EVR及其估價結果是基於在評估日所有的信息都是可靠的這一假設前提下完成的，它並不能保證其準確性和完整性，僅承擔法律規定範圍內的責任，對於任何由委託人自身或任何其他的個人或機構造成的損失不承擔責任。委託人承諾不得披露此EVR的全部或部分內容給它的客戶或任何第三方，報告中被評估房產的抵押貸款保險機構除外。

除了CoreLogic RP Data公司的網站，政府的網站（Council Website）也會公布估價對象房地產所在區域的規劃圖或地圖，介紹該區域的基本情況、房屋情況等。估價師在做估價報告時可以把該地區的地圖打印出來，查看評估對象所在區域的規劃用途、年限、土地面積等信息。具體房產的交易信息可以在CoreLogic RP Data公司的網站查詢。

5.4 澳大利亞估價技術對我國的啟示

5.4.1 估價數據的啟示

無論採用何種估價技術，關鍵是取得該類地產的各類詳細數據。但目前我國大部分地區並沒有建立一個統一的房地產信息平臺，部分地區甚至沒有建立完整的數據採集制度。估價中所需要的數據散布在測繪部門、國土管理部門、城市規劃部門、住房保障部門、房產管理部門、稅務部門等多個部門。而各部門出於自身職能的需要，在數據採集的時候會制定適合自身業務需求的採集

規範。

一方面，對同一房產出於不同目的而採集的數據，會有很大的差異，甚至出現完全不同的結果；另一方面，各部門對採集的這些數據，大部分不加整理，甚至封存起來，公眾很難使用。估價師在使用這些未經加工、來源不一、標準不一的數據的時候，需要花費大量精力進行篩選和處理。這不僅影響了估價的效率，還降低了估價結果的準確度。因此，要建立一個有效的估價系統，必須以一個完整的房地產信息數據庫作為基礎，這個數據庫不僅要包括不動產的地理位置、交通狀況、環境狀況，以及建築的面積、結構、質量等基本信息，還要包括房地產權利性質、取得時間、變化情況等信息。我們要實現這個目的，可以按照以下步驟進行推進：

1. 整合數據收集手段

房地產信息數據獲取的渠道多種多樣，目前有效的數據收集渠道主要有：政府機構的各項統計數據；商業銀行等金融機構內部評估部門日常工作所產生的數據；來源於公開媒介的數據，如房地產信息網站、仲介公司網站的數據；來源於專業機構如房地產估價機構、房地產公司、建築公司的數據。但由於缺乏全局性的規劃，各系統之間數據冗余量大，重複採集的信息多，形成了一個個信息孤島和封閉系統。因此，我們應該通過政府部門或者行業協會牽頭，成立專門的機構，來做好各部門之間的對接工作，制定統一的執業標準和信息採集規範，整理、分類、整合現有的數據，並收集市場數據和不動產特徵數據；推動相關的政府立法，實施不動產登記措施，逐步建立起房地產申報制度，確保房地產信息數據來源的穩定和可靠。

同時，我們還應該使用地理信息技術手段收集房地產特徵數據。作為位於一定地理位置的特殊不動產，房地產的坐標、地名、樓盤號、容積率、建築面積、分攤面積、使用面積等至關重要。而我們通過地理信息技術可以將地名、地形等地理信息與房產的測繪信息、樓盤表信息、權屬信息和土地信息相關聯，實現基於樓盤表的以圖管房、房地關聯、以房管檔、圖檔薄合一、圖文表一體化的管理。同時，這些信息的採集還能推動城市的防災預警和日常管理工作，如防火、防洪、防震、拆遷規劃、供水供電等。目前我國已有的衛星技術完全可以達到地理信息系統（GIS）在批量評估技術中的應用要求。

2. 利用大數據建立房地產信息平臺

房產管理具有服務對象覆蓋面廣、交互頻率高的特點，我們應加強各地房管部門信息化基礎設施建設，通過大數據技術，建立高性能、安全、可靠的數據中心。在未來，數據共享將成為大數據時代的一大趨勢，也越來越被各國政府重視，比如，美國聯邦政府就免費提供 50 多萬種數據給私有部門和社會，

澳大利亞政府也有專門的網站（http://data.gov.au/）為公眾提供包括房地產數據在內的各項數據。因此，在整合數據收集手段後，政府部門或者行業協會還應該建設擴展能力強的房地產數據中心，實現房地產各業務數據的全面整合；並通過設立專門的機構，保證信息共享工作，保證數據的即時更新工作，確保數據的完整性、準確性，以適應大數據時代的要求。

基於大數據的房地產信息平臺還能保證信息利用的效率。房地產作為我國目前的支柱產業之一，為了保證房地產交易的市場秩序，提高交易的效率，我們還應該提高我國現有房地產交易活動的透明度，而信息共享和公開，則是提高交易透明度和交易效率的有效手段。

3. 逐步推廣

2011年1月底，根據國務院部署，重慶市政府、上海市政府先后明確將於2011年1月28日起正式試點開徵房產稅，而房產稅的準確徵收必須要有完善的房產稅稅基評估體系，對房地產的價格進行準確評估則需要準確的數據作為支撐。我們可以考慮先在上述房產稅試點城市進行大數據房地產信息平臺試點，然后將其推廣到全國，逐步改變目前我國房地產估價數據來源渠道參差不齊、數據零散、缺乏權威性等問題。

5.4.2 估價方法的啟示

澳大利亞等發達國家已經廣泛地將批量評估技術應用在稅收估價、抵押貸款估價中，相對於傳統的評估方式，批量評估具有成本低、效率高的優點。

最近十幾年，我國房地產市場發展迅速，一方面，作為一個可以帶動多個下游產業的行業，房地產業已經成為我國國民經濟的支柱產業之一，有力地促進了投資、擴大了內需，是經濟增長的重要動力；另一方面，隨著房地產業的高速發展，一系列問題也暴露出來，如保障房發展遲緩、貨幣調控政策的低效率、建築用地侵占耕地等，其中最為突出的是房價上漲過快。為此國家出抬了一系列的政策，但都收效甚微，物業稅的開徵則被視為較為有效的方法，也成為社會各界關注的熱點。而對房地產價值的準確評估是確保物業稅開徵的關鍵問題，如何在短時間內確定大量計稅房產的價值是其中的重中之重，顯然基於傳統方法的單宗方法已經不適應稅基評估的要求。從長遠來看，運用批量估價進行稅基評估在我國勢在必行。

我們還應該看到，包括澳大利亞在內的發達國家使用批量估價進行稅基評估的前提條件是有一個比較成熟的房地產市場和完善的稅基評估法律法規體系，以及一個包括數據收集與管理系統、評估系統、業績分析系統、管理支持

系統、爭議訴訟系統在內的批量評估系統。由於我國現實條件的約束，以及我國目前僅有個別城市開徵物業稅，因此我國的稅基評估方面的理論研究基本還處於缺乏實踐支持的「紙上談兵」狀態。所以我國在稅基的批量評估上首先還要建立健全相關的法律法規，明確稅基評估主體、評估客體、評估目的、評估的方法和程序、評估的基準日與評估週期、評估申訴體系等關鍵因素；並基於我國國情，建立數據收集與管理系統、評估系統、業績分析系統、管理支持系統、爭議訴訟系統，逐步開發和完善出適合我國國情的各種產品和方法。

在抵押評估的批量估價方面，從上文可以看出，澳大利亞的批量自動評估在銀行等貸款機構的抵押評估的應用方面已經發揮了重要作用，並產生了明顯的經濟效益和社會效益。但包括中國在內的發展中國家，還沒有將AVM技術應用在房地產抵押評估和風險監控中。隨著中國銀行業的全面開放，銀行業對外資金融機構的所有限制將取消，越來越多的外資商業銀行進入中國，尤其是發達國家具有AVM應用經驗的外資銀行的進入並參與人民幣業務，使我國商業銀行研發和應用批量評估技術的壓力越來越大。而且從《新巴塞爾協議》對於商業銀行的新要求來看，商業銀行也必須建立適應新協議的抵押管理系統和抵押監控系統，建立自己的競爭優勢。

從澳大利亞和其他國家的批量評估發展的歷史和應用來看，批量評估技術既可以應用於不動產稅基評估，還可以用於不動產抵押評估，而且兩種批量評估技術存在著密切的關係，往往配合著使用，政府部門或者稅基估價機構收集的應用於稅基評估的數據同樣可以應用於不動產的抵押評估，從理論上來講，只要是涉及房地產估價的地方，都有可能用到自動評估技術。另外，發展中國家無論是單純依賴銀行等金融結構，還是依賴政府部門和行業協會建立統一的數據庫和信息共享平臺，都比較困難，而且對數據和信息的維護也需要投入大量的成本和精力。我國無論是用於稅基的批量評估技術還是用於抵押的批量評估技術的應用都處在起步階段，因此，我國可以在起步階段就建立資源信息共享平臺，同時建立稅基的批量評估體系和抵押不動產評估和管理制度，以節省成本和提高效率。在某種程度上，我國在這方面具有后發優勢，可以避免走發達國家走過的彎路。

5.4.3 估價管理的啟示

5.4.3.1 估價管理體系

一方面，在澳大利亞，作為自律的行業機構，澳大利亞房地產協會並不是封閉的行業機構，而是十分注意和各方面進行溝通，比如在澳大利亞，包括物

業管理人員、律師、會計師、投資顧問等和資產評估專業相關的人員,只要能夠達到協會的要求,就能成為協會的會員,享受協會提供的服務。這樣不僅可以使社會各界加深對房地產估價的瞭解,還能使協會吸收來自各方面的意見,更好地處理業務相關的關係,更好地為社會提供優質的評估服務。

另一方面,澳大利亞房地產協會還為會員提供多方面的服務,大到代表地產估價業推動相關立法、和新西蘭房地產協會共同制定《澳大利亞和新西蘭評估準則》、為整個行業提供評估操作指南和準則,小到出版會員名錄、發放宣傳資料和技術信息、舉辦一些活動為會員提供溝通交流的機會、為會員提供不同形式的后續教育,以便估價師更好地服務於客戶。

5.4.3.2 風險管理體系

在澳大利亞,為了規避在執業的過程中出現的風險,無論是作為機構的房地產估價企業還是作為個人的估計師,都會在保險公司投保相應的險種,一旦在執業中出現大的風險和賠償,都由保險公司承擔。而在我國,房地產業以及房地產估價起步較晚,整個房地產行業和相關的法律體系還不健全,估價機構和估價人員面臨的政策風險、市場風險、技術風險都要遠高於澳大利亞估價機構和人員面臨的風險,估價機構和估價人員也是估價風險的直接承擔者。除了估價機構完善外部監督機制,估價師提高自身的職業素質外,我們還應該學習澳大利亞的風險救助機制。雖然,中國資產評估協會業要求估價機構提取風險基金,但無論是在基金的提取還是在基金的管理上都不夠規範。我們還應該鼓勵保險公司進行相應險種的開發,鼓勵估價機構和估價師積極購買相應的保險,進行風險規避。

5.4.4 人才培養

除了塔斯馬尼亞、北領地、首都轄區,澳大利亞的其他5個州有13所大學提供房地產專業的教育,占澳大利亞39所大學的1/3。這些大學提供的房地產教育都經過了澳大利亞房地產協會或英國皇家特許測量師學會的認證,在課程設置上注重多學科融合併結合當地的房地產估價實踐,而房地產行業協會也會通過吸收大學生會員、協助大學實踐課程教學、設立高校學生獎學金及各種培訓項目等方式促使各個大學提高教學質量,保證畢業生達到企業的要求。

1998年我國教育部頒布的《普通高等學校本科專業目錄》,對原有專業進行了調整,將房地產經營管理本科專業調整到工商管理類的工商管理專業後,我國房地產教育主要集中在專科專業,雖然也培養了大量人才,但一方面,專科教育專業的教師學術水平與行業實踐能力不夠,另一方面,專業標準和課程

標準與房地產行業標準對接不足，房地產經營與估價專業學歷證書與房地產行業職業資格證書也沒有很好地對接，不能滿足我國政府機構、金融機構、房地產投資和開發企業、物業管理公司、資產管理公司以及房地產仲介服務機構（含房地產估價機構、房地產諮詢機構、房地產經紀公司等）對房地產專門人才的需求。因此，我們應該借鑑澳大利亞房地產教育的經驗，加大科學調整力度，進一步完善多層次的房地產專業教育體系。同時，行業協會，如中國房地產協會、中國物業管理協會、中國房地產估價師學會等，應充分發揮協（學）會的作用，在房地產估價標準化建設、理論研究、教育培訓與知識普及、從業資格認證、行業企業自律等方面發揮作用，並加強房地產估價企業內現有員工的房地產估價專業知識的培訓和提升，以適應當前的新方法、新趨勢，培養具有國際競爭力的房地產估價專業人才。

參考文獻

[1] 陳林杰，曾健如，周正輝，等. 房地產經營與估價人才專科教育現狀與發展對策 [J]. 建築經濟，2014（8）.

[2] 杭州市財政局直屬徵收管理局課題組. 房地產批量評稅技術的理論探索與實踐創新 [M]. 北京：經濟科學出版社，2009.

[3] 紀益成，王誠軍，傅傳銳. 國外 AVM 技術在批量評估中的應用 [J]. 中國資產評估，2006（3）.

[4] 許軍，朱承頡. 擁抱大數據，促進估價行業的創新驅動、轉型發展 [C] //挑戰與展望——大數據時代房地產估價和經紀行業發展論文集. 北京：中國城市出版社，2013.

[5] 玄永生，王建忠，王余丁. 我國房產稅稅基評估問題研究 [J]. 環渤海經濟瞭望，2011（4）.

[6] 張偉遠，傅璇卿. 基於資歷框架的終身教育體系：澳大利亞的模式 [J]. 中國遠程教育，2014（1）.

[7] 鐘文鐸，向景，陳瑩，等. 澳大利亞聯邦與州政府間的稅收協調 [J]. 涉外稅務，2009（10）.

[8] ALISTAIR ADAIR, STANLEY MCGREAL. The Application of Multiple Regression Analysis in Property Valution [J]. Journal of Valuation, 1988, 6 (1).

[9] Australian Qualifications Framework Council. Australian Qualifications Framework [S]. 2013.

[10] BARRY GILBERTSON, DUNCAN PRESTON. A vision for valuation

[J]. Journal of Property Investment & Finance, 2005, 23 (2).

[11] DAVID PARKER, TONY LOCKWOOD, WAYNE MARANO. Developments in valuation and assessment: an Australian case study [J]. Property Management, 2012, 30 (1).

[12] JOHN WILLIAM, WEBSTER LAWSON. Theory or real estate valuation [D]. Royal Melbourne Institute of Technology, 2008.

[13] International Valuation Standards Committee. International Valuation Standards [S]. 2005.

[14] International Association of Assessing Officers. Standard on Automated Valuation Models [S]. 2003.

[15] MARC K FRANCKE, GERJAN A VOS. The Hierarchical Trend Model for Property Valuation and Local Price Indices [J]. Journal of Real Estate Finance and Economics, 2004, 28 (2).

[16] MARY-LOU, ROBSON GILL. Integrating automated valuation models (AVMs) with valuation services to meet the needs of UK borrowers, lenders and valuers [C]. 2009.

[17] NEWELL G. Challenges and opportunities for property academics [J]. Pacific Rim Property Research Journal, 2007, 13 (2).

[18] NOELIA GARCÍA, MATÍAS GÁMEZ, ESTEBAN ALFARO. ANN+GIS: An automated system for property valuation [J]. Neurocomputing, 2008, 71 (4-6).

[19] The Australian Property Institute. Australia And New Zealand Valuation And Property Standards [S]. 2012.

[20] The Australian Property Institute. 2014 API Annual Report [EB]. 2015.

6 澳大利亞房地產估價人才培養

6.1 澳大利亞高等教育及房地產教育背景

6.1.1 澳大利亞高等教育背景

澳大利亞目前每年有超過 150,000 名大學畢業生，根據 2008 年《澳大利亞高等教育評論》（Review of Australian Higher Education，即 Bradley Report 2008），澳大利亞將實行教育大眾化政策，計劃到 2025 年實現 25~34 歲人群擁有大學學士學位的比率由 29% 提高到 40%。根據 2008 年 Bradley 報告的建議，政府將逐步放開對大學的招生配額管制，由大學根據自身的實際情況確定招生人數，政府根據招生人數撥付經費給大學。從總體上看，大學面臨預算經費削減的困難，政府生均撥款經費的比例從 1996 年的 57% 下降到 2006 年的 42%，大學不得不更多地依賴非政府收入來源。取消招生配額也使得大學之間面臨激烈的生源競爭，一些學科和專業因為招生不夠而不得不裁減教學人員。與此同時，考慮到澳大利亞大學生對教學的滿意度低於英國、美國和加拿大，澳大利亞政府拿出 15 億澳元投資到大學教學，以提高學生的學習效果和滿意度。

6.1.2 澳大利亞房地產教育現狀

澳大利亞提供高等教育的機構除了 37 所公立大學、2 所私立大學外，還有約 150 個提供高等教育的公立及私立機構，以及包括 TAFE 在內的專注於職業技能培訓的職業教育和培訓機構。澳大利亞房地產學位教育經過近 40 年的發展，已經取得了顯著的成就：房地產教育日見成熟，課程設置從最初的以房地產估價為核心擴大到房地產學科的各個方面，如投資組合及資產管理、房地

產開發、金融及法律相關事務。

　　澳大利亞共有 12 所大學提供房地產專業本科及研究生學位教育項目，學習期間為 2~5 年，以上大學分佈在除塔斯馬尼亞、首都轄區以及北領地之外的其他五個州。其中開設房地產本科專業的大學共有 12 所，大部分是 3 年學制。12 所大學中有 7 所的房地產專業設在商業學科組，5 所設置在建築環境學科組。以上大學均和行業專業學會組織——澳大利亞房地產學會及英國皇家特許測量師學會建立了緊密的合作關係，有 8 所大學取得 API 和 RICS 雙課程認證，4 所大學取得了 API 課程認證（如表 6-1、表 6-2 所示）。由於澳大利亞房地產學會及房地產估價師學會在業內享有較高的聲譽，因此加入這些專業學會並成為其會員或認證估價師就成為許多估價從業人員的必備條件。估價從業人員要得到以上專業學會的認證，必要條件之一是要完成以上專業學會認證的本科或研究生教育項目的學習。因此，對於有志於通過學習房地產相關課程並在房地產行業就業的學生來說，必須選擇以上專業學會認證的本科或研究生課程，方能達到加入以上專業學會的條件。人們通過對澳大利亞 API 和 RICS、AVI 三個專業學會的認證課程對比發現，以上三個專業學會認證的名單和課程項目基本相同。因此，有不少大學的房地產課程會同時得到以上三家學會的認證（詳見本書第 4 章）。

表 6-1　　專業學會認證的澳大利亞大學房地產本科專業

課程開設學校	所在學院	學位	學制	API 或 RICS 認證	認證期間
新南威爾士州					
新南威爾士大學	建築環境系	商業管理學士（房地產及開發方向）	3 年全日制	API, RICS	2011.1.1—2015.12.31
悉尼科技大學	設計、建築及房屋系（Design, Architecture and Building）	房地產經濟學學士	3 年半全日制	API, RICS	2009.1.1—2013.12.31
西悉尼大學	商學院	商業及貿易學士（房地產方向）	3 年全日制	API	2010.1.1—2014.12.31
維多利亞州					
墨爾本大學	建築、房屋及規劃系	環境學士及房地產碩士學位	5 年全日制（本碩連讀）	API, RICS	2013.1.1—2017.12.31
墨爾本大學	建築、房屋及規劃系	環境學士	3 年全日制	API, RICS	2013.1.1—2017.12.31
皇家墨爾本理工學院	房地產、建設及項目管理學院	應用科學學士（房地產估價方向）	3 年全日制	API, RICS	2010.1.1—2014.12.31

6　澳大利亞房地產估價人才培養

表6-1(續)

課程開設學校	所在學院	學位	學制	API 或 RICS 認證	認證期間
迪肯大學	管理及市場行銷學院；商業及法律系	資產及房地產學士	3年全日制（在校/函授）	API, RICS	2011.1.1—2015.12.31
迪肯大學	管理及市場行銷學院；商業及法律系	資產及房地產學士；商業學士（雙學位）	4年全日制（在校/函授）	API, RICS	2011.1.1—2015.12.31
昆士蘭州					
邦德大學	可持續開發及建築學院	房地產學士	2年全日制	API, RICS	2013.1.1—2017.12.31
陽光海岸大學	商學院	房地產經濟學及開發學士	3年全日制	API, RICS	2010.1.1—2014.12.31
昆士蘭科技大學	城市開發學院；建築環境及工程系	城市開發學士（房地產經濟學）	4年全日制	API, RICS	2013.1.1—2017.12.31
中央昆士蘭大學	藝術、商業、信息及教育系	房地產學士（函授）	3年全日制函授	API	2009.1.1—2013.12.31；2014.1.1—2018.12.31
南澳					
南澳大學	商學院	商業學士	3年全日制（在校/函授）	API	2012.1.1—2016.12.31
西澳					
科廷大學	經濟及金融學院；科廷商學院	商業學士（主修房地產方向）	3年全日制	API	2010.1.1—2014.12.31
科廷大學	經濟及金融學院；科廷商學院	商業學士（輔修房地產方向）	3年全日制	API	2010.1.1—2014.12.31

表6-2 API認證的澳大利亞大學房地產（估價方向）研究生專業

課程開設學校	學位	學制	認證情況	認證期間
新南威爾士州				
新南威爾士大學	房地產及開發碩士學位	1年半全日制	可申請正式會員，不能申請CPV	2012.1.1—2013.12.31
悉尼科技大學	房地產開發研究生文憑	1年全日制	可申請正式會員，在符合一定的條件下可申請CPV	2009.1.1—2013.12.31
悉尼科技大學	房地產開發碩士學位	1年半全日制	可申請正式會員，在符合一定的條件下可申請CPV	2009.1.1—2013.12.31

表6-2(續)

課程開設學校	學位	學制	認證情況	認證期間
西悉尼大學	房地產研究生文憑（房地產投資及開發）	9個月全日制	可申請正式會員，在符合一定的條件下可申請CPV	2010.1.1—2014.12.31
西悉尼大學	商業碩士（房地產投資及開發）	1年全日制	可申請正式會員，在符合一定的條件下可申請CPV	2010.1.1—2014.12.31
紐卡斯爾大學	房地產碩士學位（函授）	15個月以上半日制	可申請正式會員，不能申請CPV	2012.1.1—2012.12.31
維多利亞州			
墨爾本大學	房地產估價研究生文憑	1年全日制	可申請正式會員，可申請CPV	2013.1.1—2017.12.31
墨爾本大學	房地產碩士學位	2年或3年全日制（有條件限制）	可申請正式會員，可申請CPV	2013.1.1—2017.12.31
皇家墨爾本理工學院	房地產估價研究生文憑	2年半日制	可申請正式會員，可申請CPV	2010.1.1—2014.12.31
皇家墨爾本理工學院	房地產研究生文憑	2年半日制	可申請正式會員，不能申請CPV	2010.1.1—2014.12.31
皇家墨爾本理工學院	商業碩士學位（房地產）	2年全日制	可申請正式會員，可申請CPV	2010.1.1—2014.12.31
迪肯大學	房地產研究生文憑（函授）	1年全日制或2年半日制	可申請正式會員，可申請CPV	2011.1.1—2015.12.31
昆士蘭州			
邦德大學	房地產估價研究生文憑	2學期全日制	可申請正式會員，可申請CPV	2012.1.1—2016.12.31
邦德大學	城市開發及可持續能力研究生文憑	2學期全日制	可申請正式會員，不能申請CPV	2012.1.1—2016.12.31
邦德大學	房地產估價碩士學位	3學期全日制	可申請正式會員，可申請CPV	2012.1.1—2016.12.31
邦德大學	城市開發及可持續能力碩士學位	3學期全日制	可申請正式會員，不能申請CPV	2012.1.1—2016.12.31
昆士蘭大學	房地產碩士學位	1年全日制+1年半日制	可申請正式會員，可申請CPV	2011.1.1—2015.12.31
中央昆士蘭大學	房地產估價研究生文憑（函授）	1年全日制或等同課程的半日制	可申請正式會員，可申請CPV	2010年第2學期—2013.12.31
中央昆士蘭大學	房地產估價碩士學位（函授）	2年全日制或等同課程的半日制	可申請正式會員，可申請CPV	2010年第2學期—2013.12.31

表6-2(續)

課程開設學校	學位	學制	認證情況	認證期間
南澳					
南澳大學	房地產研究生文憑	1年全日制	可申請正式會員,可申請CPV	2012.1.1—2016.12.31
南澳大學	商業碩士學位（房地產）（函授）	1年半全日制	可申請正式會員,可申請CPV	2012.1.1—2016.12.31
西澳					
科廷大學	研究生文憑（房地產）	1年全日制	可申請正式會員,不能申請CPV	2010.1.1—2014.12.31
科廷大學	研究生證書（房地產估價）	1年半日制	獲得了科廷大學房地產本科學位（含雙學位）可申請正式會員及CPV	2010.1.1—2014.12.31
科廷大學	房地產碩士學位	1年半全日制	可申請正式會員,可申請CPV	2010.1.1—2014.12.31

6.2 澳大利亞西悉尼大學房地產本科

以西悉尼大學為例,該校的商業及貿易（房地產方向）本科學位（Bachelor of Business and Commerce,BBC）課程共計24門（包括商貿通用課程8門,共80學分;房地產專業核心課程8門,房地產專業選修課程6門,但是估價方向必選;其他選修課程2門;畢業論文或報告）,若學生畢業后願意從事房地產估價工作,則必須修讀由API機構及新南威爾士州公平貿易署認證的8門本專業核心必修課以及6門選修課（如表6-3所示）。若學生畢業后不願意從事房地產估價工作,則可以另選6門其他的專業選修課代替。學生修滿并順利通過24門課程考核,獲得240學分方可拿到本科學位。

表6-3　西悉尼大學商業及貿易（房地產方向）專業課程一覽表

序號	估價師認證選修課程	本專業核心必修課程
1	建築學1（Building 1）	商業地產管理（Commercial Property Management）
2	土地法（Land Law）	商業地產評估（Commercial Valuation）
3	房產開發控制（Property Development Controls）	房地產導論（Introduction to Property）

序號	估價師認證選修課程	本專業核心必修課程
4	農地評估（Rural Valuation）	估價原理（Principles of Valuation）
5	司法評估（Statutory Valuation）	房地產開發（Property Development）
6	特殊房產評估（Valuation of Special Premises）	房地產金融和稅收（Property Finance and Tax）
7	——	房地產投資（Property Investment）
8	——	房地產投資組合分析（Property Portfolio Analysis）

資料來源：www.uws.edu.au。

西悉尼大學（UWS）的商業及貿易本科（房地產方向）學位分為3年全日制（Full-time）和六年業餘制（Part-time），學生均要在3年內完成所有24門課程的學習，通過考試後才能獲得學位。以全日制為例，學生在3年內所選課程的順序及內容如表6-4所示。

表6-4　西悉尼大學商業及貿易本科（房地產方向）大學課程一覽表

學年＼學期	秋季學期（Autumn session）	春季學期（Spring session）
第1學年（Year 1）	建築學1（Building 1）	管理者會計（Accounting Information for Managers）
	商務學術技能（Business Academic Skills）	商法入門（Introduction to Business Law）
	房地產導論（Introduction to Property）	行銷學原理（Marketing Principles）
	經濟學原理（Principles of Economics）	估價原理（Principles of Valuation）
第2學年（Year 2）	商業地產評估（Commercial Valuation）	土地法（Land Law）
	管理動力學（Management Dynamics）	房地產投資（Property Investment）
	房地產開發控制（Property Development Controls）	房地產投資組合分析（Property Portfolio Analysis（V2））
	商務統計學（Statistics for Business）	農地評估（Rural Valuation）

表6-4(續)

學期 學年	秋季學期 (Autumn session)	春季學期 (Spring session)
第3學年 (Year 3)	商業地產管理（Commercial Property Management）	房地產融資及稅收（Property Finance and Tax）
	房地產開發（Property Development）	特殊地產評估（Valuation of Special Premises）
	司法評估（Statutory Valuation）	畢業論文/房地產項目報告（Property Project）
	選修國際房地產（International Property）或其他一門專業課	選修房地產開發2（Property Development 2）或者其他專業課程

資料來源：www.uws.edu.au。

本專業學生畢業后可以在商業及零售房地產管理、房地產開發、房地產研究、房地產基金管理、房地產估價、商業地產租售、房地產投資分析及企業不動產等領域工作。

6.3 澳大利亞房地產教育的特色

儘管澳大利亞的房地產教育面臨經費削減、生師比增加、師資不足等挑戰，但是澳大利亞房地產教育經過近40年的發展，也有許多創新之處值得我們借鑑。

6.3.1 在課程設置上注重多學科融合及大學的個性化差異

澳大利亞房地產學位教育通常採用的是多學科的、綜合的課程設置，各課程之間並不是相互獨立，而是交叉融合的關係。這種做法主要是為了迎合API及RICS等行業專業學會的認證要求，大學通過提供不同的選修課程供學生選擇，使得他們培養的大學人才更加差異化和個性化（阿米塔吉，2011）。

房地產學位課程除了一些核心房地產課程之外，還包括城鎮規劃、經濟學、法律、會計等課程，這些房地產專業所獨有的核心課程以及非核心的專業通用課程共同構成了完整的房地產學位課程。澳大利亞的大學學者、房地產企業和大學生長期以來都一致認為課程必須是綜合的或整合的，應將來自於多個領域的知識如估價、法律及經濟學有機地聯繫起來，而不是使其相互獨立（Koulizos 2006；Newell，2003）。在多學科的大環境下，學生要能夠和來自其

他大學不同學科背景和經驗的人一起合作、創新、交流和工作。

通用及選修課程的多樣化和差異性反應了澳大利亞對不同大學及院系文化的認可。如昆士蘭科技大學（QUT）的座右銘是「教學科研緊密結合實踐」，強調學生在最後一年應學工結合。邦德大學（BOND）則要求所有的本科學生在大學一開始就選修並完成四門全校範圍的通用課程，讓學生盡早形成社會責任感和倫理道德規範。

6.3.2 房地產行業學會指導課程設置

澳大利亞目前發展了多個全球性房地產學會的分支機構，如泛太平洋房地產學會（PRRES）、歐洲房地產學會（ERES）、美國房地產學會（ARES）、亞洲房地產學會（AsRES）等，專注房地產教育和研究活動（紐厄爾，2007）。而澳大利亞本土的房地產學會（API）影響力和知名度最高，目前共有大約8,600名來自澳大利亞及海外的各類房地產行業的會員，其中估價師會員約5,000人。[①] API機構的主要宗旨在於保持房地產專業領域的最高行業標準，促進房地產專業教育，擴大其專業領域。API和大學機構建立了密切而廣泛的合作關係，最顯著的成就是API對大學開設的房地產專業採取認證的准入方式，以保證將來從事房地產估價的畢業生達到企業的要求。大學會定期徵求API、RICS等行業協會的意見，並且通過泛太平洋房地產學會及其他區域性房地產學會瞭解國內外先進教育理念如課程內容、教材等。

澳大利亞API機構下設全國教育委員會（National Education Board，NEB），代表全國範圍內的機構會員對房地產教育、專業發展及培訓以及准入要求提出意見和建議。全國教育委員會和房地產教育的提供者即大學開展學術上的合作，以促使大學提供最高質量水平的房地產高等教育學位課程。除了大學在申請認證時需達到NEB規定的准入條件之外，API還組建了專門委員會每五年對認證大學的房地產教育開展定期的檢查和審核，對教師的教學和研究水平進行測評，對在校生和畢業生進行訪談，同時對其教學內容和課程設置提出建議，以更好地適應企業和市場新的要求。

除了對大學的房地產課程進行認證外，API還通過以下途徑支持大學房地產教學：

1. 吸收大學生會員

申請成為API的學生會員的程序並不複雜，只要學生本人是API機構課程

---

① 資料來源：http://www.api.org.au。

認證的大學在校學生（包括大學本科生、TAFE 學員以及研究生），均可以申請，他們在完整填寫申請表並且支付 55 澳元/年的會費之後就可以成為 API 學生會員。學生會員可以享受到很多便利，如免費參加各種學術會議、免費獲取每季度的學會雜誌、接觸各類專業人士、獲得實習機會推薦以及專業獎學金等。API 為有志於從事房地產估價行業的年輕人士提供了各種軟件和硬件資源，學生會員可以無償獲取學會內部圖書館的技術資料，也可以免費使用 API 辦公室作為會員活動場所。

2. 協助大學實踐課程教學

API 也對澳大利亞大學的房地產專業實踐教學提供積極支持。例如，API 在澳大利亞西悉尼大學設置了實習生項目。房地產類專業一般會有主要科目的實踐教學環節（Capstone Engaged Learning Unit），教師會帶學生到實地考察。比如房地產估價課程的實踐環節就需要學生到實地評估房產，學生以分組的形式出具估價報告。這些實踐課程往往會得到 API 機構以及一些估價事務所或房地產仲介機構的支持。API 機構往往還會贊助學生在考察途中的路費，並對此教學環節無償提供專業協助。澳大利亞從事房地產估價相關專業教學的專職教師往往也是 API 的會員，教師和 API 機構及會員聯繫密切，一些在職估價師及律師會被邀請到課堂給學生授課或開講座。

3. 設立高校學生獎學金及各種培訓項目

API 機構針對所有參與了 API 課程認證的教育機構的在校學生設立了獎學金，獎勵學術成就顯著且有志於從事房地產行業的年輕人士。API 的宗旨是「成為澳大利亞房地產各個領域的領先者」，設立在校學生獎學金，關注年輕專業人才的成長，是對 API 宗旨的最好闡釋。2012 年 API 機構的獎學金分別頒發給了悉尼科技大學、西悉尼大學以及 TAFE 課程的在校學生，包括研究生和本科生。[①] 自 2012 年中期，API 機構開發了「未來房地產專業人才項目」（Future Property Professionals），旨在促進新畢業大學生將所學理論知識融入社會實踐，並將所學的理論知識更好地應用到工作領域。

6.3.3 形成了完善的課程評估體系

澳大利亞的大學比較注重教學質量和學生學習效果的評估，目前廣泛使用的課程體驗問卷（Course Experience Questionnaire，CEQ），每年被用來對所有大學的畢業生進行調查，以評價大學的教學質量（凱恩亞·L. 威爾遜，阿爾夫·

---

① Australian Property Institute, API Annual Report 2012.

莉齊，保羅·拉姆斯登，2006）。

　　課程體驗調查問卷採用5分制量表進行打分，1~5分別代表非常不讚成到非常讚成五個等級。除了總體滿意度評價指標下面沒有細分子項目之外，其他的調查問題下面都有兩個以上的子問題。同時，考慮到不同大學、不同專業的差異性，問卷中的調查問題還分為核心問題和可選問題，除核心問題外，參與調查的機構還可以根據自身情況自行選擇一些可選問題進行調查。CEQ問卷的內容構成如表6-5所示。

表6-5　　　　　澳大利亞課程體驗問卷（CEQ）調查內容

調查項目	性質	包括子項目個數
1. 教學效果	核心問題	6
2. 教學目標和標準是否清晰	可選問題	4
3. 學習工作量是否合適	可選問題	4
4. 課程考核方式是否科學	可選問題	3
5. 通用/綜合能力	核心問題	6
6. 總體滿意度	核心問題	1
7. 是否激發了學習熱情	可選問題	4
8. 學生服務及支持	可選問題	5
9. 畢業生質量	可選問題	6
10. 學生學習資源	可選問題	5
11. 學習型社群	可選問題	5
合計		49

資料來源：http://www.graduatecareers.com.au/research/start/agsoverview/ctags/ceqo/。

　　目前CEQ已經成為澳大利亞研究者使用得最多的高等教育調查工具，從1993年起，澳大利亞畢業生就業委員會（GCA）每年針對全國15萬大學畢業生開展調查，運用課程體驗調查問卷評估大學教學質量、教學目標、教師工作量、學生成績、學生通用技能和總體滿意度等。而在美國及英國，則沒有像澳大利亞這樣全面深入地開展房地產教育評估。

　　此外，各大學的房地產專業教學組會定期組織教師對課程進行評估，以確保課程內容、參考書目以及課程考核手段與時俱進。大學內還設有課程諮詢委員會（Course Advisory Committee，CAC），在促進課程教學和改革中起到積極作用。課程諮詢委員會成員通常由學術負責人、課程負責人、業內知名專家、學生代表等組成。其功能包括：向學術委員會提議開設新課程；關注特定領域的學習及研究的最新發展和趨勢，並引導課程開發；分析研究政府在高等教育

領域的新政策對課程的影響並提出合理建議；對課程相關材料進行檢查回顧，以確保達到了課程預定的嚴格標準及規定的深度，並且確保課程相關材料和課程的基本原理、目標、內容保持一致，能夠反應最佳的實踐；對新增的課程大綱及現有課程大綱的修訂進行審議和評價；定期回顧質量保證體系/機制，特別關注質量評估的程序、利益相關人（企業、學生）的反饋，必要時和其他高等院校進行比較評價。除了以上規定的工作之外，CAC 還要對學術委員會提交相關報告及提出相關建議。

6.3.4 眾多的專業期刊及全球性學術會議

近年來澳大利亞關於房地產研究的學術刊物數量顯著增加，目前有超過 35 種專注於房地產及相關研究的期刊（紐厄爾，2007）。API 自己創辦的專業期刊——《澳大利亞及新西蘭房地產期刊》（ANZPJ）是澳大利亞讀者最多的商業雜誌之一。API 的全球會員每季度都會收到這本期刊。

API、PRRES、ARES、ERES 以及 AsRES 等世界知名的房地產學會每年均會舉辦年會，吸引至少 400 名房地產研究者參加。最為重要的是，它提供了一個重要的平臺供房地產學者進行交流，同時保持研究成果的與時俱進。API 還會定期舉辦各種專業論壇和交流會，如 2012 年在悉尼舉辦的全國青年房地產專業人士（Young Property Professionals）論壇、2012 年 10 月在墨爾本舉辦的第 26 屆泛太平洋房地產估價師及政務人士國際會議等。這些會議加強了世界各地房地產估價等專業人士的交流，也擴大了 API 機構在全球範圍的影響力。其中，新南威爾士州在 2012 年也舉辦了各類活動，全年共有 2,500 多位代表參加了 58 項項目，包括「專業發展繼續教育」（Continuing Professional Development）項目以及估價風險管理教育模塊等。

6.4 澳大利亞估價專業認證對我國房地產估價業的啟示

6.4.1 估價從業人員必須具備系統的相關專業知識

澳大利亞實行估價課程認證制度，對從事估價行業的人員的基礎知識要求較高，所認證的學歷僅限房地產經濟、房地產投資及開發專業，保證了房地產估價專業人士的純度。

而我國則實行全國統一的估價師執業資格考試制度，對參加考試的考生有

專業門檻限制以及學歷限制。專業限制指房地產估價（資產評估）、房地產經營、房地產經濟、土地管理、城市規劃等專業的學生才能參加考試；學歷限制指至少是中等專業學歷的學生才能參加考試。事實上，我國實際從事房地產估價的人士中，有相當比例並非是房地產相關專業畢業，具備的專業基礎知識並不全面，因此社會上會有「估價人員門檻低」的偏見。這種較為寬泛的專業門檻在我國房地產估價行業發展初期是可行的，但隨著房地產估價專業人士的增多，我們對房地產估價師的專業性要求更高。這樣的話，我們的房地產估價隊伍才能向精、細、強的方向發展。

6.4.2　加強房地產估價師註冊前的實踐考核

API 機構開發的「未來房地產專業人才」（FPP）項目對於那些希望成為臨時會員的住宅房地產估價師（RPV）以及希望成為正式會員的認證合格執業估價師（CPV）是必修課程。這一課程進一步加深了估價行業的初學者對理論知識的理解，同時也有效地指導了其估價實踐。

自 2011 年 9 月起，我國的土地估價師實行實踐考核制度，實踐考核分為專業實踐和專業考核。《土地估價師實踐考核與執業登記辦法》第三條規定，「土地估價實踐考核合格，並依本辦法進行執業登記，方可執業。」這表明我國的估價師協會已經認識到專業實踐的重要性。而目前房地產估價師執業登記沒有實行實踐考核，估價人員只要通過考試並有聘用證明便可初始註冊。這種不對等的管理制度源於土地估價師和房地產估價師不同的管理機構，前者是國土資源部，後者是建設部。在此情形下，估價從業人員會產生土地估價師比房地產估價師要求更高的想法，從而導致大部分人傾向於從事房地產估價，因為后者相對「簡單」。而實際上房地產估價項目的數量遠大於土地估價項目，涉及面更廣，因此我們理應實行嚴格的實踐考核制度。

6.4.3　提高估價人員的自律能力

在澳大利亞，房地產估價師可以以個人名義註冊和執業。但是無論估價師個人執業或是在機構執業，均注重個人的專業能力發展和職業道德。估價師一般不會超出能力承擔項目，而根據個人能力選擇評估項目。受澳大利亞多個法律及信用體系的制約，估價師必須購買專業保險作自身和客戶保障。即便如此，他們也不會輕易承擔被客戶投訴或者控告的專業風險。API 要求其估價師會員每三年必須重新選修風險管理科目（Risk Management Module），指導他們

如何規避執業風險，減少法律訴訟。

房地產估價行業的興衰與房地產行業息息相關，在當前宏觀調控政策對房地產業的影響的大背景下，房地產估價企業與估價人士更要有危機意識，警惕各類法律風險，加強自身法律意識。

我國的估價行業近年來也非常注重對估價師執業風險的研究，但是在目前並不發達的保險業的背景下，並沒有專門針對房地產估價師的保險險種，這就更加要求估價師具有較高的自律性。就房地產估價而言，我國並沒有像澳大利亞那樣將估價師細分為住宅、工業、商業及農地評估，估價師可以評估不同類型的房地產項目。而且由於我國的房地產估價師均在機構註冊執業，因此在項目的選擇上往往沒有太多的話語權，超能力超專業接項目也是常有的事。因此，我們的教育機構應該多開展類似的專業教育，強調專業道德及執業風險，從年輕人抓起。一旦全社會都建立起這種共識，估價師的自律能力將會逐步提高。

6.4.4　資深會員認證適當向教師及估價師「雙師」資格人才傾斜

在澳大利亞，API 和教育機構聯繫緊密，為吸引更多的大學生會員加入，API 對房地產估價相關專業的高校學者有特別的優待，不僅免去個人會員的年費，而且會提供其他的支持。

我國的房地產估價師與經紀人協會自 2007 年開始評選「資深房地產估價師」個人會員，主要條件包括：①執業年限在 10 年以上；②在估價機構中擔任主要職務且估價理論紮實，實踐經驗豐富；③發表過估價相關的文章或著作。對於同時具備估價師資格的教師來說，第一條和第三條比較容易達到，而第二條則很難滿足。由於房地產估價師的執業特性和高校的實際情況，高校教師同時在估價行業執業和在高校教學基本不太可能，更不用說在估價機構擔任主要職務了。因此，這一評選條件無疑把許多高校學者排除在外。而高校學者雖然欠缺實踐經驗，但是理論功底較深，對行業的發展有較強的責任感，是房地產估價師隊伍不可或缺的力量。

6.5　澳大利亞房地產教育對我國房地產(估價)教育的啟示

6.5.1　創建高校估價專業教師和估價機構師資及人才培養的良好機制

為提高目前高校教師的實踐能力，一方面，我們應鼓勵高校教師通過考試

取得執業估價師資格，從而有機會到企業掛職鍛煉，不斷提高估價實踐能力；另一方面，我們可以聘請估價企業優秀估價師到高校授課或開講座。而企業也可以利用這一平臺，從在校學生中選擇願意從事估價的優秀學生進行培養，為企業儲備后續估價人才。高校在對教師的培養上要提供更加靈活的機制，允許和鼓勵高校教師參與企業實踐。

6.5.2 加強行業學會對估價人才培養的導向作用

如前所述，在澳大利亞從事房地產行業的准入門檻之一是必須獲得 API 認證的大學學位。因此，API 和各教育機構的聯繫非常緊密，API 的學生會員在大學期間就可以提前接觸到房地產各個領域的專業人士。

我國並不實行類似的認證，因此大學不會主動和行業協會取得聯繫，反之亦然。大學生對專業協會的認知度較低，僅限於同為大學教師的宣傳。也有一些大學為提高學生就業率，會主動和房地產企業聯繫。在學校設立企業獎學金以及為學生爭取實習機會，僅限於校企聯合這種非官方形式。這種脫節導致大學培養的房地產專業人才不瞭解最新的行業動態及要求，無法形成像澳大利亞這種「傳幫帶」的良好氛圍；而行業協會也無法爭取到最優秀的年輕人士加入團隊。

我國的房地產估價師與經紀人協會可以嘗試設立一兩所高校作為試點單位，通過設立獎學金及房地產估價教育基地等方式擴大協會在教育界的影響力，以從源頭通過加強和高校機構的合作與交流，以培養高素質的未來房地產專業人士。房地產估價師與經紀人協會可以在以下領域加強與大學機構的合作：

（1）結合行業和企業實際需求，參與審核與修訂房地產相關專業培養方案；

（2）協助大學進一步完善房地產相關課程設置；

（3）廣泛開展各種會員活動，加強學生會員與行業執業者的接觸；

（4）搭建高校與房地產企業的交流平臺，一方面幫助高校建立穩定和高質量的實踐實習基地，另一方面幫助企業培養和選拔優秀的房地產人才；

（5）開拓房地產專業學生的培訓項目，如英文估價報告寫作、估價方法及實踐、估價師執業道德及估價風險控制等；

（6）在高校房地產專業設立專業獎學金，獎勵優秀的房地產專業學生；選拔部分優秀學生與國外房地產專業學生進行交流等。

6.5.3 試點估價課程認證制度

RICS 和 API 等估價師專業學會在和高等教育機構開展合作和課程認證方面已經有比較成熟的經驗，並且取得了很大的成功。估價師專業學會和大學等教育機構在合作中共贏，其共同目的是培養符合市場需求的房地產專業人才。目前這種合作仍在繼續進行，這種可持續的發展和合作也促進了整個房地產行業的發展。由於估價師註冊制度的差異，嘗試在中國的高校引進國際專業學會的課程認證要克服包括認證成本、社會認可度等方面的困難，因此較少有高校回應。

我國也已經形成了房地產估價與經紀人協會，有比較完善的估價師會員制度，完全可以嘗試選擇個別高等院校的房地產專業為估價師會員認證的試點單位，由點及面地推動我國的房地產估價專業教育。這種合作不僅可以促進我國房地產估價的課程建設和師資培養，更有利於培養新型的國際化房地產估價人才。

此外，估價師會員認證這個平臺，可以促進高校和國際估價師協會 API、AVI、RICS 等機構的交流與合作；鼓勵更多的房地產（估價）專業學生加入其學生會員隊伍，接受其估價系統培訓和訓練，參加包括估價方法、估價報告撰寫、風險規避等方面的課程學習。

6.5.4 加強房地產估價專業學生的實踐能力

我們可以從以下方面加強房地產估價專業學生的實踐能力：

（1）在大學的早期階段介入專業教育，提高學生對房地產估價專業的認知度及興趣；

（2）更多地開展市場調研以及專業報告寫作，以保證學生這方面的技能達到專業水平；同時盡可能避免大群組的估價作業，以確保每個學生的估價報告寫作能力都得到提高；

（3）創新課堂教學方式，通過小組式學習、工作室教學法、網路及多媒體教育手段加強學生的語言表達能力、交流和溝通能力、邏輯思維能力。

（4）在實踐教學任務的安排上有更大的靈活性，可以考慮把課程的時間盡量安排在晚上，以確保學生有時間參加企業實習，從而保證學生畢業前完成足夠的估價實踐學時，盡可能地在大學的早期階段參與專業的實踐/就業；

（5）加強和估價企業的合作與交流，建設穩定的估價實習基地。

6.5.5 高等教育機構創新房地產估價辦學模式

創新國際聯合辦學思路，加強國內外大學之間的交流合作，探索「3+1」或「2+2」教育項目，加強跨國及跨校的教師交流與培訓項目，引進跨校、跨省市甚至跨國的房地產教育項目（課程）等是高等教育機構創新房地產估價的辦學模式。國內高校在國際合作辦學方面已經有許多成功的先例，國外高校也在不斷創新教育項目，例如澳大利亞的中央昆士蘭大學（Central Queensland University，CQU）實行了網路在線的農地評估課程並允許跨校招生，而西悉尼大學（UWS）也即將跟進。

參考文獻

[1] 劉洪玉. 從國外的經驗看我國的房地產專業教育［J］. 清華大學教育研究，1999（1）.

[2] 錢瑛瑛，楊穎，戚麗瓊. 英國和我國香港地區高校房地產類專業教研特點及借鑑意義［J］. 中國房地產，2007（1）.

[3] 王海燕，黃英. 中國高校房地產專業本科人才培養現狀研究［J］. 現代企業教育，2011（16）.

[4] 張協奎. 美國高校房地產專業教育考察報告［J］. 高等建築教育，1999，28（1）.

[5] ARCHER W，DAVIDSON J. Graduate Employability: What Do Employers Think and Want? CIHE, London, 2008.

[6] BLAKE, ANDREA, SUSILAWATI, et al. An evaluation of how well undergraduate property students are prepared for commencing their careers［J］. Pacific Rim Property Research Journal, 2009, 15（2）.

[7] BOYD T. Stakeholder impact on property education programs, Proceedings of the 11th Pacific Rim Real Estate Conference, University of Melbourne, Australia, 2005.

[8] BOYD T. Are we exemplars for the property profession?［J］. Pacific Rim Property Research Journal, 2010, 16（2）.

[9] BOYDELL S. Disillusion, dilemma and direction: the role of the university in property research［J］. Pacific Rim Property Research Journal, 2007, 13（2）.

[10] CONNIE S, ARMITAGE L. Understanding the diversity of non-

specialised units within Australian property degrees, 17th Annual Pacific Rim Real Estate Society Conference, 2011.

[11] MICHAEL J HEFFERAN, STUART ROSS. Forces for change in property education and research in Australia [J]. Property Management, 2010, 28 (5).

[12] MANNING C, EPLEY D. Do real estate faculty teach the skills and competencies needed by corporate real estate executives? [J]. Journal of Real Estate Practice and Education, 2006, 9 (1).

[13] NEWELL G, SUSILAWATI C. Student perceptions of the quality of property education in Australia: 1994-2009 [J]. Pacific Rim Property Research Journal, 2010, 16 (4).

[14] NEWELL G, ACHEAMPONG P. The quality of property education in Australia [J]. Pacific Rim Property Research Journal, 2003, 9 (4).

[15] NEWELL G. Challenges and opportunities for property academics [J]. Pacific Rim Property Research Journal, 2007, 13 (2).

[16] PARKER D. Property education in Australia: themes and issues, 18th Annual Pacific-Rim Real Estate Society Conference, Adelaide, Australia, 2012.

[17] PAGE G. Professional socialization of valuation students: what the literature says, Proceedings of the 10th Pacific Rim Real Estate Conference, University of South Australia, Australia, 2004.

[18] PAGE G. Professional socialisation of valuers: what the literature and professional bodies offers [J]. International Education Journal, ERC 2004 Special Issue, 2005, 5 (5).

[19] PAGE G. Australia graduates' perspective of their professional socialization, 14th Annual Pacific Rim Real Estate Society Conference, Kuala Lumpur, Malaysia, 2008.

[20] POON J, HOXLEY M, FUCHS W. Real estate education: an investigation of multiple stakeholders [J]. Property Management, 2011, 29 (5).

7 澳大利亞及國際估價行業的機遇和挑戰

　　信息技術及網路技術的發展催生了越來越多的自動化估價程序及產品，對於未來的估價服務有著很大的影響。長期來看，不能及時應對市場的變化將不可避免地導致行業的沒落或衰退。估價行業必須正面回應並且適應新的變革，努力培育新一代專業估價師群體。

　　房地產是成熟經濟體中財務決策中重要的組成部分。估價人員如果不能保證資產被正確地評估，將會給利益相關者帶來財務上的風險。1970年房地產危機之後，英國皇家測量師學會（RICS）做出了回應，發布了紅皮書，設置了估價標準以及估價師專業行為守則。而英國聯邦政府對1980年晚期的「儲蓄和貸款」危機做出了如下回應：制定統一的估價標準，並對各州的估價師實行執照管理。這導致所有的估價師都要獲得國家資格認證，同時各州每年都要對專業估價實踐的統一標準進行修訂。

　　英國房地產及金融危機的慘痛教訓並沒有被其他國家和地區吸取，因此低水平的估價標準以及經驗不足的估價師，導致了1994年德國的「施奈德事件」，成為近50年來德國最大的房地產危機事件。當施奈德的商業帝國瓦解之時，他欠下40家銀行共計德國馬克50億（約30億美元），這甚至一度威脅到這些銀行的償債能力。同樣地，1997年曼谷商業銀行因為沉重的房地產債務壓力而倒閉，也暴露出泰國其他銀行的弱點。然而，這一風險並沒有到此為止。全球化比以往任何時候都更加緊密地把世界經濟聯繫在一起，泰國的金融危機也拖累了韓國、馬來西亞和印度尼西亞的股票市場，甚至導致俄羅斯政府盧布債券違約，並且使得美國歷史上最長時間的經濟增長接近停滯。

　　大部分全國性的危機表明，估價方法的多樣化和差異性導致了資產評估出現大量差異性的、通常是不切實際的估價結果；而當估價師沒有得到正確的訓練或規範管理的時候，也會產生欺騙或不誠信行為。為了避免再出現類似的金融危機，估價標準規範應運而生，從最初的全國性標準發展到國際性準則。國

際估價標準能夠保證正確地評估上市公司的資產，從而減少跨國投資的風險，也可以減少許多股票交易的內在不穩定性。估價規範的完善將降低由於估價導致的一個金融中心的崩潰引發更廣泛的全球性危機的可能性。

估價程序的規範性和一致性也與公眾利益息息相關。保持始終如一的和透明的估價標準不僅是估價專業人士的責任，更是政府和其他利益相關者的責任。使用估價服務的客戶期待估價師能夠達到最基本的要求，並且能夠具備獨立性、公正性和客觀性。

7.1　世界範圍內不同的估價服務

全球化導致了國際估價規範應用的顯著增長，但是世界範圍內統一採用一致的估價服務標準，還有很長的路要走。這主要是因為進入此行業的准入條件、估價師的培養、顧客或公眾對估價師的認知以及估價師服務於更廣泛的金融或經濟活動的能力等方面均有較大的差異。

在有些國家，個人成為估價師僅僅需要通過一個較低要求的州註冊程序即可。然而，在另一些國家，其審批的程序則要嚴格得多，一般最低標準是要求申請者具備大學學位、一定時間的有監督的執業經驗、考試及行業專家評估（同行評議）。

在美國，估價師註冊由各個州獨立管理，各州之間幾乎不存在互認的情況，但准入門檻較低。在達到了 2~3 年實踐經驗的要求之後，任何人只要通過了基本的國家統一考試，提交他們工作成果的樣本，得到國家評估委員會批准后，便可以在該州以註冊估價師的名義工作。儘管在北美洲有一些大型的、知名的估價公司，估價市場主要還是由小機構組成，對估價師的培訓也主要集中在房地產估價上。因此，即使是大的估價機構也不能夠提供，或者說是市場不願意接受估價師提供更廣泛的房地產服務如房地產經紀和投資諮詢。事實上，房地產經紀服務需要單獨的註冊執照。有人認為，美國的估價師註冊制度對於提高行業標準幾乎沒有任何作用。相對低的准入門檻、有限的就業前景以及大學畢業生對估價職業並不看好，這些都導致了北美洲招聘的新員工數量有顯著下滑。估價行業已經成了一個老齡化的行業，而且由於有經驗的估價師導師指導的估價人員數量有限（通常只有 2 個），這一限制條件使得許多州的估價行業人才青黃不接，老齡化現象加劇。

其他地方的情況則有所不同。在英國，主要的行業協會英國皇家測量師學會已經設立了一個管理框架，對估價師的培養主要是基於廣泛的房地產大學教

育（也即把估價師的培養交給大學而不是學會或者企業），而估價作為一門學科，越來越得到客戶和企業的高度認可。可以說，英國的估價服務市場是世界最發達的市場之一，這主要是因為它有著高度發達的商業房地產市場，銀行、退休基金以及保險公司集中投資於此領域，並且它有一個成熟的住宅市場，自有住房的比例較高。在英國，極少有商業公司只提供估價服務，這意味著這個市場占主導的公司提供的是多領域的服務，而估價通常只是提供給客戶的一攬子服務中的一種，還有其他更有營利性的房地產相關工作。這一模式已經被大型國際公司成功地輸出到世界各地。

一方面，成熟市場上的商業房地產相關估價越來越成熟，另一方面，在世界其他地區估價需求才剛剛開始，這些地區的房地產估價需求仍然由國家行政力量推動而產生，例如中國的估價需求最初是由於實行住房商品化之後由法規確定房地產估價的地位推動產生的。

歐洲大陸的一些國有的或國家支持的銀行有自己的內部估價團隊。銀行為了提高估價工作的效率，通常會傾向於把估價工作發包給外部估價師，這可能反過來會改變這個行業的組織結構。

在許多國家，估價是一個特別的行業，估價師要麼成為獨立執業者要麼在估價公司工作。而這些估價機構通常是從提供其他房地產服務的公司裡分離發展出來的。在一些情況下，這是行業發展演變的必然結果；在另一些情況下，如西班牙，估價服務則是基於法律規定而分離出來的。

7.2 估價行業的機遇和挑戰

當前市場的一些驅動因素帶來了一些新的市場機會；另一些因素則使得一些估價師的前景不那麼樂觀；還有一些因素威脅到估價這個關係到公共利益的行業的社會公信力。估價師為了提供最佳的服務，他們必須要理解這個市場的發展驅動因素。

7.2.1 貸款的安全保障

7.2.1.1 銀行業

一個成熟的房地產市場的標誌是房地產的自有率較高，並且大量地使用房地產資產作為貸款的安全保障。該資產被用來測算貸款的金額以及貸款的風險，然后用來作為抵禦借款人違約風險的屏障。這一安全保障的有效性使得房

地產成為最常見的基本貸款保障，而銀行也成為房地產估價最大的客戶和使用者。然而，這也意味著一旦銀行所需要的信息資源的類型、對信息的使用方式以及他們對面臨的風險的理解方式等發生任何改變，均會對估價服務產生較大的影響。

全球銀行業的一個主要的變化動因是《巴塞爾協議》，大多數活躍在國際上的銀行和他們的管理者已經簽署了此協議。它旨在通過設置任何一家銀行都必須根據其貸款的金額配置達到最低的自有資本（風險準備金）的要求，保證銀行的償付能力。這一協議的影響力正在逐步擴大，因為有擔保的貸款構成了金融活動以及房地產市場自身的相當一部分比例。

對銀行資本充足性的要求將更加緊密地與銀行的風險相關聯。房地產估價作為擔保貸款的一種風險管理工具的重要性在《新巴塞爾協議》中得到了認可，並且房地產估價第一次成為貸款的必需條件。該協議認為一些貸款如住宅抵押貸款，風險相對較小，因此允許銀行減少其風險權重。然而，協議卻要求每年要重新評估商業和住宅房地產，這有可能使得銀行需要的估價工作的工作量呈現增長的趨勢。

《新巴塞爾協議》有可能對國際估價標準提供進一步增長的動力。在歐盟，《巴塞爾協議》通過對銀行的資本要求的約束性來實施，使用的是國際認可的由國際估價標準委員會（IVSV）提出的市場價值定義。《巴塞爾協議》的一個目標是能夠對不同銀行的財政實力進行比較，要做到這一點，只能基於一個一致的、統一的平臺對銀行擁有的房地產抵押品進行評估。考慮到會計和銀行業的國際發展趨勢，很有可能國際估價標準也將越來越重要。

7.2.1.2 科技

融資銀行之間的估價服務的競爭，特別是在可獲取的免費市場信息越來越多的領域，促進了科技更廣泛的應用。估價過程中的許多客觀因素——數據的收集、組織和格式化處理都已經成熟，可以進行自動化操作，估價師們也正在逐漸向自動化估價程序轉化。

在過去，估價師將自身與競爭者區別開來的是他們所掌握的市場信息，但是如今卻是——他們拿著這些數據能做什麼。再加上估價師要獲得足夠多的可比實例數據比較困難，所以在商業房地產領域運用自動批量評估技術要比在住宅房地產領域艱難得多。

在商業房地產領域要實現完全的估價自動化還有很長的路要走。但是如果估價完全地由電腦自動化進行而不需要估價師的直覺輸入——使用什麼信息、什麼假設以及如何闡述這些數據等，那麼這種自動化的產出是否能看作是真正的「估價」？估價是客觀性和主觀性的平衡，這一平衡成為可靠的估價結果的

安全保障機制,打亂這一平衡則會帶來新的風險。新興的自動化估價方法並不具備傳統估價具有的透明度及估價標準。

如何達到估價中客觀性和主觀性的結合對於住宅房地產的估價是最大的挑戰,因為在這一領域抵押貸款機構之間和估價師之間的競爭加劇,以及大量使用計算機化之後帶來的巨大的成本、時間和效率的節約,迫使人們越來越多地使用自動化估價系統(斯廷森,2003)。

這一技術最先進的形式是自動估價模型(AVM),它已經可以用來做快速的、成本節約的風險評估以及融資決策。使用者只要輸入標的房地產的地址和房地產特徵(如臥室數量、房屋年齡等)到計算機模型,電腦將會基於模型可用的數據輸出一個房產價值估計值。雖然模型消除了人為的錯誤和偏見,但是它也去除掉了估價師對房產進行實地考察的環節,以及估價師的技能、判斷和經驗。自動估價模型(AVM)對北美的抵押貸款機構和保險公司特別有吸引力,目前美國有大概10%的抵押貸款機構在使用該模型[標準普爾公司(Standard & Poor's),2004]。然而,到現在,自動估價模型通常僅用於那些被認為是低風險的貸款項目的估價。

在加拿大的不列顛哥倫比亞,一些公司提供價格為29.95美元的在線電子估價服務,10秒鐘內便可以完成。估價開始改變為簡單的定價,對於這一改變可能帶來的后果,公眾極少有人討論。因此,特別是在加拿大,廣大民眾似乎開始相信,之前基於傳統估價方法和傳統保障措施的抵押貸款,如今再也不是如此了。當顧客不再理解估價服務的性質時,估價師、行業協會以及政府就需要注意了,因為他們需要保護公共利益。

在英國,AVM也只是在最近才開始出現在市場上的,但是廉價的在線評估軟件早已存在。使用特徵估價模型的兩大供應商主要依靠一個大型的房地產估價數據庫以及銷售價格,自動搜索標的房地產的可比交易實例(Standard & Poor's,2004)。供應商通常也會使用一些價格指數,以便把可比實例的交易價格調整到最近。然而,貸款機構也特別注意到20世紀90年代早期住宅估價職業責任保險賠償的損失巨大(因為估價不準確等原因導致客戶索賠),因此開始考慮放松管制是否合理。

不可否認的是,能夠進行價格估算的自動評估產品在市場上有著重要的並且越來越廣泛的作用。標準普爾公司預測,隨著數據庫規模的增加以及適用於異質性房地產區域的新的估價方法的開發,AVM的性能會得到提高。但是,即使在美國,在有充足的可比實例銷售數據來支撐估價模型的情況下,AVM也仍然面臨較多的批評。

在不能阻擋科技的革新和進步的情況下,估價師仍然有著市場機會。

AVM 模型可以作為決定價值的唯一方法，但是也僅限於在低價值貸款項目中評估那些有著較高信用評級的貸款申請，而且要取決於房地產的類型及地理位置。然而，AVM 有許多其他的功能，比如它可以作為抵押貸款初始階段的質量控制工具，也可以作為判斷估價方法合理性的補充方法，以及用來幫助提醒估價師進行下一步工作。在美國，它們也廣泛用於房地產的批量稅收評估。如果人們能夠正確地理解和應用這一方法，它將成為估價程序中非常有價值的一部分，而不僅僅是一個流程或者是一個結果。

估價師既要學習如何順應這一變化趨勢，又要在合適的領域使這一技術的用途最大化，例如讓住宅房地產估價成為一個更加高效和盈利的行業，是一個挑戰。對於估價行業來說，最大的風險是行業的商業化和自動化的程度越來越高，這一點卻被不願意接受現實的專業估價師所忽略，也沒有引起那些通過合適的標準和保障措施來保護公眾利益的機構的注意。

沒有什麼能夠替代一個有能力和經驗的估價師。那些選擇使用 AVM 評估方法的機構需要注意到潛在的缺陷：自動評估程序不能分辨出異常的數據並在它們影響房地產價值之前進行糾正；有金融詐騙的可能性；不能對大眾提出專業建議。電腦生成的產品給人們一種值得信任的印象，但同時也可能會誤導人們。但是如果數據輸入和輸出由經過培訓的估價師來進行，作為基本的風險管理策略的一部分，那麼這些缺陷可以被避免。

7.2.2 全球統一的財務報告準則

世界範圍內跨國金融活動數量不斷增多，無論是投資、借貸或資本市場，在範圍上越來越傾向國際化，而估價則是財務報告中的關鍵要素。

一家上市公司公布的會計帳目中重要的成分是對其資產的估價。國際投資者不僅想比較不同銀行的財務實力，還想更加容易地比較跨國公司的業績表現。然而，當前由於不同國家的金融監管機構設置了不同的會計準則，因而不同國家的財務報告採用的是截然不同的方式。

這一點即將改變。從 2002 年 1 月起，歐盟已經強制要求歐洲所有的上市公司按照國際財務報告準則（IFRS）的要求來準備財務報告。國際財務報告準則也正在被澳大利亞、中國、俄羅斯、泰國、日本和中東及非洲的部分國家和地區所接受。其他國家如美國、加拿大、南非、新加坡、土耳其和馬來西亞都致力於與國際財務報告準則這一國際基準保持一致。

估價師也處在全球財務報告改革的浪潮中，因為全球會計標準統一的趨勢也推動了國際估價標準的發展。國際會計準則委員會（IASB）主要負責制定

國際會計報告標準（IFRS），正在和國際估價標準委員會（IVSC）密切合作，起草一個可以兼容的估價原則；隨著世界範圍內很快並廣泛地接受國際會計準則，隨著國際公共組織會計準則的影響力不斷擴大，以及越來越多的估價報告用戶要求估價報告對其擁有的不同地域的資產運用一致的和可比較的估算方式，估價報告基於國際估價標準完成了。

此外，人們想要對全球的基金經理的業績進行比較的願望導致了全球投資業績標準的產生（Global Investment Performance Standards，GIPS）。這一標準由投資管理和研究協會制定，它們已在 2005 年實施於房地產領域，提供了一個計算和報告投資基金業績的全球統一標準。GIPS 意味著正確的估價必須至少每季度進行一次，因為資產價值的變化對投資的業績是非常重要的因素，其目的是保證這些變化能夠更經常性地得到披露。因此，GIPS 被預計會導致投資基金經常性的評估的數量增加。

在房地產估價服務領域，GIPS 的要求有可能會導致更多的工作量。然而，標準化的技術如 GIPS 或房地產信息共同標準交換系統（Property Information Common Standard Exchange System，PICSES），在英國已經設置了無關聯繫統之間的數據電子傳遞的估價軟件標準，這使得大批量數據在顧客和估價師之間傳遞更加容易。法律界也正在探索和開發基於 PICSES 的數據傳遞系統。

那些不習慣於使用定期估價以及那些不認同定期估價的重要性的公司有可能會被迫購買頻繁的估價服務。被迫為他們並不需要的估價買單以及精簡開支的壓力，使這些公司將會去尋求最廉價的估價服務供應商，因此減少估價服務費所帶來的風險，可能導致估價的質量下降。

這就是購買一件「商品」或「產品」與購買專業服務的區別。顧客其實並不需要這些產品，但是他們不得不購買。為了滿足顧客的需求，加上科技水平及生產力的提高，估價師能夠有效地把這些產品包裝成為一個「產品」並到市場上出售。這完全是成本驅動式購買，有時候估價公司甚至像超級市場一樣通過把這些估價服務虧本出售（作為招徠性商品）以期望換取其他部門更多的業務。

估價師的挑戰是如何在不使估價貶值、精簡為超級市場產品的前提下應對這些變化因素。這可以看成是在競爭壓力下專業化與標準化的衝突的一個案例。為了保持大眾對估價服務的信任和信心，估價行業不能對服務的質量打折扣。

7.2.3 新市場動力——無形資產、個人房地產以及商業

無形資產如商譽、商標、品牌、網址以及客戶名單，從性質上看是難以捉

摸的，並且很難估價。它們缺乏定義明確的房地產權益，再加上具有公司特有的屬性，因此無形資產往往具有高風險和不確定性，並且沒有一個可以交易的有組織的市場。它們也很難被量化和追蹤。

這些無形資產是公司價值增長的主要動力。對於一些世界上最大的公司如可口可樂公司以及微軟公司，有形資產對於股權價格以及收入增長的作用非常有限。而在其他一些行業，公司所擁有的唯一資產是他們的品牌、聲譽以及員工的思想。

這意味著對無形資產不恰當地估價會使投資者和貸款機構遭受重大損失，正如我們看到的網路泡沫一樣。因此，國際會計準則需要設置關於無形資產評估的辦法以及估價結果如何體現在公司的資產負債表上。對於房地產估價師而言，他們有機會將現有的技能應用到新的專業領域。

在歐洲和美國的部分地區，估價師被認為是商業估價領域的專家。這些國家的估價師可以進行企業合併、收購和處置、清算的商業評估。也就是說，房地產諮詢建議是站在企業經營策略的高度而非個別物業的角度。即便如此，估價仍然是房地產諮詢建議的一個重要構成部分。

對個人財產估價也適應同樣的原理。評估個人財產需要的知識、經驗和技能被認為是整個估價工作程序中的合理構成，特別是在工廠和機器設備評估領域。儘管工廠和機器設備評估在英國皇家測量師學會的紅皮書中已經涉及並供會員學習，但這些技能要求在其他地區沒有被正確制定和管理主要是因為個人財產是典型的折舊類資產，並不是抵押貸款主要的抵押物。

要迎接這些新興市場帶來的機會和挑戰，估價師需要掌握新的知識——公司運作，要學會如何利用外部專利、版權、知識產權和個人財產方面的專家，採用多學科的評估方法。隨著服務需求越來越多樣化，估價師需要很好地利用延伸市場（如商業估價、個人財產估價、商標和無形資產估價）帶來的機會。

7.2.4　基於房地產價值的稅收評估

基於估價的房地產稅在世界範圍的政府機構越來越受歡迎，無論是大批量的土地稅收系統還是續交的年稅收系統。其吸引力在於從中長期來看，市場經濟中房地產的價值會顯著增長。這意味著基於估價的稅收基本可以保證政府的收入增長。

為了保證公平，估價師需要對房地產價值進行定期批量重新評估以確保評估價與市場價值接近，這有利於政府根據房地產的類型及價值變化重新分配稅收負擔。

定期批量估價或重新評估的方式有多種選擇。可以每年進行一次，但是這通常演化為把上一年的評估價複製下來，直到評估價與市場價值的偏差太大而不得不進行大批量的重新評估。還有另外一種選擇，就是通過制定相關法律，要求每間隔一定的時間進行一次重新評估。

儘管這種類型的稅收評估已經基本上被廣泛接受，然而它是如何計算得來的以及如何實施卻有爭議。例如，在澳大利亞，使用批量評估已經導致評估項目以及納稅義務的大量增長。2003年在昆士蘭州，商業中心的評估數量增長了800%，但有報告稱估價師出於避稅目的，將其中一些大型投資項目的評估價評低了5%~20%。

7.2.5 估價行業的盈利能力

相對於其他房地產服務，估價更容易受到成本和效率壓力的影響，因為估價的盈利空間更小。估價行業最大的變化是公司之間的價格競爭而非服務質量的競爭在逐漸加大。估價行業是建立在「受過教育的人們可以經過正確的訓練，提供具有較高職業標準的專家服務，並且服務的價格能夠反應服務的質量」這一理念基礎上的。而如今一個涉及公共利益的行業不得不面對價格這唯一標準的競爭，從長期來看，其結果必然是質量受到影響。估價已經蛻變為被購買者低估和舍不得花錢購買的商品，而且客戶還在不斷壓低價格。

審計行業曾經也因為同樣的原因被中傷和貶值，但自從美國安然事件、義大利帕瑪拉特審計醜聞之后，卻迎來了巨大的轉折。目前看來，審計公司治理的壓力在於企業願意支付並且被認為是願意支付高質量的審計服務。我們也要用同樣的方式來看待估價，把它看作是好的公司治理以及公共利益的重要構成，而不是廉價的商品。

如同審計師和律師，在大多數成熟發達的市場中，行業法規及顧客會要求估價師購買職業賠償保險。然而，全球保險市場的壓力使得保險費用在過去幾年增長了4倍。評估項目的價值會影響估價師職業賠償保險費用。然而，較高的保險費用並不一定會帶來更高的估價收入，這是因為顧客的成本意識較強，不願意支付較高的費用；而且估價服務市場競爭十分激烈。有些人甚至懷疑估價師的收費是否能夠彌補他們支付的職業賠償保險費用成本。如果這是事實，那麼問題就比較嚴重：它既會對公共利益產生威脅，也會對健全的公司治理產生威脅。

增加的估價工作量、更高的保險費用以及更低的估價費用使得許多小的估價企業退出了市場。大的估價機構或許會通過估價自動化軟件來降低成本，儘

管它自身也會給公共利益以及估價行業的信譽帶來危險。

7.3　估價市場的前景

　　估價行業的未來並不那麼明朗，大量新事物在帶來機會的同時也在不斷改變著這個行業。估價師及其專業學會將不得不正面解決這些問題，否則只會傷害人們對估價的認知，而估價師對於市場中的變化也將無所適從。

　　越來越苛刻的客戶要求對房地產信息的分析、闡釋及應用、管理、傳遞通過科技來完成。估價師是否能應對這些挑戰？估價機構的新型服務方式是否是客戶需要的？估價師是否具備金融監管機構、會計師和客戶所要求的專門技術和知識？估價師提供的最佳服務的價格是否能夠體現其價值？

　　儘管顧客對估價師的期望在英國比在美國要高，最新的研究表明，客戶對估價師這一角色的認識較為膚淺。「儘管估價師越來越多地致力於企業效率，而估價也用於提高企業效率這一目的，商業機構並沒有意識到估價師的戰略性作用。相反，許多機構把估價師看作是單一的估價服務提供者，認為他們只是為了買賣決策以及公司信息披露而對資產的市場價值進行估算。」（懷亞特，2001）

　　估價師、估價機構以及專業協會的挑戰是如何說服客戶，讓他們相信那些有著廣博商業技能的估價師的價值不僅僅在於估價能力，還包括戰略性思維以及敏銳的商業意識。

　　房地產專業估價服務提供商應該如何進行定位：是更多地定位於商業和金融領域還是房地產領域？英國皇家測量師學會已經意識到，如果它的會員要提供更廣泛的房地產服務，就需要具備對商業有深厚的理解力。在這個市場上，估價師必須更多地在服務的標準上競爭，而非簡單的價格競爭。

　　對於頂級的房地產諮詢服務，是肯定存在市場需求的。一個有著良好教育的估價師，在經過正確的訓練和經驗累積後，具備獨立性，基於認可的統一的標準，有能力給客戶提供增值的建議和分析。通過給顧客提供超出其最初預期的信息服務和建議，估價師就實際上能夠給客戶帶來更大的利益，也就是說，估價師在幫助他們的客戶做出最佳可能的房地產決策。當客戶越來越清楚地認識到其服務的價值時，他們就越願意為此付出合理的價格。

　　估價服務市場一方面需要那些能夠提供金融或商業經營技巧的專業人員，另一方面也需要有著更多專業技術能力的專業人士。估價行業不得不考慮如何訓練出更多的技術人員，能夠處理更多的日常事務；也需要訓練出一些更具有

價格競爭力的高端人才。這些估價師需要具備估價軟件的設計、安裝使用以及自動評估模型的風險評估能力。更為重要的是，專業學會需要控制這些技術人員的教育和專業水準。然而，對於公共利益而言，更為重要的是保持和提高整個估價行業的服務水準。專業學會的作用正在於此——保證估價的質量水準。

商業服務供應商希望給顧客提供「一站式」的服務，然而任何人不可能具備所要求的全部技能，估價師作為多元化團隊的一部分的可能性越來越大。這意味著估價師需要更全面的知識和訓練，以便能夠全面地理解團隊中其他成員的作用，以及他們之間的相互影響。那些有著更寬泛的房地產及商業領域的訓練和經驗的估價師及機構，能夠在市場和機會轉變的時候，更好地轉移到其他領域的多元化業務。估價的成本壓力很大，那些僅僅只接受狹隘的估價領域訓練的估價師會發現其未來發展空間有限。

7.4 各相關主體應如何應對市場機遇和挑戰

7.4.1 估價師

估價師面對的衝突有：客戶提供的信息自相矛盾；基金公司希望得到高質量的服務但卻不願意為此買單，他們希望得到便宜的估價卻不願得到自動化估價服務；抵押貸款融資機構希望更高程度的自動化估價以降低成本，但卻不願意因此而損害他們借款客戶的利益。

估價師們將不得不在這些衝突中做出讓步，同時卻要保證他們提供的專業服務達到顧客的要求。但估價師不願意根據市場的變化而改變，而是試圖把他們認為必要的東西強加給客戶。當然，估價師也可以擁有超前思維，學習未來市場所需要的技能和訓練，以便他們能夠適應未來市場；或者在必要的時候接受再培訓，從而提供市場需要的服務。

7.4.2 估價機構

私人企業將不得不考慮他們在市場中如何定位。然而，無論是個人執業估價師或是在公司執業的估價師，都無法解決所有由科技進步、市場規律、監管壓力或估價形象帶來的問題，也不能單憑自身力量應對新的挑戰和把握新的機遇。

7.4.3 教育和培訓

專業學會機構在估價師的培訓和教育方面起著至關重要的作用，它意味著要通過培育大學的專業教師來培養新的估價師。加拿大估價師學會已經將其培訓內容外包，正在有選擇性地和一些大學合作，提供寬基礎的房地產教育，以便能使新一代的估價師能夠在一個更加廣闊的房地產市場工作。

考慮到估價服務已經在很大程度上延伸到一些新的地理領域，估價專業教育、培訓和標準就成了關鍵因素。大部分發展中國家已經有了土地法，並且正在起草一個基於估價結果的土地稅收登記制度。然而，在許多發展中國家，估價仍然處在發展初期，儘管房地產通常是產生增值的唯一可選擇的抵押品。訓練有素的當地估價師在政府用地私有化以及處置方面可以充當諮詢師的角色。全球性的投資者也將會尋求估價專業人士的幫助，以實現急需的市場透明度。新興經濟體的挑戰在於培育一批專業的估價師，他們有能力應對未來增長的估價需求。

7.4.4 專業學會

如何讓世界範圍的估價資質及訓練程度參差不齊的估價師互相協作、共同工作？估價師如何服務於全球客戶？估價專業協會需要思考他們是否真正理解了新興市場領域所需要的資質和技能。因為只有做到了這一點，專業學會才能將估價師武裝起來，以適應並且強化良好的估價標準。

令人鼓舞的是，在世界範圍內的估價行業，這種集體意識越來越強。例如，估價行業通過世界估價組織協會（World Association of Valuation Organisations，WAVO）的努力，來促進估價行業整體水平的提高。全球領先的行業組織能夠很好地傳播世界範圍的最佳估價實踐，並將國際估價準則推薦給政府、管理者、客戶以及大眾。這些行業組織在保證健全可靠的估價原則、顧客權益保護、市場的透明度和一致性，以及保持世界範圍內最高的道德標準等方面也起著重要作用。

國際估價準則的推廣將會幫助提高估價師的認知能力以及他們的服務水平，特別是在當前，一些國家越來越認識到正確培訓和管理專業估價師的必要。

世界領先的行業組織的共同努力將會大大幫助當前和未來的估價師會員形成世界範圍內認可的專業能力，從而將整個行業的價值和認可度提高到一個遠

高於以前的水平。

行業組織需要在會員、商界以及政府機構中發動一場關於市場革新和變化的辯論。他們也需要提醒自己：「只要他們仍然服務於公眾利益，政府會允許他們進行行業自律和自我管理。」行業組織需要考慮市場變化對公眾利益可能造成的好的和壞的影響，並且能夠準備好如何應對那些對公共利益產生的威脅。

7.4.5 政府

政府需要參與到這一意識提高的過程中來，這樣他們就能夠理解高質量估價水平的優勢並且在司法和管轄中堅守這一原則，特別是在諸如自動估價模型這樣一些技術革新的新興發展領域。

政府自身也有大量的估價需求，因此他們應該以身作則做出表率，因為政府影響著估價應該具有的質量水平的基調。他們應該堅持估價體系的公信力。在一些國家，政府將這一責任轉交給他們能夠依賴的私人機構，例如英國的英國皇家測量師學會，但是在其他國家，政府不得不自己承擔保護顧客和商業利益的責任。政府可能保護商業和投資者的一個方法是強制執行估價師定期輪換制。

在一些國家，有法律禁止跨學科的估價實踐，這一點需要注意。估價機構以及他們的客戶應該遊說政府，允許這種估價實踐存在，因為他們允許服務增值行為。「禁止跨領域估價」的法律規定的用意通常只是為了避免潛在的利益衝突，而很多其他國家的證據明確顯示，這些衝突可以並且已經被成功地解決了。最重要的問題是如何保證估價的質量。

7.5 估價仍然是一個人力資源行業

為了保證估價師的專業能力達到大眾以及估價服務客戶的預期，世界上處於行業領先的專業組織必須保證吸引最好的人選到這個行業，無論是整體還是個人。

專業組織必須能留住那些具備知識、技能、適應性和思想的最有才能的人才，他們是最有價值的無形資產。專業組織永遠不要忽略員工的忠誠度，需要鼓勵企業打造精神層面和物質層面的一攬子福利，並為其員工創造職業發展通道。只有擁有了合適的人才，這個行業才能確立自身的地位並且在世界範圍內

發展壯大。

作為一個全球性行業，除了有定義清晰的公眾形象以及良好的質量聲譽，估價行業也應該有發展到一些新興領域的視野和眼界，比如資本市場、房地產融資領域以及無形資產領域，這將會激勵年輕的新一代估價人士。行業學會的挑戰是如何傳播這一理念，並吸引最優秀的年輕人士加入這個行業，成為未來的估價師。行業的資質證明，如英國皇家測量師學會提供的相關資質證明，漸漸成為那些有志於跨區域甚至跨國界工作的年輕畢業生的「國際護照」。

7.6 小結

市場力量正在給估價行業施加壓力，估價師無法拒絕市場變革；無法應對變革的后果將是不可避免的行業衰落。一些變革，例如估價自動化程度的提高，在帶來威脅的同時也帶來了新的機遇。而估價行業能否抓住這些機會，在很大程度上取決於他們應對這些危機的能力。

只要估價師和行業學會理解了市場的驅動力並且不迴避這些變革力量——即使它讓人不舒服甚至討厭，那麼估價行業仍然有一個光明的未來。而固守現狀實際上就是后退。估價行業是否能夠在滿足服務標準的前提下有足夠的靈活性來適應新的市場變革？這是它必須要做到的。

估價是一個公共利益行業，因此人們需要特別小心對待它面臨的新的挑戰，以確保行業的公正性和獨立性。如果它失去了公正性，將會破壞人們對它的信賴，也將會削弱健全的估價行業給消費者的保護。而自動評估技術就將是一個關鍵的考驗。在這個領域，估價信息透明度和一致性標準的定義取決於專業估價師和他們的專業學會，也需要他們去說服政府在必要的時候去採納合適的消費者保障措施。

估價行業如果不能解決以下三個關鍵問題，將會破壞這個行業應對新興的市場機會和威脅的能力。

（1）估價師如何說服政策制定者意識到優質估價的價值？

（2）估價師是否聆聽客戶的意見並且根據變化的市場環境進行調整？

（3）估價行業學會是否領會到他們必須怎麼做才能使其會員達到變化的（新的）技能要求？

無論不同的國家如何管理他們的估價專業人員，不管是行業自律還是政府管制，也不管市場變革的原因和動力是什麼，估價行業的質量始終是關鍵因素。

參考文獻

[1] ADAIR A, BERRY J, MCGREAL S. Valuation of residential property: analysis of participant behaviour [J]. Journal of Property Valuation and Investment, 1996, 14 (1).

[2] ANDREWS G. Improving the quality of land valuations issued by the Valuer General [OL]. Ombudsman of New South Wales, available at: www.ombo. nsw. gov. au/publication/PDF/ specialreport/Land% 20Valuations% 20October% 202005.pdf (accessed 21 March 2011).

[3] AUQA Advisory Group on Academic Standards. Setting and Monitoring Academic Standards for Australian Higher Education. AUQA, May, Canberra, 2009.

[4] Australian Government. Transforming Australia's Higher Education System. Commonwealth of Australia, Canberra, 2009.

[5] BAHL R, MARTINEZ-VAZQUEZ J, YOUNGMAN J. Challenging the Conventional Wisdom of the Property Tax. Lincoln Institute of Land Policy, Cambridge, MA, 2010.

[6] BAXTER J, GREENWOOD D. Two Decades of World Valuation Congress [J]. The Australian Property Journal, 2003, 37 (7).

[7] BOYD, TP. Bridging the Gap: A Graduate Training Program for the Property Industry in Australia. Paper delivered at the 13th PRRES Conference, January, Fremantle, Australia, 2007.

[8] CLOUT J, BOYD T. Property Valuations Under Scrutiny [J]. The Australian Financial Review, Tuesday, 2004 (21).

[9] CUMMINS C. Virtual valuers versus human touch [J]. The Sydney Morning Herald, 2004 (2).

[10] DAVIES K, LYONS K. COTTRELL E. The efficiency and effectiveness of land administration systems in Australia And New Zealand, 2001 – a spatial odyssey [ol]. paper presented at the 42nd Australian Surveyors Congress, 2001, available at: www.isaust.org. au/groupCadastral/PDFs/davies.pdf (accessed 25 March 2010).

[11] DUNHAM J. Valuation best practice: – but what are the benchmarks? [J]. Pacific Rim Real 63 Estate Society (PRRES) Conference, Christchurch, 2002 (23).

[12] ECKERT J. Property Appraisal and Assessment Administration. Interna-

tional Association of Assessing Officers, Chicago, IL, 1990.

[13] FELDMAN D. What comes next, and will you be there? [J]. Mortgage Banking, 2004, 64 (5).

[14] GILBERTSON B. The issues facing the real estate profession [J]. The Australian Property Journal, 2003, 27 (4).

[15] GONCZI A. The new professional and vocational education, Ch. 2 in Dimensions of Adult Learning, ed. Griff Foley, Allen & Unwin, NSW, 2004.

[16] Grosvenor R. The Valuation Profession Beyond Post Modernism [J]. Australian Property Journal, 2000, 36 (1).

[17] HARDESTER K P. An enterprise GIS solution for integrating GIS and CAMA [J]. Assessment Journal, 2002, 9 (6).

[18] HUMPHRIES D. New Zealand Property Valuers - An endangered species. How do we breathe life back into our endangered profession? [J]. The New Zealand Property Journal, 2003 (7).

[19] MCCARTHY I. Professional Development for Recent Graduates, Australia and New Zealand [J]. Australian and New Zealand Property Journal, 2009 (6).

[20] MCCLUSKEY W, DEDDIS W, MANNIS A, et al. Interactive application of computer assisted mass appraisal and geographic information systems [J]. Journal of Property Valuation and Investment, 1997, 15 (5).

[21] MCHOLLAND R. Do appraisers have a future? [J]. The Appraisal Journal, 1994, 62 (4).

[22] MOTTA A, ENDSLEY W. The Future of the Valuation Profession: Diagnostic tools and prescriptive practices for real estate markets [J]. The Appraisal Journal, 2003, 71 (4).

[23] O'CONNOR P M. Automated valuation models by model-building practitioners: testing hybrid model structure and GIS location adjustments [J]. Journal of Property Tax Assessment & Administration, 2008, 5 (2).

[24] PARKER D, LOCKWOOD A, MARANO W. Mass appraisal certification standards - the spatial dimension [J]. paper presented at the 17th Pacific Rim Real Estate Society Conference, Gold Coast, 2011 (1).

[25] RANDOLPH B. The changing Australian city: new patterns, new policies and new research needs [J]. Urban Policy and Research, 2004, 22 (4).

[26] Standard and Poor's. Guidelines for the Use of Automated Valuation Models for U. K. RMBS Transactions [OL]. retrieved 25 August 2004, from http://

www2.standardandpoors.com./NASApp/cs.

[27] WORTH G. The Valuation Profession in Queensland - A report on its structure and future?. unpublished Masters of Property Studies Research Report, School of Geography Planning and Architecture, The University of Queensland, 2004.

8 新形勢下我國房地產估價行業的變革

2011 年 5 月，全球最大、最著名的諮詢公司麥肯錫（McKinsey & Company）發布了題為《大數據：創新、競爭和生產力的下一個前沿領域》（Big data: The next frontier for innovation, competition, and productivity）的主題研究報告，該報告指出，數據已經滲透到每一個行業，人們對海量數據的應用預示著新一波生長率增長和消費者盈余時代的到來。對於一個領域來說，大數據通過透明化信息、細分客戶群、改善決策制定等方式來創造價值。2012 年 1 月，大數據成為達沃斯世界經濟論壇的主題之一，這次大會針對大數據的利用還發表了題為《大數據，大作用：國際發展新的可能性》（Big data, big impact: New possibilities for international development）的主題報告，探討如何利用數據來產生好的社會效益。

隨著國內地產黃金十年的基本結束，未來整個地產行業都面臨戰略轉型和經營方式的創新，而房地產評估行業作為地產業關鍵的一環，更是面臨更加複雜的力量博弈和利益訴求，在技術上也面臨處理海量數據進行業務創新的挑戰。在這種背景下，探索以大數據為基礎的房地產評估解決方案，是中國房地產估價企業產業升級和提高效率的重要手段。可以說對於房地產評估企業，大數據時代的到來適逢其時。

8.1 大數據的概念和應用

「大數據」一詞早在 20 世紀 80 年代就已經出現，但僅僅局限於對計算機科學中海量數據的挖掘和處理。直到 2008 年《自然》（Nature）雜誌基於多個學科的研究系統地介紹了大數據中蘊含的廣泛應用價值，「大數據」才登上科研的舞臺，並迅速成為各個學科中的研究熱點和研究前沿。

關於大數據的概念，目前業界並沒有統一的說法。微軟和IBM等企業用3Vs模型來描述大數據，3Vs即數量（Volume）、速度（Velocity）、種類（Variety）。數量指數據的體量大，往往是PB級別的數據，而且數據的規模隨著時間的推移日益龐大。速度是指大數據具有很強的時效性，人們只有迅速採集並處理數據，才能夠最大限度地發揮這些數據的價值，而且隨著技術的進步，數據處理的速度也越來越快。種類指大數據的種類繁多，除了傳統的結構化的數據，還有文本、圖片、音頻、視屏等多種格式的數據。此后還有改進型的5Vs模型，第四個V是價值（Value），即大數據蘊含著巨大的商業價值，第五個V是真實性（Veracity），即通過對大數據的挖掘可以尋找到商業活動中真實的聯繫。而麥肯錫在《大數據：創新、競爭和生產力的下一個前沿領域》中認為，大數據是指大小超出了典型數據庫軟件的採集、存儲、管理和分析能力的數據集，這些數據的大小是隨著時間變化的，同時不同部門對符合大數據標準的數據集大小存在差別。

雖然人們對大數據的定義有很多的爭論，但一個不爭的事實是大數據研究和應用已經成為當前科技領域中的熱點。世界各國均從戰略的高度推出大數據的研究計劃，最典型的有美國在2012年3月投入兩億美元啟動的「大數據研究和發展計劃」（Big Data Research and Development Initiative），根據該計劃，美國國家科學基金會（NSF）、國立衛生研究院（NIH）、國防部（DOD）、能源部（DOE）、國防部高級研究計劃局（DARPA）、地質勘探局（USGS）六個聯邦部門和機構共同提高收集、儲存、保留、管理、分析和共享海量數據所需的核心技術，擴大大數據技術開發和應用所需人才的供給。同年7月，日本總務省推出「活力ICT日本」，重點關注大數據的應用。歐盟方面也有類似的舉措，過去幾年歐盟已對科學數據基礎設施投資1億多歐元，並將數據信息化基礎設施作為「地平線2020計劃」（Horizon 2020）的優先領域之一。

在具體的商業領域，大數據在過去的十年裡已經廣泛應用於行銷、人力資源、電子商務等商業領域，行業涵蓋互聯網、金融、房地產、電信營運、物流、零售業等傳統行業和新興行業，產生了巨大的社會價值和產業空間。據評估，大數據技術與服務市場已從2010年的32億美元增長到2015年的169億美元，複合年增長率為40%，遠高於包括高科技行業在內的其他行業。而從管理學的角度應用大數據技術以支持商業分析和決策，也成為商學院的教育熱點，這個趨勢已經在歐美商學院中相繼展現。

大數據目前已經無處不在，它已經滲透到每一個領域和經濟體、數字科技的用戶，它和每一個行業的領導者息息相關，同時也使其產品和服務消費者受益。在過去的十多年裡，大數據已經廣泛應用到商品及製造業、服務業和公共

管理行業（見表8-1）。

表8-1　　　　　　　　　　大數據的應用領域

應用領域	具體部門/行業
商品及製造業	· 製造業/工業 · 建築業 · 自然資源行業 · 計算機及電子產品行業 · 房地產銷售及租賃行業 · 信息業
服務業	· 交通運輸及倉儲行業 · 零售業 · 行政支持、廢物處理及補救服務業 · 住宿及食品服務業 · 其他服務（公共管理除外）業 · 藝術信休閒娛樂業 · 金融保險業 · 專業、科學及技術服務業 · 公司及企業管理行業
公共管理行業	· 政府 · 教育服務業 · 醫療及慈善事業 · 設施設備行業

資料來源：《麥肯錫全球機構分析報告》（McKinsey Global Institute analysis）。

8.2　大數據對房地產評估企業的影響

　　房地產評估主要是對房地產的價值進行測算和對其價格水平進行預測，數據的質量和數量直接影響評估的準確性和精度，數據對於房地產估價企業的重要性顯而易見，可以說房地產估價行業具有明顯的大數據特徵。因此大數據時代對房地產估價企業將產生深遠的影響。

　　根據邁克爾·波特的研究，行業競爭激烈程度和行業的利潤率取決於五種基本作用力，它們是行業競爭對手、潛在進入者、替代品的威脅、賣方議價能力、買方議價能力（見圖8-1）。本書將結合地產評估行業的發展現狀與大數據的發展趨勢，運用五力模型對地產評估行業的這五種因素進行逐個分析。

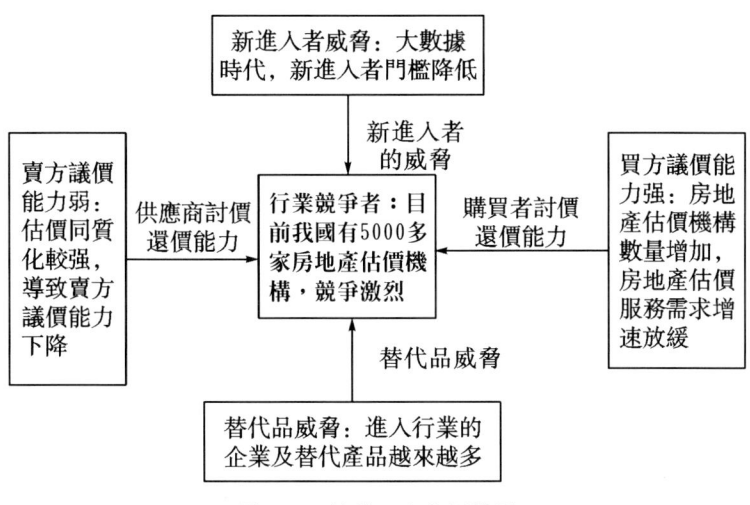

圖 8-1　波特五力分析模型

8.2.1　大數據下房地產評估企業五力模型分析

下文將結合房地產評估行業的發展現狀與大數據的發展趨勢，運用五力模型對地產評估行業的這五種因素進行逐個分析。

（1）行業競爭者

從行業競爭者的角度來看，目前我國有5,000多家房地產評估機構，大多數評估機構都有自己的數據庫，並在持續採集。對於房地產評估企業來說，其數據除了來自自身的累積之外，還可從外部獲取，外部獲取的途徑主要有政府統計、專業調研機構。但由於房地產行業的特殊性，大到國家的宏觀政策和經濟政策，小到利率的調整，都會對房地產市場產生巨大的影響，而這些影響往往在幾個月後才會表現在政府的統計數據中，即這些數據存在一定的滯后性。而隨著大數據時代的到來，大量的產品和客戶信息均可以從網站上獲取。目前，越來越多的地產評估企業自建數據庫，通過即時大數據挖掘、圖像挖掘、文本挖掘、語義挖掘、多結構化數據挖掘、機器學習等方法從網路、廣播、電視等媒介獲取第一手的信息。可以說，房地產評估行業的內部競爭就是數據準確性和獲取速度的競爭，誰能在第一時間獲得準確的數據，誰就能在未來的競爭中占得先機。

（2）潛在進入者

從潛在進入者角度來看，在大數據時代，地產評估所需的大部分信息都可以無障礙獲取，現有的地產評估機構不可能進行信息的壟斷，這就使得地產

評估這一行業的進入門檻大大降低。目前，有些諮詢機構，甚至是一些房地產互聯網都開始從事地產評估，為金融機構提供相應的服務。再比如近年來國家在房產稅收方面進行了較多的改革，房產稅稅基評估成為一個較大的市場，而目前在這個領域內，傳統的地產評估機構的優勢地位已經被個別軟件公司提供的稅基評估解決方案所代替。在未來，這樣的狀況會更多，這也使得評估市場競爭更加激烈。

（3）替代品威脅

從替代品威脅角度看，前文已述，在大數據時代，隨著地產評估業的門檻降低，進入這個行業的企業類型越來越多，包括諮詢機構、房地產網站、金融機構自身的投資部門都能從事地產評估業務，提供的產品也不僅僅局限於地產評估報告。目前有些銀行甚至結合地產網站的諮詢結果作為房貸依據。可以預見的是，傳統的地產評估報告的替代品會越來越多，並且越來越簡化。

（4）賣方議價能力

從賣方議價能力來看，房地產評估機構作為行業的供給方對價格的左右其實並不算太大。目前我國現有的5,000多家房地產評估機構所提供的產品大多存在著同質化較強的缺陷，沒有任何一個關鍵評估方法或者知識產權是掌握在一個或少數評估機構手中的，機構之間提供的產品的替代性比較高，評估機構在參與市場競爭的時候，價格戰仍然是其主要手段，因此，賣方議價能力較弱。而隨著大數據時代的到來，海量數據的產生讓客戶無須向專業評估人士諮詢，客戶只要將數據進行處理，就能清晰地瞭解市場行情。賣方議價能力會進一步下降。

（5）買方議價能力

最後從買方議價能力分析，一方面，隨著整個地產行業的發展，房地產評估服務的買方在數量上大量增加，但另一方面，評估機構的數量也在增加，而且前文已述，現階段的房地產評估服務同質性較強。另外，隨著最近幾年國家對地產行業調控的加強，中國房地產行業發展最快的階段已經過去，隨之而來的是房地產評估服務需求增速放緩。大數據時代也會帶來越來越多的競爭者。因此，不同於房地產市場，在房地產評估市場上，買方具有較強的議價能力，而且可以預見的是其議價能力會越來越強。

8.2.2　大數據對房地產評估企業的影響

（1）數據收集方法的改進

目前我國有5,000多家房地產評估機構，大多數估價機構都有自己的數據

庫，並在持續採集。對於房地產估價企業來說，現階段其數據除了來自自身的累積之外，還可從外部獲取，外部獲取的途徑主要有政府統計、專業調研機構、互聯網。在數據的選擇上，評估師傾向於採用政府統計數據和通過付費方式獲得的數據來保證數據的真實性和準確性。但在大數據背景下，由於房地產行業的特殊性，大到國家的宏觀政策和經濟政策，小到利率的調整，都會對房地產市場產生巨大的影響，而這些影響往往在幾個月後才會表現在政府統計數據中，即這些數據存在一定的滯后性，在速度（Velocity）上對房地產評估產生影響。隨著大數據時代的到來，互聯網給各類組織機構提供了一個在線展示其業務並和客戶直接互動的獨特機遇，大量的產品和客戶信息均可以從網站上獲取。在國外，越來越多的企業自建數據庫，通過即時大數據挖掘、圖像挖掘、文本挖掘、語義挖掘、多結構化數據挖掘、機器學習等方法從網路、廣播、電視等媒介獲取第一手的信息。企業通過分析和有效地利用這些數據，進行更加深入和細緻的分析，進而進行準確的價格預測。

（2）關注相關關係而不是因果關係

預測是大數據的一個核心功能，傳統的評估方法強調樣本的準確性以保證預測結果的準確性，會通過多種方法剔除非精確的數據。大數據的一大特點是關注數據之間的關聯性，通過對樣本的統計、比較、聚類等方法挖掘數據之間的相關性，關注相關關係而不是因果關係，預測事物的發展趨勢。因此，預測人員在選取樣本的時候選取全體樣本而不是隨機樣本。在大數據時代，人們對單一數據的精度的要求降低了，但對數據全面性的要求實際上提高了。因此，會有越來越多的非準確甚至錯位的數據和非結構化數據進入估價企業的數據庫。企業需要轉變數據分析思路，不為特定的目標去分析數據，而是發現數據之間的關係，從而創造出更多的產品和服務模式。

（3）推動估價行業的創新

目前，大數據主要來源於和應用於企業內部，企業成為推動大數據發展的主力。而事實也證明，企業通過大數據的應用，通過內部創新，可以在多個方面提升企業的生產效率和競爭力，其中最典型的應用是在電子商務領域。隨著大數據時代的到來，海量數據的產生讓客戶無須向專業估價人士諮詢，客戶只要將數據進行處理，就能清晰地瞭解市場行情，使得評估機構的自助委託業務大量流失。

另外，房地產評估的供求方和需求方都難以壟斷信息，傳統的行銷模式不再有效。而且在大數據時代已經不存在地域和行業界限，有些諮詢機構甚至是一些房地產互聯網站的諮詢結果已經被銀行接受作為房貸依據，使得評估市場競爭更加激烈。因此，房地產評估企業應該積極創新，盡快實現行業數據的累

积，建立估价辅助系统和估价数据库，完成大数据和专业估价的结合，形成新的市场增长点。

（4）创新估价风险管理

估价风险通常由数据管理中的问题引起，如静态数据的精确性、完整性和一致性。诸如公司活动、信贷活动或新闻等信息的准确性和时效性都会对估价产生潜在的影响。动态数据流如价格、利率、变化率等相比之下更易受到攻击，因为它们依赖信息技术基础设施和工具，这因此增加了技术和连接性风险。

一些金融机构已经建成了集成的数据管理平台，对多个静态和动态数据流来源开放，通过此平台，所有交易的金融产品都可以被定义、记录、定价并分发到企业内部。这种集成式数据管理促进了数据的清理、储存和审计，可以允许机构确定和控制定价以及估价程序，使之达到既定要求。对于柜台交易的金融产品，此平台也可以定义并储存一些隐含的信息，比如收益率曲线、信用曲线、波动曲线、评级及相关矩阵以及违约概率等。

此外，估价风险的一个重要的方面是模型风险。[①] 为了追求市场的透明度，市场的参与者们会使用多种模型方法，过度地要求一致性而不是科学性。在缺乏大规模的、流动性高的市场交易的情况下，许多结构化产品具有高度的非线性特性，这使得按模型定价的程序本身具有透明度。为了达到这一目的，公开定价平台可能会被关联到中央集成的数据仓库。这些平台能够在不断变化的假设条件下，利用多种数据模型、脚本以及带有分布和扩散模型的数据集进行定价和重新定价。

8.3　大数据下房地产评估企业业务拓展空间

随着大数据时代的到来，传统的评估操作、业务服务方式和内容已经无法满足客户多元化的需求，客户要求整个房地产评估行业与大数据进行深度的结合，实现房地产评估作业的数据化、标准化、电子化，而估价的批量化和自动

---

① 所有模型都是对真实世界的数学描述，高级量化方法往往成为先进风险管理的标志。然而，量化技术的高级化通常伴随着方法的复杂化，进而形成新的风险。在金融领域中对基本价值的估计是实施套利行为的关键。但用模型估计出来的基本价值会因此产生两种偏差：第一种模型建立时对客观世界的描述有偏差；第二种模型随着客观世界的变化产生了偏差。在实践中所有的金融机构都会调整自己的模型以避免第二种风险。而第一种情况随着计量技术的发展，其产生偏差的可能性已经大大降低了（布莱恩·W. 诺科，雷内·史图斯，2006）。

化將首先實現，多種創新的估價方法也將出現。

8.3.1 估價的批量化

目前，房地產評估的很多業務都涉及批量的問題，如區域或城市的房地產市場分析、某範圍內的房地產綜合損害影響評估、某類型房地產的價格特徵分析、宏觀政策對房地產的影響評估等。但在現有的技術條件下，很多房地產估價公司的信息管理和分析工作還停留在手工階段，公司沒有自己的數據管理平臺，而某些數據如政府機關的報稅數據和銀行房屋貸款數據也很難拿到。雖然政府數據還沒有完全公開，在一定程度上限制了大數據的發展，但是在我國現代化進程中，政府數據必將有步驟地公開。在未來，數據共享將成為大數據時代的一大趨勢，也越來越被各國政府重視。比如，美國聯邦政府就免費提供50多萬種數據給私有部門和社會，事實上，國際稅收評估人員協會（International Association of Assessing Officers）就通過整合公開的數據和累積的歷史數據，提出了一種房產批量評估標準，並開始在美國部分地區試行。房地產評估企業也將在這種趨勢中受益，最直接的影響就是使得房地產評估的批量處理成為可能。目前，全國各地都在進行計算機輔助批量評估技術及系統的研發。我們可以預見，誰在批量評估技術的研發中取得先機，誰就能在未來的競爭中取得先機。

8.3.2 估價的自動化

自動化是房地產評估企業利用大數據的另一大方向。大數據分析處理的最終目的是為了實現從數據到信息、從信息到知識、從知識到智慧的轉變。而隨著數據的累積，越來越多的房地產公司開始推出房地產自動評估系統，諮詢、估價、製作報告、審批控制整個程序的完成也不存在太大難題。如RP Data數據公司通過其自動評估模型每週對每一套住宅房地產進行估價，其結果也支持了行業領先的RP Data-Rismark每日房價指數，該公司平均每月發布超過3,000萬份自動估價報告。傳統的房地產評估企業的房地產估價師轉型為為房地產估價數據提供高端信息技術和數據分析的人才，他們通過分析海量的房地產估價數據，建立數學模型，設計新產品和新服務。

8.3.3 估價方法創新

傳統的房地產評估一般採用成本法、收益法、市場比較法三種方法。但這

幾種方法都有缺陷，而大數據可以有效地彌補這幾種方法的缺陷。如企業在應用成本法的時候，折舊率的選擇往往靠估價師的經驗，有很大的主觀性，而通過估價師對海量數據進行分析，可以建立現狀房地產價格與房地產重置價格的關係，再結合估價師的經驗，可實現對折舊率的科學提取。而在收益法中，企業對房地產的估價關鍵在於資本化率和租金的確定，這兩組數據很難從市場的調研中取得，而企業基於大數據的分析，通過數據之間的關係研究，可以準確地判斷出租金的變化趨勢和資本化率的變動。同樣，企業在應用市場比較法的時候，實例的選擇由於數量的有限，往往不能滿足實際情況的需求，即使是同一個樓盤，採光、樓層甚至內部裝修都會使房產價值差異巨大。在大數據時代，評估企業通過建立數據庫，設定檢索條件，篩選出大量的可比實例，提煉出相應的價格系數調整值，可準確確定房產的價值。

8.4　房地產評估企業戰略決策創新

大數據時代帶來的影響不僅僅體現在企業處理數據的規模上，更深層次的影響是對企業管理者的思維、企業的管理體系和商業模式的變革。而目前尚處於大數據時代的早期，思維和技能是最有價值的。對於企業來說，通過大數據思維的建立和業務的創新，越早在戰略上做出正確選擇，就能越早在未來的競爭中建立優勢。

8.4.1　戰略決策模式轉換

企業戰略決策創新是關於發展方向的根本性決策，戰略決策的制定過程是一個高度複雜、動態的過程，涉及組織內外的大量因素，面臨信息收集、信息放棄、搜索成本、不確定性、模糊性等各種衝突。在大數據背景下，企業進行戰略決策涉及的領域、結構、複雜程度和傳統環境下存在著明顯的區別。房地產估價企業依賴政府信息和專業機構付費信息已經不能滿足業務的發展需求，在進行戰略決策的時候，需要改變信息的獲取模式或者付出更多努力。由於相關戰略決策需要解決之前沒有遇到的問題，無論是企業的高級管理人員還是其他房地產評估企業並無解決此類問題的經驗，決策者原來掌握的工具也需要進行相應的升級，相應的成本也會提升。

具體到房地產評估企業就是需要進行數據庫的建設、軟件程序的開發等，以對戰略決策創新提供支持。另外，這種戰略決策創新還面臨巨大的風險，因

為創新程度高的戰略決策對決策者的信息收集能力、信息整合能力，甚至是理性程度都提出了更高的要求，同時，部分房地產評估企業可能對大數據不夠重視，對金錢、精力、時間等成本投入有限，就會極大降低戰略決策的準確性。因此，在大數據背景下，大數據思維的建立顯得極其重要，需要房地產評估企業從思維和觀念上進行更新。

8.4.2　發展模式的戰略轉型

在大數據背景下，由於信息系統和數據處理技術的進步，傳統的房地產評估業務的空間將大大拓展，不僅僅是批量評估和自動評估等技術的成熟，在評估方法的應用上也更加準確合理。大數據時代講究應用為王，房地產評估企業應該抓住這難得的戰略機遇，改變處在業務鏈下游的被動局面，成為房地產數據的整合者，進而提供各種數據化的產品和作為商業程序的附加服務，而房地產估價業必將跨越單個的房地產估價的範疇，拓展到金融信貸、房地產資產管理，甚至是住房定價等領域，由單一的房地產評估企業轉型為主導房地產價值鏈上游的房地產諮詢服務提供商，完成發展模式的戰略轉型。

8.4.3　行銷模式轉型

在傳統的房地產評估服務的價值鏈中，行銷並未被放在重要的位置，但隨著競爭者的增加和行業門檻的降低，作為賣方的評估機構議價能力進一步下降，利潤空間勢必隨之被擠壓，評估機構應該將行銷創新提高到企業的戰略高度。而大數據賦予了行銷體系新力量，並為全媒體行銷的構建創造了條件。房地產評估企業應該通過產品和服務的創新實現產品結構的重組。一方面，應運用數據庫將房地產評估服務轉化為自動評估和批量評估；另一方面，還應該以客戶的個體需求為導向，開展個性化定制服務。相應地，在行銷模式上，評估企業應該從傳統的行銷方式轉向基於數據庫的定向性準確行銷方式，通過對既有的客戶尤其是機構用戶進行準確的甄別和分類，對客戶開展積極主動的行銷服務，從而降低企業的商業運作成本。同時，企業應發揮大數據的可測量、可追蹤等特徵，通過挖掘客戶的信息數據，不斷豐富和優化，為客戶制訂更精準的房地產評估解決方案，由此通過行銷模式的創新，實現產品優化和行銷之間的良性互動。

8.4.4 加強行業合作和資源整合

在大數據應用於房地產評估的時代，外來的進入者由於其在數據庫建設、數據挖掘等方面的技術上的領先，會占據一定的領先地位。但房地產評估是一個綜合的系統，除了評估技術和方法，還有很多變量，如對房地產市場價格趨勢的判斷、對國家宏觀政策的把握，這些方面恰恰是現有評估機構的優勢。因此，房地產評估企業在不放棄提升技術能力的前提下，充分利用自身優勢，結束以前各自為戰的狀態，加強行業內企業的交流和合作，如數據庫的協同建設、數據的交流和分享、技術方法的共同開發，通過充分合作與資源整合，大力提升房地產評估機構的專業化和規模化，進一步促進評估行業的可持續發展，共同迎接大數據時代的到來。

參考文獻

[1] 馮芷豔，郭迅華，曾大軍，等．大數據背景下商務管理研究若干前沿課題[J]．管理科學學報，2013（1）．

[2] 李國杰，程學旗．大數據研究：未來科技及經濟社會發展的重大戰略領域[J]．中國科學院院刊，2012（6）．

[3] 維克托·邁克-舍恩伯格，肯尼斯·庫克耶．大數據時代：生活、工作與思維的大變革[M]．周濤，譯．杭州：浙江人民出版社，2013．

[4] 許軍．擁抱大數據——推進估價行業的創新驅動、轉型發展[J]．中國房地產估價與經，2013（6）．

[5] 張弘武，高藕葉，柳朝霞．順應大數據時代潮流，借勢發展房地產評估行業[C]．中國房地產估價師與房地產經紀人學會2013年會論文集，2013．

[6] 周丹，郭化林．大數據時代對於商業地產估價的影響研究[J]．商場現代化，2014（28）．

[7] 朱振偉，金占明．戰略決策過程中決策、決策團隊與程序理性的實證研究[J]．南開管理評論，2010（1）．

[8] DE PRATO, GIUDITTA, SIMON, et al. The next wave:「big data」[J]. Communications & Strategies, 2015 (97).

[9] DU DANYANG, LI AIHUA, ZHANG LINGLING. Survey on the Applications of Big Data in Chinese Real Estate Enterprise [J]. Procedia Computer Science, 2014 (30).

[10] GANTZ, DAVID, REINSEL. Extracting Value from Chaos. 2011. http://www.emc.com/collateral/analyst-reports/idc-extracting-value-from-chaos-ar.pdf.

[11] JENSEN, DAVID L. The use of cross-validation in CAMA modeling to get the most out of sales [J]. Journal of Property Tax Assessment & Administration, 2011, 8 (3).

[12] MCAFEE, ANDREW, BRYNJOLFSSON, et al. Big data: the management revolution [J]. Harvard business review, 2012, 90 (10).

[13] McKinsey Global Institute. Big data: The next frontier for innovation, competition, and productivity. 2011. http://www.mckinsey.com/.

[14] PARRY MARC. A「Moneyball」Approach to College [J]. The Chronicle of Higher Education, 2011 (11).

[15] RUGGIERO SARDARO, VINCENZO FUCILLI, CLAUDIO ACCIANI. Data mining in real estate appraisal: a model tree and multivariate adaptive regression spline approach, Aestimum.

[16] Saporito, Pat. 2013. The 5 V's of big data, Best's Review. Vol. 114 (7).

[17] SPECIALS ARCHIVE. Big data [J]. Nature, 2008.

[18] World Economic Forum. Big data, big impact: New possibilities for international development. 2012. http://www3.weforum.org/.

[19] BARRY GILBERTSON, DUNCAN PRESTON. A vision for valuation [J]. Journal of Property Investment & Finance, 2005, 23 (2).

9 我國房地產估價人才培養的反思

9.1 引言

自 2008 年世界金融危機到 2014 年年初，人民幣不斷升值，中國成為外資投資的熱土，其中房地產行業也是熱門的投資領域之一。據中國統計年鑒數據，自 1998 年以來，外資就開始活躍在中國房地產市場。2010 年和 2011 年，中國房地產開發利用外資額分別為 790.68 億元和 785.15 億元。其中 2010 年外資在中國房地產開發中的年同比增速為 60%（見表 9-1）。

表 9-1　　　中國房地產開發企業資金來源(2006—2011 年)　　　單位：億元

資金來源 年份	本年資金	國內貸款	利用外資	自籌資金	其他資金
2006	27,135.55	5,356.98	400.15	8,597.09	12,781.33
2007	37,477.96	7,015.64	641.04	11,772.53	18,048.75
2008	39,619.36	7,605.69	728.22	15,312.10	15,973.35
2009	57,799.04	11,364.51	479.39	17,949.12	28,006.01
2010	72,944.04	12,563.70	790.68	26,637.21	32,952.45
2011	85,688.73	13,056.80	785.15	35,004.57	36,842.22

資料來源：作者根據 2012 年《中國統計年鑒》整理。

在這種投資國際化的背景下，房地產評估市場也為國外專業服務機構所關注。隨著外資銀行可以經營人民幣業務，外資銀行的房地產評估業務逐年增長。短短幾年時間，香港戴德梁行（DTZ）、仲量聯行（JLL）、世邦魏理仕（CBRE）等外資諮詢機構從最初的房地產諮詢業務發展到在中國內地設立起全職的估價部門，專職做上海、北京等城市的估價業務。外資房地產諮詢機構

由於品牌的公信力，不但提供買賣雙方都能信服的評估價格，在交易過程中更起到仲介橋樑的作用。

各房地產諮詢機構承擔中國房地產評估業務的方式各有不同。第一太平戴維斯（Savills）主要通過手下員工取得境外評估的個人估價師資質來促成評估業務，戴德梁行的評估業務則通過其在中國具備相關資質的公司來運作。但事實上，由於外資估價機構不具備國家批准的估價專業資格，故不屬於中國房地產估價師學會的行業管理範疇，也不受建設部及各省市建設行政主管部門管轄。隨著2006年12月中國對外資銀行全面開放金融市場，中國對外資銀行評估這一新興市場的管理真空導致國內評估機構的業務流失，也存在大量的稅收流失。

早在1997年，中國《設立外商投資資產評估機構若干暫行規定》中就規定「允許外國評估機構在中國境內設立中外合作、合資資產評估機構。不得設立外商獨資資產評估機構。」原中國建設部自2005年12月1日起施行的《房地產估價機構管理辦法》也明確規定，「房地產估價機構應當由自然人出資，以有限責任公司或者合夥企業形式設立。」「有限責任公司的股份或者合夥企業的出資額中專職註冊房地產估價師的股份或者出資額合計不低於60%。」這樣一來，以上代理行只有選擇與中國境內具備估價合法地位的機構組建合資公司，同時把控股權讓位於具有評估資質的自然人。而全球房地產代理行要獲得手續繁雜的評估資質，同時又能形成控股，這幾乎是無法逾越的障礙。

而中國國內的房地產估價行業和專業人員在過去幾十年內也迅速發展壯大。2011年中國有4.2萬名房地產估價師擁有執業資格，其中註冊執業的有3.8萬人，房地產估價機構有5,000餘家，其中一級資質房地產估價機構有235家，行業從業人員有30餘萬人。[1] 據中國房地產估價信用檔案系統數據庫的結果，截至2013年11月，取得了房地產估價師執業資格並註冊執業的有43,102人[2]，進入信用檔案系統數據庫的房地產估價機構共有2,161家。具體構成如表9-2所示。

---

[1] 資料來源：2011年房地產估價師年會數據，網址為 http://www.cirea.org.cn/article/info/272.html。

[2] 資料來源：2013年11月11日中國房地產估價信用檔案系統數據庫，網址為 http://gjxy-daxt.cirea.org.cn/Department/SelectGjsDetail.aspx。

表 9-2　　　　　　　　2013 年中國房地產估價機構統計

機構資質等級①	數量（家）
一級	285
二級	659
三級	1,051
三級（暫定）	135
分支機構	27
不詳	4
總計	2,161

資料來源：作者 2013 年 11 月 11 日根據中國房地產估價信用檔案系統數據庫（http://gjxydaxt.cirea.org.cn/）查詢結果統計。

　　不難發現，一批具有高素質的房地產估價機構和估價師隊伍已經基本形成；但眾多國外知名評估機構搶灘中國的嚴峻現實表明，我國高素質的房地產評估人員依然短缺。面對行業巨大的市場蛋糕，中國國內的評估機構卻無力承擔涉外評估業務。據悉，獲得駐華使館認證的資產評估機構在北京僅有中永立誠（北京）資產評估有限公司等幾家，而同時獲得涉外評估認證的評估機構則少之又少。這一方面是由於國內評估人員能力有限，無法提供外方看得懂的英文評估報告；另一方面是由於外資銀行及國外投資者對國內評估機構的不信任。因此，外資銀行才會捨近求遠地從中國香港或國外聘請估價師評估他們在中國內地的投資項目。

　　我們一方面面臨源於外商投資產生的房地產估價業務和人才的大量需求；另一方面，我國雖有大量的房地產估價機構和估價人員，卻無力承擔外商的評估業務。這一現實的尷尬對我國的房地產估價人才培養和教育提出了幾個值得深思的問題：我們的房地產估價教育該如何培養國際化的估價人才？國際化的估價人才應該具備哪些能力和素質？中國房地產業已經深切感受到高級專業人才的短缺，甚至在某種意義上說這已經制約了我國房地產業向更高水平的發展（劉洪玉，1999）。

　　由於房地產估價是房地產學科中的一個分支領域，而國際上房地產學科從一開始是從房地產估價開始的，所以本書是在房地產學科的框架下研究高等教育本科層次的房地產估價專業的人才培養。

---

① 根據 2005 年 12 月 1 日起施行的《房地產估價機構管理辦法》，房地產估價機構資質等級從高到低分為一、二、三級。新設立仲介服務機構的房地產估價機構資質等級應當核定為三級資質，設一年的暫定期。

9.2 我國房地產估價教育現狀及問題

9.2.1 房地產本科專業歷史沿革及現狀

從20世紀80年代開始，我國一些高校開始招收「房地產經營管理」專科學生。1993年原國家教育委員會在第二次修訂高校本科專業目錄時正式將「房地產管理」專業列入全國四年制本科招生目錄（專業編號1909）。截至1998年，全國共有114所高校設置了房地產經營管理本科專業（王海燕，黃英，2011）。此後，我國《普通高等學校本科專業目錄》又進行了兩次大規模的學科目錄和專業設置調整工作。其中第三次修訂目錄於1998年頒布實施，取消了房地產經營管理本科專業，新增了工程管理本科專業，房地產經營管理成為工程管理本科專業目錄下的一個專業方向或目錄外專業。2003年，在一些房地產學者的大力呼籲以及房地產業快速發展的形勢下，教育部正式批准北京師範大學、中央財經大學和重慶大學三所大學重新設置房地產經營管理為本科目錄外專業，專業代碼為110106W（如表9-3所示）。第四次高等學校本科專業目錄修訂於2012年9月頒布實施，此次修訂新增了房地產開發與管理專業，該專業旨在培養具備房地產經營與估價專業知識和專業技術、技能的高等技術應用型專門人才。最新的專業目錄再次將房地產開發與管理專業作為一個單獨的本科專業，表明了教育部意識到該專業對社會經濟的重要性以及社會大眾對房地產人才的巨大需求。房地產估價從未作為一個獨立的專業名稱在本科專業目錄中出現，目前僅有「房地產經營與估價」專科及高職專業，本科層次的房地產估價人才來源於房地產經營管理本科生中的一個分支。

表9-3　　中國教育部1998年及2012年管理學專業目錄對比

2012年專業代碼	2012年學科門類、專業類、專業名稱	1998年專業代碼	1998年學科門類、專業類、專業名稱
12	學科門類：管理學	11	學科門類：管理學
1201	管理科學與工程類	1101	管理科學與工程類（部分）
120101	管理科學（註：可授管理學或理學學士學位）	110101*	管理科學
		110109S	管理科學與工程
		071701W	系統理論
		071702W	系統科學與工程

表9-3(續)

2012年專業代碼	2012年學科門類、專業類、專業名稱	1998年專業代碼	1998年學科門類、專業類、專業名稱
120102	信息管理與信息系統（註：可授管理學或工學學士學位）	110102	信息管理與信息系統（部分）
120103	工程管理（註：可授管理學或工學學士學位）	110104	工程管理
120104	房地產開發與管理	110106W	房地產經營管理
120105	工程造價（註：可授管理學或工學學士學位）	110105W	工程造價
		110108S	項目管理

註：＊：一般控制；W：目錄外專業；S：目錄外試點專業。
資料來源：筆者根據教育部1998年及2012年頒布的《普通高等學校本科專業目錄》整理。

9.2.2 辦學數量及院校分佈

我們根據從教育部指定的中國教育在線的高考志願填報系統（http://gkcx.eol.cn）網站收集到的2013年各高校的房地產專業設置情況進行整理，得到以下結果：截至2012年新專業目錄調整，我國包含獨立本科學院和分校在內的近1200所本科院校中，設置房地產經營管理專業的有40所，佔全部高校的3.33%；其中僅有8所院校具備211或985高水平辦學資格（見表9-4）。這表明我國目前房地產經營管理本科專業整體辦學層次還有較大的提升空間。

表9-4　開設房地產經營管理本科的高水平大學一覽表

序號	學校名稱	院校隸屬	是否211或985高水平大學①
1	寧夏大學	寧夏回族自治區教育廳	211工程
2	中央財經大學	教育部直屬	211工程
3	重慶大學	教育部直屬	985工程、211工程
4	華東師範大學	教育部直屬	985工程、211工程
5	華中師範大學	教育部直屬	211工程

---

① 「211工程」即面向21世紀，重點建設100所左右的高等學校和一批重點學科。「985工程」是中國政府為建設若干所世界一流大學和一批國際知名的高水平研究型大學而實施的高等教育建設工程。這源於1998年5月4日江澤民在北京大學百年校慶上關於建設世界一流大學的講話。據教育部網站統計，截至2011年3月31日，中國共有112所「211工程」高校和39所「985工程」高校。

表9-4(續)

序號	學校名稱	院校隸屬	是否211或985高水平大學
6	上海財經大學	教育部直屬	211工程
7	中國人民大學	教育部直屬	985工程、211工程
8	中南財經政法大學	教育部直屬	211工程

從地區分佈來看（見表9-5），設置房地產經營管理專業的40所院校覆蓋了我國20個省市自治區直轄市，最多的是山東省，有4所高校開設有房地產經營管理專業，總體上未出現明顯的地區分佈不均現象，可見房地產人才的培養已經成為全國性的普遍需求。從學校類別來看，有14所是財經類專業院校，有11所是具有建築與土木工程背景的工科院校，有4所是師範類專業院校，有11所是綜合性大學。在不同背景大學開設的房地產（估價）本科專業在課程設置上有較大的區別，特別是財經類背景院校和工科院校，在經濟管理類課程及建築技術類課程上的比重差異較為顯著。

表9-5　　開設房地產經營管理本科的大學數量及地區分佈

序號	開設房地產專業的省市	開設房地產專業的大學數量
1	寧夏	2
2	河南	2
3	甘肅	1
4	浙江	1
5	北京	2
6	山東	4
7	重慶	3
8	江西	1
9	上海	3
10	廣東	3
11	四川	1
12	貴州	2
13	福建	1
14	遼寧	3
15	湖北	3
16	吉林	3
17	湖南	1

表9-5(續)

序號	開設房地產專業的省市	開設房地產專業的大學數量
18	廣西	2
19	安徽	1
20	新疆	1
	合計	40

9.3　存在的困難

9.3.1　房地產估價師資缺乏

　　隨著高校進入門檻的提高，大學教師至少擁有博士及以上的學歷學位已經成為共識。不少大學甚至要求新入職教師擁有海外知名大學的博士學位。而房地產研究領域屬於商科中一個較小的分支，可供選擇的博士生項目及學校較少，更不用提更加狹窄的房地產估價研究了。因此一些大學在招聘房地產專業教師時，不得不把專業要求放寬到管理科學與工程一級學科目錄下。即使這樣，大學也難以招到符合條件的博士生。房地產學科更多地屬於應用科學，面對企事業單位更加優厚的待遇和更大的發展空間，新畢業博士生會毫不猶豫地選擇后者。因此，在這種情況下，我國房地產估價教育的師資力量是相當缺乏的。不僅僅是房地產估價，連工程管理這樣更加寬泛的學科，也存在嚴重的師資缺乏問題，這是教育大眾化和擴大招生的后果之一。雖然教師整體學歷水平有所提高，但是有相當比例的教師是畢業於非房地產直接相關的專業。

　　在2012年中國大學排行榜中，我國705所高校平均生師比為16.60∶1，其中38所985工程大學（含國家重點建設大學、國家優先發展大學）的生師比是14.50∶1，9所國家重點建設大學（含國家優先發展大學）的生師比是12.03∶1。[1] 具體如表9-6所示。筆者通過收集開設房地產經營管理本科的8所高水平大學的生師比數據，計算出8所大學的平均生師比為16.26∶1，略低於全國平均水平。在我國高等教育大眾化的今天，較低的生師比通常意味著較高的教學質量。而生師比越高，教學質量就越難保證。

---

[1] 武書連. 挑大學 選專業——2012高考志願填報指南 [M]. 北京：中國統計出版社，2012.

表9-6　2012年開設房地產經營管理本科的高水平大學生師比數據

序號	學校名稱	生師比
1	寧夏大學	13.92
2	中央財經大學	14.27
3	重慶大學	17.48
4	華東師範大學	15.47
5	華中師範大學	18.63
6	上海財經大學	17.42
7	中國人民大學	14.98
8	中南財經政法大學	17.87

資料來源：武書連. 挑大學　選專業——2012高考志願填報指南［M］. 北京：中國統計出版社，2012.

9.3.2　房地產估價教師實踐經驗不足

隨著高校對新進教師學歷水平要求的提高，房地產（估價）教師整體學歷層次有較大的提高。但房地產學科是個應用性較強的學科，國外大學往往會要求房地產估價專業教師具備一定年限的工作經驗，並且具備某個專業學會的會員資格。

據調查，目前僅有10%左右的房地產專業教師具有實踐經驗或者具有與房地產相關的資格證書，而一些博士學歷的教師幾乎沒有實踐經歷（王海燕，黃英，2011）。在開設房地產估價相關專業的高校中擁有教師和估價師雙重資格的教師數量無據可查，但是我們通過中國內地房地產估價師與香港測量師資格互認的數據，可以得知我國高校中這類高水平的教師數量是非常少的。自2004年中國實行內地房地產估價師與香港測量師互認以來，第1批有111名內地房地產估價師通過測試取得了合格證書，第2批有99名內地估價師取得了合格證書（見表9-7）。而在這兩批取得互認資格的210名估價師中，來自高校的僅有11人，所占比例為5%。

表9-7　取得香港測量師互認資格的高校教師數量　　　　單位：人

批次	認證估價師總數	來自高校的估價師
第1批	111	10
第2批	99	1
合計	210	11

資料來源：根據中國房地產估價師網站資料（http://www.cirea.org.cn）整理。

同時要求房地產專業教師具備博士及以上學歷和一定年限的實踐經驗並不現實。繁重的教學、科研以及各種考核使得教師缺乏接觸和瞭解房地產行業及企業的機會，因此他們也幾乎沒有在教學和科研工作中提高實踐能力的機會。教師是培養人才的根本，教師實踐經驗的缺乏使得高校培養出來的房地產估價專業學生實踐能力較差，很難滿足目前房地產行業發展的需要，對學生滿意度也有負面的影響。

9.3.3 房地產估價科研經費不足

教學和科研是相互促進的關係，教師適當參加科研可以促進其教學和理論水平。應該說，我國的高等教育發展到今天，教師的理論水平、科研能力都有顯著提高。但是在過去十多年來中國自然科學基金和社會科學基金兩大國家基金支持的課題項目中，直接與房地產領域相關的研究只有32項，所占比例為0.01%；房地產相關課題總經費為952.90萬元，所占比例為0.001%。2001—2013年中標的研究課題主要集中在房地產市場與泡沫、房地產開發、房地產金融等領域，沒有一項關於房地產估價的課題（見表9-8）。

表9-8　　2001—2013年國家自然科學基金中標房地產課題

年份	年課題總項數	房地產課題項數	年總經費（萬元）	房地產課題項目經費（萬元）
2001	4,435	1	79,762.40	5
2002	5,808	0	115,631.00	0
2003	6,359	12	132,202.75	75
2004	7,711	2	167,516.00	37
2005	9,111	0	225,898.00	0
2006	10,271	4	268,595.00	68.5
2007	44,907	1	8,583,055.07	20
2008	49,309	1	13,502,897.64	22
2009	57,533	1	13,966,321.75	2.4
2010	65,136	0	14,821,148.64	0
2011	76,062	4	32,624,938.46	125
2012	87,778	6	46,619,569.51	598
合計	424,420	32	131,107,536.22	952.9

資料來源：根據國家自然科學基金委員會網站（www.nsfc.gov.cn）統計資料整理。

我們通過查閱國內近年來發表的房地產估價相關文獻可以發現，現有的房地產估價研究主題較為零散，缺乏研究核心，也沒有形成穩定的科研團隊和領軍人物。因此房地產估價學者很難獲得相關的研究資金，有限的科研資金主要來源於一些行業協會。這也制約著學者對這一冷門領域的研究熱情，因而轉向更有「錢途」的房地產經濟、房地產投資等領域。

9.3.4 新生代學生的挑戰

新一代大學生均為「90后」學生，大部分是獨生子女，他們的價值觀和人生觀也與「70后」「80后」學生有較大的不同。他們敢於創新，敢於挑戰教師，善於接受新事物，有自己獨到的見解。他們並不滿足於從教師那裡獲取淺顯的理論知識，這對房地產估價教育者和傳統的課堂教學是一個很大的挑戰。它要求房地產估價學者兼具廣博的知識和一定的實踐經驗，真正實現教育的「傳道、授業、解惑」。

9.3.5 信息技術對傳統教學方式的挑戰

由於大學科研水平對大學排名有重要影響，無論是科研為主的大學，還是教學和科研並重的大學，甚至一些歷史上以教學為主的大學也逐步提高了對教師的科研要求，通過提高科研獎勵來激勵教師參與科研。這一導向使得教師不得不抽出相當一部分時間和精力用於科研，從而忽略了自身教學水平的提高。信息技術突飛猛進的發展對傳統黑板加粉筆的教學方式是一個嚴峻的挑戰，教師要不斷學習和掌握新的多媒體教學方式。此外，在當今信息化和數字技術日益更新的時代，各種教育資源充斥互聯網，學生不用進課堂就可以獲取各種知識，如何吸引學生到課堂則是另一個難題。

9.3.6 房地產估價教育與估價專業學會脫節

國際上估價專業學會組織均和高等教育機構開展了各種合作和交流。如英國皇家測量師學會（RICS）和澳大利亞的 API 在多個國家開設了房地產估價課程的大學建立了估價課程認證制度，對估價課程的設置及知識範圍都做了細緻的規定。澳大利亞很多大學如新南威爾士大學的房地產估價專業是實行 RICS 和 API 雙認證。RICS 和 API 對開設房地產專業的課程採取認證的准入方式，以保證將來從事房地產估價的畢業生達到企業的要求。澳大利亞 API 機構

下設全國教育委員會（NEB），代表全國範圍內的機構會員對房地產教育、專業發展及培訓以及准入要求提出意見和建議。全國教育委員會和房地產教育的提供者即大學開展學術上的合作關係，以促使大學提供最高質量水平的房地產高等教育學位及研究生課程。除了認證時達到 NEB 規定的准入條件之外，API 還組建專門委員會每五年對認證大學的房地產教育開展定期的檢查和審核，對教師的教學和研究水平進行測評，對在校生和畢業生進行訪談，同時對其教學內容和課程設置提出建議，以更好地適應企業和市場新的要求。

我國的房地產估價師與經紀人學會則主要負責管理執業估價師，只是在估價師註冊時需要審核申請人是否是房地產相關專業，至於申請人所學課程是否符合估價師知識體系要求，則沒有明確規定；且估價師學會也不會對房地產估價教育質量負責，更不會參與專業評估。因此，我們沒有從源頭上控制房地產估價師這一專業人士的質量。我國高等教育專業質量和評估主要是由教育部主持的，評估委員會的成員多為從事房地產教育的專家，行業協會基本上不參與。

9.3.7　房地產教育和企業要求脫節

畢業生實踐能力不強、理論與實踐的脫節是國內外房地產（估價）專業都存在的問題之一。我國的房地產估價教育在這方面的問題相對國外則更加突出。如前所述，國外的估價師專業學會與大學等機構聯繫密切，而學會委員會的成員均為估價行業的精英，本身就是估價行業和企業的代表，知道企業需要什麼樣的畢業生，可以盡可能地減少畢業生能力水平與企業要求之間脫節的情況。

我國大學在由精英教育向大眾化教育轉變的過程中，在開設房地產專業時往往一哄而上，什麼專業好就業就開設什麼專業，沒有認真和長遠考慮市場需求，專業定位趨同化，不同學校的房地產專業特色不夠鮮明。大學在校學生人數的急遽增加和師資力量的缺乏等原因導致學校對學生實踐能力的重視和投入不夠，大學在制訂專業培養方案時沒有進行充分的調查研究，特別是沒有充分瞭解本專業在校生及畢業生、用人單位和行業學會的意見和要求，使得一些企業對畢業生實踐能力不太滿意。我國一些大學雖然在課程設置中有學生集中實習、聘請行業專家開講座等項目，但是僅做到這些遠遠不夠。

9.4　國際房地產估價對人才的要求

由於估價專業學會在各個國家甚至國際上有較大的影響力，所以在美國、

英國、澳大利亞及中國香港等國家和地區，估價從業者是否達到國家知名估價師學會的會員要求，成為企業判斷估價從業者是否具備執業能力水平的準則。國際上知名的估價師專業學會機構包括英國皇家測量師學會（RICS）、美國估價學會（AI）、香港測量師學會（HKIS）、新加坡測量師和估價師學會（SISV）、澳大利亞房地產學會（API）等。以上國際估價師專業機構招收來自全球各地的估價師會員（見表9-9）。

表9-9　國際五大估價師專業協會對估價師會員資格的要求總結

會員資格要求	估價專業學會/協會				
	RICS	AI	HKIS	SISV	API
獲得正式會員的要求					
學歷資格	完成3年期的學位認證課程	完成4年期的學位認證課程（2004年1月1日之後）	完成3年期的學位認證課程	完成3年期的學位認證課程	完成3年期的學位認證課程
最小年齡	無要求	無要求	21歲	21歲	無要求
畢業后的從業經驗	個人要求2年的從業經歷，必須包括下列內容： 1. 工作經歷的電子日記； 2. 記錄花在專業能力培養方面的時間的電子日誌； 3. 每年至少進行48小時的專業發展培訓； 4. 呈交從業第1年的3,000字經驗總結報告； 5. 完成與倫理道德相關的一個短期課程考試； 6. 呈交從業第2年的1,500字的總結報告； 7. 呈交一個3,000字的項目估價報告； 8. 關於上述估價報告的一個10分鐘的批判性口頭分析； 9. 回答口頭展示時的提問，以及回答面試時關於專業能力的問題； 10. 終生學習計劃（不進行考核）	個人必須達到下列條件： 1. 參加高級住宅論壇/討論，修讀敘事寫作課程或報告寫作及估價分析課程； 2. 必須至少有12個月的正式會員/聯繫會員的良好信譽記錄； 3. 要成為住宅估價師SRA會員，必須在完成2,000小時的估價工作後提供一個估價工作清單（每年最多1,500小時的記錄）；要成為MAI會員（可評估各類房地產）則至少完成3,000小時的估價工作	個人必須達到下列條件： 1. 有2年的工作經歷，其中至少有100小時的估價工作，100小時的估價相關領域工作以及100小時的其他領域的工作； 2. 呈交工作經歷日記以及花在專業技能培養上的時間記錄； 3. 參加40個小時有組織的學習和教育； 4. 呈交從業第1年的一個3,000字的經驗總結報告； 5. 呈交從業經歷、培訓及學習的3,500字的總結報告； 6. 做一個關於項目工作的10分鐘的口頭報告； 7. 通過專業技能評估； 8. 參加一個專業面試	個人必須達到下列條件： 1. 至少有2年的從業經驗，且必須在一個不少於7年執業經驗的會員的指導下工作； 2. 通過（估價師）考試； 3. 有至少24個月的工作記錄並且每6個月提交一次進行審核； 4. 參加一個由評估小組/委員會主持的面試	個人必須達到下列條件： 1. 至少有2年的執業經驗； 2. 提供從業的相關記錄證明； 3. 參加專業面試：涉及特定領域的知識/專長，理解職業責任、執業標準法以及專業發展

9　我國房地產估價人才培養的反思　249

表9-9(續)

會員資格要求	估價專業學會/協會				
	RICS	AI	HKIS	SISV	API
要求的能力	畢業生必須具備下列能力：客戶服務、法律知識、環境意識、健康及安全、自我管理、信息技術、團隊工作、口頭溝通/語言表達能力（RICS, 2003a）	沒有明確	有一個在從業期間需要完成的任務清單，以及對關鍵技能的最少時間要求	沒有明確	沒有明確
后續教育					
職業道德	要求嚴格遵守職業道德指南	遵守職業道德準則以及職業行為標準	遵守職業行為規則	遵守估價章程和實施細則	遵守職業行為規則
性格	沒有明確	保持好的品德	沒有明確	沒有明確	沒有明確
估價標準	依照紅皮書進行估價（RICS, 2003b）		遵守專業估價實踐標準		遵守專業估價實踐標準
必修課程	沒有明確	每5年學習一次專業估價實踐標準課程	沒有明確	沒有明確	每3年參加一次風險管理課程學習
專業發展	3年內至少有60個小時的學習/后續教育，每年最少有10小時，從2004年起，必須制定學習目標並對學習效果進行評估	估價（報告）中必須聲明是否參加了專業后續教育，每5年達到100小時課時	每3年達到60個小時的后續教育課時	每3年達到60個小時的后續教育課時	20個小時的專業繼續教育/開發

資料來源：GEOFF PAGE. Professional socialization of valuers: what the literature and professional bodies offers [J]. International Education Journal, ERC 2004 Special Issue, 2005, 5 (5): 105-116.

其中對於學位認證課程，往往涉及如下知識領域：建築學相關知識、土地利用/規劃、商業法、財務會計、房地產投資、房地產經濟學、房地產法、房地產管理、房地產估價。要達到以上機構的執業估價師認證要求，估價師還需要學習高級房地產估價、房地產市場分析及司法稅務評估等領域的知識。

在執業能力方面，除了要掌握基本的估價技術之外，畢業生還應該具備一些「軟技能」，包括熟練的口頭和書面溝通交流能力、邏輯分析和推理能力、研究能力、計算機操作能力等。對於中國的畢業生而言，熟練掌握一門外語也是非常必要的，這包括能夠運用英語熟練寫作估價報告。

總體來看，國際上對一個合格的估價師會員的認定條件是：必須達到一定的學歷水平，具備一定年限的工作經歷，具備實際估價能力並且持續參加后續教育。

而我國高校目前在培養房地產估價專業人才時並沒有進行課程認證，在開設的課程內容上也沒有統一的規定。且由於國內的大學生均為全日制在校學生，沒有半工半讀的機會，因此學生畢業后也很難在較短時間內形成獨立估價的能力。

根據中國住房和城鄉建設部頒布的《註冊房地產估價師管理辦法》的規定，取得執業資格的人員，經過註冊方能以註冊房地產估價師的名義執業。註冊房地產估價師的註冊條件為：①取得執業資格；②達到繼續教育合格標準；③受聘於具有資質的房地產估價機構；④無本辦法第十四條規定不予註冊的情形。其中取得執業資格的條件主要是通過四個科目（房地產基本制度與政策、房地產開發經營與管理、房地產估價理論與方法、房地產估價案例與分析）的考試，該規定並沒有詳細規定估價師應該掌握的知識領域及能力要求。執業估價師是否加入估價師學會為個人會員全憑個人意願，國家對此沒有強制要求，也不是估價師能否執業的一個必備條件。

我國的房地產估價專業畢業生即使畢業后通過了估價師考試並成功註冊，但是尚未達到國際估價師協會的會員資格的能力要求。我們要真正與國際接軌，可謂任重而道遠。

9.5　房地產估價專業教育發展思路

9.5.1　創建高校估價專業教師和估價機構師資及人才培養的良好機制

為提高目前高校教師的實踐能力，一方面，高校應鼓勵高校教師通過考試取得執業估價師資格，從而有機會到企業掛職鍛煉，不斷提高估價實踐能力；另一方面，高校可以聘請估價企業的優秀估價師到高校授課或開講座。而企業也可以利用這一平臺，從在校學生中選擇願意從事估價的優秀學生進行培養，為企業儲備后續估價人才。高校在對教師的培養上要提供更加靈活的機制，允許和鼓勵高校教師參與企業實踐。

9.5.2　加強估價專業學會對估價人才培養的導向作用

我國的房地產估價師專業學會除了對現有註冊房地產估價師進行管理之外，還可以從源頭上通過加強和高校機構的合作與交流，培養高素質的未來房地產估價師。房地產估價師學會可以在以下方面加強與大學機構的合作：

（1）結合行業和企業實際需求，參與審核與修訂房地產估價相關專業的培養方案；

（2）協助大學進一步完善估價及相關課程設置；

（3）廣泛開展各種會員活動，加強學生會員與行業執業者的接觸；

（4）搭建高校與估價企業的交流平臺，一方面幫助高校建立穩定和高質量的實踐實習基地，另一方面幫助企業培養和選拔優秀的估價人才；

（5）開拓估價專業學生的培訓項目，如估價報告寫作、估價方法及實踐、估價師執業道德及估價風險控制等；

（6）在高校估價專業設立專業獎學金，獎勵優秀的估價專業學生；選拔部分優秀學生與國外估價專業學生進行交流訪問。

9.5.3 加強房地產估價專業學生的實踐能力

高校可從以下方面加強房地產估價專業學生的實踐能力：

（1）在大學的早期階段介入專業教育，增加學生對房地產估價專業的認知度及興趣；提供機會讓學生盡可能在大學的早期階段參與專業實踐。

（2）更多地帶領學生開展市場調研以及進行專業報告寫作，以保證學生這方面的技能達到專業水平；同時盡可能避免大群組的估價作業，以確保每個學生的估價報告寫作能力都得到提高。並在要求學生熟練掌握英語的同時，指導學生運用英語熟練寫作估價報告。

（3）創新課堂教學方式，通過小組式學習、工作室教學法、網路及多媒體教育手段加強學生的語言表達能力、交流和溝通能力、邏輯思維能力。

（4）在實踐教學任務的安排上要有更大的靈活性，可以考慮把課程的時間盡量安排在晚上，以確保學生有時間參加企業實習，從而在保證學生畢業前完成足夠的估價實踐學時。

（5）加強和估價企業的合作與交流，建設穩定的估價實習基地。

9.5.4 試點估價課程認證制度

RICS 和 API 等估價師專業學會在和高等教育機構開展合作和課程認證方面已經有比較成熟的經驗，並且取得了很大的成功。估價師專業學會和大學等教育機構在合作中共贏，其共同目的是培養符合市場需求的房地產專業人才。目前這種合作仍在繼續，這種可持續的發展和合作也促進了整個房地產行業的發展。由於估價師註冊制度的差異，我們要嘗試在中國的高校引進國際專業學

會的課程認證要克服包括認證成本、社會認可度等方面的困難，因此較少有高校回應。

我國也已經形成了房地產估價與經紀人協會，有比較完善的估價師會員制度，完全可以嘗試選擇個別高等院校的房地產專業為估價師會員認證的試點單位，由點及面地推動我國的房地產估價專業教育。這種合作不僅可以促進我國房地產估價的課程建設和師資培養，更有利於培養新型的國際化房地產估價人才。

此外，估價師會員認證這個平臺，可以加強高校和國際估價師協會 API、AI、RICS 等機構的交流與合作，鼓勵更多的房地產（估價）專業學生加入其學生會員隊伍，接受其估價系統培訓和訓練，參加包括估價方法、估價報告撰寫、風險規避等方面的課程學習。

9.5.5 高等教育機構創新房地產估價辦學模式

高等教育機構創新房地產估價辦學的模式有：創新國際聯合辦學思路，加強國內外大學之間的交流合作，探索「3+1」或「2+2」教育項目，加強跨國及跨校的教師交流與培訓項目，引進跨校、跨省市甚至跨國的房地產教育項目（課程）。國內高校在國際合作辦學方面已經有許多成功的先例，國外高校也在不斷創新教育項目，例如澳大利亞的 Central Queensland University（CQU）實行了網路在線的農地評估課程並允許跨校招生，而西悉尼大學 UWS 也正在考慮推出相關網路課程。

參考文獻

［1］陳學基. 估價師的責任［M］. 合肥：中國科學技術大學出版社，1998.

［2］陳元安. 房地產估價機構應對WTO：人才，制度及其他［J］. 中外房地產導報，2002（2）.

［3］程琳琳. 高校土地資源管理專業就業型不動產估價人才的培養研究［J］. 安徽科技縱橫，2010，39（6）.

［4］丁薑. 房地產估價師人才持續成長存在問題及建議［J］. 中國房地產估價與經紀，2008（4）.

［5］劉洪玉. 從國外的經驗看我國的房地產專業教育［J］. 清華大學教育研究，1999（1）.

[6] 馬麗. 新型房地產估價師后備人才培養的思考 [J]. 天津職業院校聯合學報, 2011, 13 (4).

[7] 錢瑛瑛, 楊穎, 戚麗瓊. 英國和我國香港地區高校房地產類專業教研特點及借鑑意義 [J]. 中國房地產, 2007 (1).

[8] 唐玲, 吳麗娟, 梁文輝. 如何持續提升房地產估價師的執業能力 [J]. 中國房地產估價與經紀, 2013 (4).

[9] 王海燕, 黃英. 中國高校房地產專業本科人才培養現狀研究 [J]. 現代企業教育, 2011 (16).

[10] 伍世璠. 構建房地產估價師執業能力評價指標體系的若干設想 [J]. 中國房地產估價與經紀, 2009 (4).

[11] 許軍, 朱承頡. 擁抱大數據, 促進估價行業的創新驅動、轉型發展 [J]. 中國房地產估價與經紀, 2013 (1).

[12] 徐微. 高等院校房地產估價專業課程設計及教學方法探討 [J]. 現代商貿工業, 2010, 222 (15).

[13] 晏國苑, 朱丹. 宏觀調控下的房地產業風險實證分析 [J]. 重慶大學學報社科版 (中文), 2010, 16 (2).

[14] 張協奎. 美國高校房地產專業教育考察報告 [J]. 高等建築教育, 1999, 28 (1).

[15] 鄭曉俐, 姚瑶. 房地產估價實務課程理實一體化改革探討 [J]. 江蘇建築職業技術學院學報, 2010, 13 (2).

[16] AVDIEV R. Golden apply or poisoned chalice: the influence of education on careers [J]. Australian Property Journal, 2000 (36).

[17] ARCHER W, DAVIDSON J. Graduate Employability: What Do Employers Think and Want? CIHE, London, 2008.

[18] BARRY GILBERTSON, DUNCAN PRESTON. Practice briefing-a vision for valuation [J]. Journal of property investment & fiancé, 2005, 23 (2).

[19] BAXTER J. Re-engineering a valuation degree: how did we get here and where do we go? [J]. Journal of Property Investment and Finance, 2007 (25).

[20] BLACK R, J RABIANSKI. Defining the real estate body of knowledge: a survey approach [J]. Journal of Real Estate Practice and Education, 2003 (6).

[21] BLAKE A, SUSILAWATI C. An evaluation of how well undergraduate property students are prepared for commencing their careers [J]. Pacific Rim Property Research Journal, 2009, 15 (2).

[22] BOYD T. Stakeholder impact on property education programs, Proceed-

ings of the 11th Pacific Rim Real Estate Conference [M]. University of Melbourne, 2005.

[23] BOYD T. Are we exemplars for the property profession? [J]. Pacific Rim Property Research Journal, 2010, 16 (2).

[24] BOYDELL S. Disillusion, dilemma and direction: the role of the university in property research [J]. Pacific Rim Property Research Journal, 2007, 13 (2).

[25] CALLANAN J, MCCARTHY I. Property education in New Zealand: industry requirements and student perceptions [J]. Journal of Real Estate Practice and Education, 2003, 6 (1).

[26] CONNIE S, ARMITAGE L. Understanding the diversity of non – specialised units within Australian property degrees. 17th Annual Pacific Rim Real Estate Society Conference, 2011.

[27] CORNISH S, REED R, WILKINSON S. Incorporating new technology into the delivery of property education [J]. Pacific Rim Property Research Journal, 2009 (15).

[28] D' ARCY E, TALTAVULL P. Real estate education in Europe: some perspectives on a decade of rapid change [J]. Journal of European Real Estate, 2009, 2 (1).

[29] FISCHER D. Is the valuation paradigm a paradigm [J]. Australian Property Journal, 2000 (36).

[30] HEFFERAN M J, ROSS S. Forces for change in property education and research in Australia [J]. Property Management, 2010, 28 (5).

[31] MANNING C, EPLEY D. Do real estate faculty teach the skills and competencies needed by corporate real estate executives? [J]. Journal of Real Estate Practice and Education, 2006, 9 (1).

[32] MANNING C, ROULAC S. Where can real estate faculty add the universities in the future? [J]. Journal of Real Estate Practice and Education, 2001, 4 (1).

[33] MICHAEL J HEFFERAN, STUART ROSS. Forces for change in property education and research in Australia [J]. Property Management, 2010, 28 (5).

[34] NEWELL G, ACHEAMPONG P. The quality of property education in Australia [J]. Pacific Rim Property Research Journal, 2003, 9 (4).

[35] NEWELL G. Challenges and opportunities for property academics [J].

Pacific Rim Property Research Journal, 2007, 13 (2).

[36] NEWELL G, SUSILAWATI C. Student perceptions of the quality of property education in Australia: 1994-2009 [J]. Pacific Rim Property Research Journal, 2010, 16 (4).

[37] NEWELL G, SUSILAWATI C. Student perceptions of the quality of property education in Australia: 1994-2009 [J]. Pacific Rim Property Research Journal, 2010, 16 (4).

[38] NEWELL G, SIERACKI K. Global Trends in Real Estate Finance [M]. A John Wiley & Sons, Ltd., 2009.

[39] PARKER D. Property education in Australia: themes and issues. 18th Annual Pacific-Rim Real Estate Society Conference. Adelaide, Australia, 2012.

[40] PAGE G. Professional socialization of valuation students: what the literature says, Proceedings of the 10th Pacific Rim Real Estate Conference, University of South Australia, Australia, 2004.

[41] PAGE G. Professional socialisation of valuers: what the literature and professional bodies offers [J]. International Education Journal, 2004, 5 (5).

[42] PAGE G. Australia graduates' perspective of their professional socialization. 14th Annual Pacific Rim Real Estate Society Conference. Kuala Lumpur, Malaysia, 2008.

[43] POON J, HOXLEY M, FUCHS W. Real estate education: an investigation of multiple stakeholders [J]. Property Management, 2011, 29 (5).

[44] SUSILAWATI C, ARMITAGE L. Understanding the diversity of non-specialized units within Australian property degrees [D]. 17th Annual Pacific Rim Real Estate Society Conference, 2011.

附　錄

附錄一　我國房地產估價地方學會名單[①]

單位名稱	所在省(市)	所在城市(區)
北京房地產估價師和土地估價師協會	北京市	東城區
天津市房地產估價師協會	天津市	天津市
太原市房地產估價師與房地產經紀人學會	山西省	太原市
山西省房地產估價師與房地產經紀人協會	山西省	太原市
內蒙古自治區房地產估價師學會	內蒙古自治區	呼和浩特市
瀋陽市房地產估價師協會	遼寧省	瀋陽市
大連市房地產估價師協會	遼寧省	大連市
吉林省房地產業協會估價專委	吉林省	長春市
長春房地產估價師與房地產經紀人學會	吉林省	長春市
吉林市房地產估價師與房地產經紀人學會	吉林省	吉林市
黑龍江省房地產估價師學會	黑龍江省	哈爾濱市
上海市房地產估價師協會	上海市	上海市
江蘇省房地產估價協會	江蘇省	南京市
常州市房地產估價與經紀協會	江蘇省	常州市
蘇州市房地產業協會估價專業委員會	江蘇省	蘇州市
浙江省房地產估價師與經紀人協會	浙江省	杭州市
安徽省房地產業協會	安徽省	合肥市
福建省房地產業協會	福建省	福州市

---

① 資料來源：http://xhzhglxt.cirea.org.cn/website/dfxhs.asp？page＝3。

續表

單位名稱	所在省(市)	所在城市(區)
福州市房地產估價協會	福建省	福州市
福建省房地產業協會估價與經紀委員會	福建省	福州市
廈門市房地產仲介行業協會	福建省	廈門市
江西省房地產業協會	江西省	南昌市
濟南市房地產仲介行業協會	山東省	濟南市
鄭州市住宅與房地產業協會估價經紀專委會	河南省	鄭州市
河南省房地產估價師與經紀人協會	河南省	鄭州市
武漢市房地產估價師協會	湖北省	武漢市
湖北省房地產業協會房地產估價與經紀專業委員會	湖北省	武漢市
十堰市房地產估價師與房地產經紀人協會	湖北省	十堰市
宜昌市房地產估價與經紀協會	湖北省	宜昌市
襄陽市房地產仲介行業協會	湖北省	襄陽市
荊門市房地產估價與經紀協會	湖北省	荊門市
黃岡市房地產估價師與經紀人協會	湖北省	黃岡市
長沙市房地產仲介協會	湖南省	長沙市
廣州市房地產評估專業人員協會	廣東省	廣州市
廣東省房地產估價師與房地產經紀人學會	廣東省	廣州市
深圳市不動產估價協會	廣東省	深圳市
東莞市房地產估價師與房地產經紀人學會	廣東省	東莞市
東莞市房地產仲介協會	廣東省	東莞市
海南省房地產估價與經紀業協會	海南省	海口市
重慶市國土資源房屋評估和經紀協會	重慶市	重慶市
成都市房地產評估協會	四川省	成都市
四川省房地產業協會估價經紀諮詢專業委員會	四川省	成都市
南充市房地產仲介協會	四川省	南充市
資陽市房地產估價協會	四川省	資陽市
西安市房地產評估協會	陝西省	西安市
新疆房地產業協會房地產估價師與房地產經紀人專業委員會	新疆維吾爾自治區	烏魯木齊市

附錄二 第一批內地房地產估價師與香港測量師資格互認會員名單（內地部分）[①]

序號	姓名	所在單位
1	白龍吉	北京北方房地產諮詢評估有限責任公司
2	曹大葵	廣州中廣信房地產土地評估有限公司
3	陳竟成	重慶豐澤行房地產土地估價與資產評估有限公司
4	陳　平	深圳市同致誠房地產估價顧問有限公司
5	陳榮梅	北京鴻天涉外房地產土地估價有限責任公司
6	陳樹民	宣城金橋房地產估價經紀諮詢有限公司
7	陳再進	北京百成首信房地產評估有限公司
8	程　群	安徽華瑞房地產土地評估有限公司
9	崔太平	四川恒通（房地產、土地、資產）評估師事務所
10	丁光華	上海百盛房地產估價有限責任公司
11	董　杰	洛陽首佳房地產評估測繪諮詢有限公司
12	杜　鳴	北京杜鳴聯合房地產評估（北京）有限公司
13	杜豔玲	天津正德房地產土地諮詢評估有限公司
14	段永惠	山西財經大學
15	傅卓東	廣州粵國房地產土地與資產評估有限公司
16	高炳華	華中師範大學
17	高　舉	陝西建業房地產估價有限公司
18	高千里	北京京港房地產估價有限公司
19	高幸奇	上海國衡房地產估價有限公司
20	桂國杰	上海八達國瑞房地產估價有限公司
21	胡愛農	廣州粵國房地產土地與資產評估有限公司
22	胡朝偉	安徽中信房地產土地資產價格評估有限公司
23	胡耀清	上海大雄房地產估價有限公司
24	黃學軍	武漢理工大學

---

① 資料來源：中國房地產估價師與房地產經紀人學會，網址為 http://www.cirea.org.cn/article/info/463.html。

續表1

序號	姓名	所在單位
25	黃永東	廣東公評房地產估價有限公司
26	黃志強	湖南宏信房地產評估諮詢有限公司
27	姜建輝	青島青房房地產評估事務所有限公司
28	孔繼南	廣東京信房地產土地評估有限公司
29	藍繼松	廣西方略房地產評估有限公司
30	黎伯瑜	茂名市鴻信房地產評估有限公司
31	李安明	武漢國佳房地資產評估有限公司
32	李朝暉	溫州天平房地產估價所有限公司
33	李登科	湖南經典資產評估有限公司
34	李　華	武漢博興房地產諮詢有限責任公司
35	李金龍	吉林方正房地產評估有限責任公司
36	李珊玲	武漢博興房地產評估有限責任公司
37	李　濤	貴州惠仕房地產資產評估有限公司
38	李　霞	深圳市建誠信土地房地產評估諮詢有限公司
39	李影文	海南明正房地產評估有限公司
40	李中江	中鴻廣廈房地產評估顧問（北京）有限公司
41	李自剛	甘肅華澳房地產估價有限公司
42	梁興安	深圳世聯地產顧問股份有限公司
43	廖俊平	中山大學
44	廖　磊	四川省龍達房地產土地評估有限責任公司
45	林蘭珍	長沙市房地產仲介協會
46	劉誠德	青島衡元德房地產評估有限公司
47	劉紅基	山東新永基房地產評估諮詢有限公司
48	劉景宏	西安天正房地產價格評估諮詢有限公司
49	劉景堂	山東正誠土地房地產評估有限公司
50	劉麗仙	山西湧鑫房地產估價諮詢有限公司
51	劉明剛	大連劉明剛房地產估價有限公司
52	劉小娟	重慶匯豐房地產評估事務所有限責任公司
53	劉曉娟	四川省同正地產房地產估價有限責任公司
54	劉　旭	吉林信達房地產評估有限公司
55	劉志宏	廣東安誠信房地產評估有限公司

續表2

序號	姓名	所在單位
56	龍永春	沈陽錦龍房地產評估有限公司
57	陸偉俊	北京市中恒業房地產評估有限責任公司
58	呂有法	浙江恒信房地產土地評估有限公司
59	羅曉雲	北京德祥資產評估有限責任公司廣東分公司
60	馬培生	山西財經大學
61	聶琦波	南京工業大學
62	牛亞峰	山西瑞友房地產估價有限公司
63	潘世炳	湖北永業行房地產評估諮詢有限公司
64	戚寶鴻	寧波恒正房地產估價有限公司
65	齊　宏	北京康正宏基房地產評估有限公司
66	秦忠芳	深圳市建誠信土地房地產評估諮詢有限公司
67	任婷珍	上海城市房地產估價有限公司
68	任信龍	杭州永正房地產土地評估有限公司
69	尚艾群	安徽中安房地產評估諮詢有限公司
70	石寶江	廣西開元行房地產評估有限責任公司
71	石　躍	青島恒德房地產評估有限公司
72	宋生華	武漢國佳房地資產評估有限公司
73	孫仁先	中國建築技術研究院
74	孫業勇	合肥市房地產評估事務所有限公司
75	孫　政	無錫市誠和房地產土地評估有限公司
76	孫祖權	深圳市國土房產評估發展中心
77	唐　琳	深圳市國土房產評估發展中心
78	唐　妮	湖南廣聯房地產評估有限公司
79	唐雅麗	雲南瑞爾房地產土地資產評估有限公司
80	陶滿德	江西師範大學
81	涂　群	上海建欣房地產估價有限公司
82	汪世發	天津天元房地產土地評估有限公司
83	汪為民	北京市住房貸款擔保中心
84	王　波	深圳市同致誠房地產估價顧問有限公司
85	王　靜	海南省房地產估價與經紀業協會
86	王　麗	雲南瑞爾房地產土地資產評估有限公司

續表3

序號	姓名	所在單位
87	王全民	東北財經大學
88	王曉春	上海光華房地產估價有限公司
89	王　勇	湖南經典資產評估有限公司
90	吳　健	安徽天正房地產土地評估有限公司
91	武紹會	廣西公大房地產評估有限公司
92	辛萬霞	三門峽房地產估價事務所有限責任公司
93	徐曉丹	大連今朝置業顧問有限公司
94	許　軍	上海城市房地產估價有限公司
95	閆立鈞	河北新石房房地產估價有限公司
96	閆旭東	北京仁達房地產評估有限公司
97	顏　洪	淄博齊正房地產估價事務所有限公司
98	楊國誠	上海房地產估價師事務所有限公司
99	楊亞彪	北京中大行房地產評估有限公司
100	葉亞舟	江蘇首佳房地產諮詢評估事務所有限公司
101	余　相	成都九鼎房地產交易評估有限公司
102	翟　猛	哈爾濱國信房地產估價諮詢有限公司
103	張彩豔	天津正德房地產土地諮詢評估有限公司
104	張東祥	江西師範大學
105	張弘武	天津國土資源和房屋職業學院
106	張加聰	溫州天平房地產估價所有限公司
107	張能杰	重慶同誠房地產評估有限責任公司
108	張鑫恭	山東三鑫房地產評估諮詢有限公司
109	張重望	蘭州安翔房地產評估諮詢有限公司
110	趙志菲	杭州永正房地產土地評估有限公司
111	鄭　軍	廣西公大房地產評估有限公司

附錄三 第二批內地房地產估價師與香港測量師資格互認會員名單（內地部分）[1]

序號	姓名	所在單位
1	常 虹	北京仁達房地產評估有限公司
2	常忠文	安徽中安房地產評估諮詢有限公司
3	陳一凡	沈陽錦龍房地產評估有限公司
4	陳志宏	湛江市德誠房地產評估有限公司
5	陳志軍	無錫市恒茂房地產土地評估有限公司
6	陳宗彪	廣東世紀人土地與房地產評估諮詢有限公司
7	程家龍	深圳市戴德梁行土地房地產評估有限公司
8	鄧 峰	北京龍泰房地產評估有限責任公司
9	丁 海	遼寧天力土地房地產估價有限公司
10	丁金禮	河南宏基房地產評估測繪有限公司
11	董素梅	天津市星馳房地產土地評估有限責任公司
12	杜 康	深圳市國策房地產土地估價有限公司
13	杜長平	江蘇大新房地產地價評估有限公司
14	杜建國	北京首佳房地產評估有限公司
15	費金標	深圳市戴德梁行土地房地產評估有限公司
16	高 軍	湖北永業行房地產評估諮詢有限公司
17	高喜善	北京首佳房地產評估有限公司
18	耿繼進	深圳市國土房產評估發展中心
19	龔秋平	北京京城捷信房地產評估公司
20	郭宏偉	上海萬千土地房地產估價有限公司
21	郭建波	深圳市英聯房地產估價顧問有限公司
22	韓衛東	江蘇同方土地房地產評估有限公司
23	侯陽華	深圳市建誠信土地房地產評估諮詢有限公司
24	胡 澄	江蘇德道天誠土地房地產評估造價諮詢有限公司

---

[1] 資料來源：中國房地產估價師與房地產經紀人學會，網址為 http://www.cirea.org.cn/article/info/464.html。

續表1

序號	姓名	所在單位
25	黃廣斌	廣東美佳聯房地產與土地評估諮詢有限公司
26	黃勁秋	南京大陸房地產估價師事務所有限責任公司
27	黃廉鋒	廣東公評房地產與土地估價有限公司
28	黃西勤	深圳市天健國眾聯資產評估土地房地產估價有限公司
29	計曉忠	吉林吉翔房地產評估有限公司
30	季永蔚	江蘇華盛興偉房地產評估造價諮詢公司
31	江建華	廣東國眾聯資產評估土地房地產估價諮詢有限公司
32	蔣明杰	廣西華正房地產土地評估諮詢有限公司
33	蔣文軍	浙江恒基房地產土地資產評估有限公司
34	蔣曉秋	重慶普華房地產土地資產評估有限公司
35	金建清	蘇州市信誼房地產評估諮詢有限公司
36	金序能	浙江國信房地產土地估價諮詢有限公司
37	晉　植	北京安泰祥土地房地產評估有限公司
38	康小蕓	北京中銳行房地產土地評估有限公司
39	李傳勇	江蘇德道天誠土地房地產評估造價諮詢有限公司
40	李國偉	北京國土聯房地產評估中心有限公司
41	李建中	上海房地產估價師事務所有限公司
42	李俊峰	重慶豐澤房地產土地估價與資產評估有限公司
43	李開猛	武漢國佳房地資產評估有限公司
44	李彤皓	武漢國佳房地資產評估有限公司
45	李燁文	深圳市國土房產評估發展中心
46	李玉璽	北京安泰祥土地房地產評估有限公司
47	梁　津	北京康正宏基房地產評估有限公司
48	廖凡幼	深圳市國策房地產土地估價有限公司
49	廖攀武	海南正理房地產估價有限公司
50	林文勝	廣東世紀人土地與房地產評估諮詢有限公司
51	劉　軍	深圳市世鵬房地產土地評估有限公司
52	劉海濤	海南正理房地產估價有限公司
53	劉衛國	上海萬千土地房地產估價有限公司
54	劉勛濤	湖北永業行房地產評估諮詢有限公司
55	呂敏峰	浙江恒信房地產土地評估有限公司

續表2

序號	姓名	所在單位
56	羅　峰	湖南經典房地產評估諮詢有限公司
57	羅守坤	深圳市世聯土地房地產評估有限公司
58	馬　軍	上海申楊房地產估價有限責任公司
59	馬　力	天津鼎力房地產土地評估諮詢有限公司
60	任敏杰	北京百成首信房地產評估有限公司
61	石　滔	江蘇金寧達恒土地房地產估價諮詢有限公司
62	宋星慧	深圳市英聯房地產估價顧問有限公司
63	孫克偉	牡丹江市宏偉房地產評估有限公司
64	孫明彥	北京金利安房地產諮詢評估有限責任公司
65	孫玉穎	本溪金橋房地產估價事務所
66	譚志榮	湖南長城房地產土地估價有限公司
67	王　瑾	保誠聯合（北京）房地產評估有限公司
68	王　穎	天津市鼎信房地產估價諮詢有限公司
69	王常華	上海城市房地產估價有限公司
70	王海韜	寶雞市誠信房地產評估諮詢有限公司
71	王億彬	廈門誠德行資產評估有限公司
72	魏　新	北京中企華房地產估價有限公司
73	吳　軍	安徽中信房地產土地資產價格評估有限公司
74	吳　玲	天津市中量房地產土地評估有限責任公司
75	吳　青	深圳市格衡土地房地產評估諮詢有限公司
76	吳守志	蘇州市信誼房地產評估諮詢有限公司
77	吳正訓	上海財瑞房地產估價有限公司
78	伍世璠	湖南瀟湘房地產評估經紀有限公司
79	武東潮	西安天正房地產價格評估諮詢有限公司
80	肖巧玲	湖南建業房地產評估經紀有限責任公司
81	邢　潔	重慶華川土地房地產估價與資產評估有限責任公司
82	徐文井	江蘇博文房地產土地造價有限公司
83	徐志革	湖南志成房地產評估有限公司
84	薛　姝	湖南城市學院
85	嚴章波	深圳市平易土地房地產評估有限公司
86	楊　斌	上海百盛房地產估價有限責任公司

續表3

序號	姓名	所在單位
87	楊　軍	北京建亞恒泰房地產評估有限公司
88	楊麗豔	深圳市國房土地房地產評估諮詢有限公司
89	楊雲林	上海信恒房地產估價有限公司
90	尹建生	寧夏力天房地產評估諮詢事務所
91	俞　鵬	杭州震元房地產評估有限公司
92	袁東華	上海城市房地產估價有限公司
93	岳連紅	濰坊金慶房地產評估測繪有限公司
94	曾展暉	武漢博興房地產評估有限責任公司
95	戰　強	遼寧藍天房地產評估有限公司
96	趙　強	上海地維房地產有限公司
97	趙小荆	唐山華信房地產估價有限公司
98	朱　雯	上海信恒房地產估價有限公司
99	莊　嚴	青島天和不動產房地產評估有限責任公司

附錄四 澳大利亞學歷標準框架體系[1]

各級學歷水平（AQF Level）	學歷類型（Qualification Type）
第 1 級	Certificate I（第一級證書）
第 2 級	Certificate II（第二級證書）
第 3 級	Certificate III（第三級證書）
第 4 級	Certificate IV（第四級證書）
第 5 級	Diploma（文憑）
第 6 級	Advanced Diploma（高級證書）
第 6 級	Associate Degree（副學位/大專）
第 7 級	Bachelor Degree（學士學位）
第 8 級	Bachelor Honours Degree（學士榮譽學位）
第 8 級	Graduate Certificate（研究生證書）
第 8 級	Graduate Diploma（研究生文憑）
第 9 級	Masters Degree（Research）（碩士學位——研究型）
第 9 級	Masters Degree（Coursework）（碩士學位——課程型）
第 9 級	Masters Degree（Extended）（碩士學位——擴展型）
第 10 級	Doctoral Degree（博士學位）
第 10 級	Higher Doctoral Degree（高級博士學位）

---

[1] 資料來源：Australian Qualifications Framework. 2nd Edition. 2013.

國家圖書館出版品預行編目(CIP)資料

澳大利亞房地產估價制度、方法及估價人才培養 / 肖艷、徐琳 著.
-- 第一版.-- 臺北市：崧博出版：崧燁文化發行, 2018.09

面 ； 公分

ISBN 978-957-735-488-4(平裝)

1.不動產 2.不動產業 3.澳大利亞

554.89　　　107015322

書　名：澳大利亞房地產估價制度、方法及估價人才培養
作　者：肖艷、徐琳 著
發行人：黃振庭
出版者：崧博出版事業有限公司
發行者：崧燁文化事業有限公司
E-mail：sonbookservice@gmail.com
粉絲頁　　　　　　　網　址：
地　址：台北市中正區重慶南路一段六十一號八樓 815 室
8F.-815, No.61, Sec. 1, Chongqing S. Rd., Zhongzheng Dist., Taipei City 100, Taiwan (R.O.C.)
電　話：(02)2370-3310　傳　真：(02) 2370-3210
總經銷：紅螞蟻圖書有限公司
地　址：台北市內湖區舊宗路二段 121 巷 19 號
電　話：02-2795-3656　　傳真：02-2795-4100　網址：
印　刷：京峯彩色印刷有限公司（京峰數位）

本書版權為西南財經大學出版社所有授權崧博出版事業有限公司獨家發行電子書繁體字版。若有其他相關權利及授權需求請與本公司聯繫。

定價：450 元

發行日期：2018 年 9 月第一版

◎ 本書以POD印製發行